W0068477

Karin Priester | Rassismus

Ob Kolonialismus, Antisemitismus oder »Rassenhygiene«: Jede Rassentheorie operiert mit eigenen Untergliederungen, schwankt zwischen kulturellen und biologischen Merkmalszuschreibun-
gen – je nach politischer Opportunität.

Was ist also eine Rasse? Was für die »Rasse« gilt,
ihre Undefinierbarkeit, gilt ebenso für den Rassismus. Als ein Dogma muss der Rassismus historisch studiert werden: Um den Rassismus erklären
zu können, muss man seine Geschichte schreiben. Karin Priester zeigt, dass Rassismus zu allen
Zeiten eine machtstrategische Praxis zur Untermauerung von Herrschaftsansprüchen war.

Die Sozialgeschichte eines Denkens, das mit der
Klassifizierung des Anderen begann, in der Forderung nach dessen »Ausmerzung« kulminierte und
in den Ausgrenzungsmanövern eines Ethnopluralismus fortlebt, nach dem jede Ethnie unter sich
zu bleiben hat.

Karin Priester, geboren 1941, ist Professorin für
Soziologie an der Universität Münster. Zahlreiche
Arbeiten zu Rassismus, Faschismus, Frauen und
Politik sowie auf literatursoziologischem und
-psychologischem Gebiet. Zuletzt erschienen u. a.
Rassismus und kulturelle Differenz, 1997; *Macht
der Worte – Macht der Bilder,* 1999; *Mythos Tod,*
2001.

Karin Priester

Rassismus

Eine Sozialgeschichte

RECLAM
LEIPZIG

Besuchen Sie uns im Internet:
www.reclam.de

© Reclam Verlag Leipzig, 2003
Reclam Bibliothek Leipzig, Band 20076
1. Auflage, 2003
Reihengestaltung: Gabriele Burde | Kurt Blank-Markard
Umschlaggestaltung: Gabriele Burde
Autorenfoto: Reclam Verlag Leipzig
Gesetzt aus ITC Slimbach
Satz: Reclam Verlag Leipzig
Druck und Bindung: Reclam, Ditzingen
Printed in Germany
ISBN 3-379-20076-X

Inhalt

Einleitung

»Rasse«, schreibt der britische Rassismusforscher Robert Miles, sei eine Kategorie, die in den Mülleimer der analytisch nutzlosen Begriffe gehöre. Schon 1935, zu einer Zeit, als »Rasse« in Deutschland zu einem politisch-ideologischen Grundbegriff geworden war, forderten der Biologe Julian S. Huxley und der Anthropologe Alfred C. Haddon, den Begriff, angewandt auf Gruppen von Menschen, als zu schwammig und wenig trennscharf aus dem wissenschaftlichen Vokabular zu verbannen. In der Wissenschaft also spätestens seit dem Ende des Zweiten Weltkriegs aufgegeben, hat die Einteilung in »Rassen« doch noch immer einen politisch-administrativen Stellenwert und zeigt nicht nur Unschärfe in der Kategorisierung, sondern geradezu Willkür. Noch in den Siebzigerjahren klassifizierte die amerikanische Regierung nach fünf »Rasse«-Kategorien. Menschen aus Mittel- und Südamerika, unabhängig davon, ob spanischer oder indianischer Abstammung, firmierten als eigene Kategorie, die Hispanics. Inder dagegen wurden den Weißen zugerechnet. Als diese protestierten und nicht in die Rubrik »weiß« eingeordnet werden wollten, rechnete man sie zu den Asiaten. Zusätzlich aber wurde eine neue klassifizierende Bezeichnung eingeführt, die Ethnizität, verstanden als Unterkategorie von Rasse, die man zur Unterscheidung der Hispanics benutzte.[1]

Im Sommer 2002 wurde der französische Schriftsteller Michel Houellebecq vor Gericht gestellt, weil er in einem Interview den Islam »die bescheuertste von allen Religionen« genannt hatte. Die Anklage lautete allerdings auf rassistische Beleidigung und Anstiftung zum Rassenhass. Was also: Abwertung von Religion oder von Rasse, Verunglimpfung einer

Glaubensrichtung oder Hass auf die Araber? Aus rassistischer Sicht ist diese Frage falsch gestellt, denn rassistisches Denken beruht auf der Annahme eines unlösbaren Zusammenhangs von somatischen und psychischen, körperlichen und seelisch-intellektuellen Eigenschaften oder Fähigkeiten, damit aber auch von Natur und Kultur.

In dem Maße, wie der Begriff »Rasse« politisch diskreditiert und sein wissenschaftlicher Erkenntniswert in Frage gestellt wurde, wuchs die Verbreitung des Begriffs »Rassismus«. Nach 1945 begann er sich als Bezeichnung für die Diskriminierung von Menschen auf Grund körperlicher Unterschiede durchzusetzen. Als Begriff erst jüngeren Datums, ist er ebenso umstritten wie seine Sprachwurzel. In der Hochphase des Rassendenkens Ende des 19. Jahrhunderts, als sich im Deutschen Reich der Antisemitismus bereits politisch formierte und auch die eugenische »Rassenhygiene« zahlreiche Anhänger fand, war weder dieser noch ein verwandter Begriff in Meyers Konversationslexikon von 1897 zu finden, und auch Bertelsmanns Lexikon von 1966 verzeichnet nur einen knappen Eintrag zu Rassentheorien. Erst der große Brockhaus von 1992 widmet dem »Rassismus« einen umfangreichen Artikel und erhebt ihn zu einem politisch-sozialen Schlüsselbegriff.[2]

Wie schon beim Begriff »Rasse«, so stellt sich auch bei dem des »Rassismus« das Problem fehlender Trennschärfe, sowohl in Abgrenzung zu »Ethnozentrismus« als auch gegenüber religiöser oder kultureller Diskriminierung. Man behalf sich zunächst mit Wortneuschöpfungen, ohne einer sinnvollen Eingrenzung näher zu kommen. Unnötig kompliziert wurde die Debatte durch die Unterscheidung zwischen Rassismus als einem weltweit anzutreffenden Verhalten und dem, was einige britische Rassismusforscher »racialism« nennen. Darunter werden, im Unterschied zu diskriminierendem Verhalten, Rassendoktrinen im engeren Sinne verstanden, die in Europa etwa zwischen 1750 und 1950 verbreitet wurden. Solche kaum übersetzbaren Neologismen führen aber zu unnötiger Verwirrung, denn was trägt ein Begriff wie »Rassialismus« zur Unterscheidung oder Erkenntnis bei? Nichts, denn »Rassismus« heißt in diesem Fall nur, was klarer als Ethnozentrismus definiert werden kann; die Wortneuschöpfung »racialism« dagegen ist einfach an die Stelle des Begriffs Rassismus getreten. Andere wie Robert Miles unterscheiden zwischen Rassismus als einem Begriff, der ausschließlich auf ideologische Phänomene angewandt wird, und »racialisation«, was mit »Rassenkonstruktion« übersetzt wurde und den Prozess- und Konstruktcharakter in den Blick nimmt.

Statt weiteren Begriffsdifferenzierungen nachzugehen, werde ich in Kapitel II ein Drei-Stufen-Modell vorstellen, den Begriff Ethnozentrismus der ersten Stufe vorbehalten und von Rassismus nur dort sprechen, wo er sich zu einer Doktrin verdichtet hat und Einfluss nimmt auf die politische Praxis von gesellschaftlichen Gruppen oder Staaten. Unter Rassismus in diesem Sinne verstehe ich eine bestimmte, pseudowissenschaftlich untermauerte Strategie zur Ablenkung von sozialen Konflikten und zur Legitimation von Vorherrschaft. Der Begriff hat eine sozialpsychologische Dimension, insofern er sich auf historisch und ethnografisch immer und überall anzutreffende fremdenfeindliche Einstellungen und Verhaltensweisen bezieht, sie schürt, bündelt und auf ein politisches Ziel hin aktiviert. Ethnozentrisches Verhalten wird erst in Verbindung mit reaktionären, konservativen oder faschistischen Doktrinen, Organisationen und Programmen zu dem, wovon hier die Rede ist: zu Rassismus.

Die folgenden Definitionen bieten eine erste Annäherung an den Gegenstand und verdeutlichen gleichzeitig die Schwierigkeiten seiner begrifflichen Eingrenzung. »Unter Rassismus im engeren Sinne lässt sich eine gesellschaftliche Praxis verstehen, in Wort und Tat Menschengruppen wegen ihrer Herkunft oder Hautfarbe zu diskriminieren.«[3] Das Kriterium

Hautfarbe ist sicher zu eng, denn Juden wurden nie wegen ihrer Hautfarbe diskriminiert, das der Herkunft dagegen zu unspezifisch. Danach wären beispielsweise die Flüchtlinge aus den ehemaligen deutschen Ostgebieten nach 1945 Opfer von Rassismus geworden. Ernsthaft wird man dies nicht behaupten wollen, auch wenn sie zweifellos wegen ihrer Herkunft diskriminiert wurden.

Albert Memmi dagegen definiert: »Der Rassismus ist die verallgemeinerte und verabsolutierte Wertung tatsächlicher oder fiktiver Unterschiede zum Vorteil des Anklägers und zum Nachteil des Opfers, mit der seine Privilegien oder seine Aggressionen gerechtfertigt werden sollen.«[4] Memmi umgeht die dem Rassismus innewohnende Schwierigkeit, sich auf biologische oder kulturelle Unterschiede festzulegen, weitet den Begriff dadurch aber ungebührlich aus. Nicht jede Rechtfertigung von Privilegien oder Aggressionen bedient sich rassistischer Wertungen.

Wie jedes wissenschaftlich nicht beweisbare Dogma, muss auch der Rassismus historisch studiert werden. Es gilt, die Voraussetzungen zu untersuchen, unter denen er entstand und die Ziele zu analysieren, denen er dienstbar gemacht wurde. Den Rassismus zu definieren heißt also, seine Geschichte zu schreiben. Aber hier tauchen neue Schwierigkeiten auf, vor allem die Frage nach seinem Beginn. Ab wann kann man von Rassismus als gesellschaftlich relevantem Klassifikationsraster für Menschen sprechen? Diskriminierung, Verfolgung, Eroberung, Versklavung und Vertreibung begleiten die Geschichte der Menschheit von jeher. Immer hat es auch die Absonderung von Stämmen und Ethnien von anderen gegeben, die diskriminierende Unterscheidung zwischen Eigen- und Fremdgruppe. Zwar liegt jedem Rassismus das Dogma menschlicher Ungleichheit zu Grunde. Umgekehrt kann aber menschliche Ungleichheit auch ohne Rückgriff auf Rassendoktrinen begründet werden.

Jahrhunderte lang lieferte in Europa die göttliche Seinsordnung dafür die entscheidende Legitimation. Das religiöse Denken unterschied nach Gläubigen und Ungläubigen, grundsätzlich galten aber alle Menschen als Kinder Gottes und im Anschluss an die biblische Schöpfungsgeschichte als von monogenetistischem Ursprung. Kulturelle oder biologische Unterschiede zwischen ihnen waren zwar nicht belanglos, konnten aber durch Übertritt zum Christentum überwunden werden. Konversion war daher in vormodernen Zeiten der Schlüssel zur Akzeptanz, ein Zwang durchaus, mitunter ein blutiger, mörderischer Zwang, aber auch eine Chance, denn das Anderssein war nicht unausweichliches Schicksal. Religionen kann man wechseln, die Hautfarbe dagegen nicht.

Erst mit Beginn der frühen Neuzeit Ende des 15. Jahrhunderts begünstigten vier historische Entwicklungen die Entstehung des Rassismus: die koloniale Expansion der Europäer nach Übersee, die Herausbildung absolutistischer Nationalstaaten, der Niedergang des alten Schwertadels und nicht zuletzt die Krise des theozentrischen Weltbildes, das rund tausend Jahre lang den Menschen ihren Rang und ihren Platz auf Erden zugewiesen hatte. Rassismus hat daher von Beginn an zwei unterschiedliche Stoßrichtungen: Zum einen ist er dynamisch-vorwärts gewandt, was das Verhältnis der Weißen zu Farbigen betrifft. Es galt, Territorien zu erobern, Ressourcen zu erschließen und farbige Sklaven auszubeuten. Zum anderen entstand Ende des 17. Jahrhunderts, ausgehend von Frankreich, der rückwärts gewandte, antimodernistische Rassismus des Adels, der durch Heeresreformen, technische Erfindungen und die Politik der absolutistischen Könige seine Privilegien schwinden sah. Die Antwort dieser Verlierer der Modernisierung ist eine Defensivstrategie. Sie verteidigen ihre bedrohte soziale Stellung durch einen innerweißen Rassismus, berufen sich dabei aber nicht mehr auf die göttliche Ordnung, sondern auf die Natur, verstanden als Recht des Stärkeren.

Imanuel Geiss sieht die Anfänge des Rassismus in engem Zusammenhang mit der kolonialen Expansion. »Rassismus entstand als Erklärungs- und Rechtfertigungsideologie der welthistorischen materiellen, militärischen und technischen Überlegenheit der Europäer seit ihrer Expansion in Übersee.«[5] Dagegen setzt George L. Mosse den Beginn des Rassismus erst für das 18. Jahrhundert an: »Europäischer Rassismus wurzelt in jenen intellektuellen Strömungen, die im 18. Jhdt. sowohl in West- als auch in Mitteleuropa ihre Spuren hinterließen: in den neuen Wissenschaften der Aufklärung und in der pietistischen Wiedererweckung des Christentums. Darum muss man davon ausgehen, dass die Geschichte des europäischen Rassismus ihren Ursprung im 18. Jhdt. hat – ganz gleich, welche Vorläufer man auch in früheren Epochen nachweisen kann.«[6]

Gegen diesen Versuch, die Wurzel des Übels nicht in ökonomisch-sozialen Entwicklungen, sondern in geistigen Strömungen zu suchen, dazu noch in denen der Aufklärung, vertrete ich als erste These: Rassismus beruht auf dem Willen zur Vorherrschaft, sei es von europäischen Ländern gegenüber außereuropäischen Gebieten, sei es innereuropäisch von Eliten gegenüber dem Volk, sei es eines nationalstaatlich geeinten »homogenen« Volkes gegenüber Minderheiten. Ob in Form sedimentierter Vorurteile oder als Rassenideologie, es geht dabei immer um die Behauptung einer fundamentalen Ungleichheit der Menschen. Weder handelt es sich bei Rassismus um »Wahn« (Poliakov) noch ein Krankheitssymptom (Mosse), sondern er ist eine machtstrategische Praxis zur dogmatischen Untermauerung von Herrschaftsansprüchen. Dogmen sind rational nicht begründbare Glaubenssätze, auch wenn es in diesen wie in anderen Fällen an pseudo-wissenschaftlichen Abhandlungen und Versuchsreihen zur wissenschaftlichen Untermauerung des Dogmas nicht gefehlt hat. Glaubenssätze entfalten ihre geschichtsmächtige Wirkung erst, wenn sie mit bestimmten gesellschaftlichen Interessen verknüpft werden.

Eine besondere Stellung nimmt in der Geschichte des Rassismus der Antisemitismus ein. Seit das Christentum in Europa zur vorherrschenden Religion geworden war, gab es hier eine tief verwurzelte Judenfeindschaft. Dieser alte Religionsgegensatz, der als Antijudaismus zur Diskriminierung von Juden in der europäischen Diaspora führte, gehört zur langen Geschichte der christlichen Intoleranz gegenüber Andersgläubigen, darunter auch zahlreichen christlichen Häretikern. Aber Antijudaismus ist nicht gleichzusetzen mit Antisemitismus. Der Antisemitismus entsteht wie der Rassismus erst in der frühen Neuzeit. Schon im 16. Jahrhundert kam im Spanien der Reconquista der Begriff des »reinen Blutes« auf als Unterscheidungsmerkmal zwischen Spaniern und Juden oder Mauren.

Während der alte Religionsgegensatz in den Hintergrund tritt, schiebt sich ein neuer, ökonomischer Antagonismus nach vorn: Er entwickelt sich im Zusammenhang mit der Rolle der Juden in der sich ausbreitenden Geldwirtschaft. Die Funktion, die sie – im Gegensatz zu den alten, landbesitzenden Schichten – für die Modernisierung der Wirtschaft hatten, ihr Kosmopolitismus, politisch oft auch ihre Nähe zum Liberalismus bewirkten, dass sie in der alten bibelmythischen und kolonialen Hierarchie von weiß, gelb und schwarz nicht unterzubringen waren. In jeder Hinsicht landlos, in der sozialen Hierarchie aber häufig in gehobenen Positionen, waren sie der ideale Sündenbock, auf den alle Ängste vor sozialem Wandel, alle sozialen und ökonomischen Konflikte des späten 19. und beginnenden 20. Jahrhunderts abgeladen werden konnten. Sündenböcke sind Menschen, die aus der Sicht ihrer Gegner mit einem Stigma, einem unauslöschlichen Brandmal behaftet sind. Inhaltlich kann es viele Fassetten aufweisen und richtet sich nach der Art und dem Grad der Schuldzuweisung. Das Stigma der

Juden war immer wesentlich komplexer als das der Schwarzen. Es hat ältere Wurzeln und eine andere sozialpsychologische Funktion. Vor dem Hintergrund einer rund zweitausendjährigen Geschichte Europas fungieren die Juden abstrakt als das Andere schlechthin, dem je nach den historischen Umständen konkret eine ganz unterschiedliche »Schuld« zugewiesen werden kann. Aber erst Ende des 19. Jahrhunderts, als man die Identität von Völkern und Nationen zu einer Frage von Blut, Genen und einem unabänderlichen »Volksgeist« machte, waren die Voraussetzungen gegeben für die Rolle der Juden als global agierender, weltanschaulicher »Gegenrasse«. Der Antisemitismus wird daher in der Geschichte des Rassismus immer eine Sonderrolle einnehmen. Er kann nicht abgetrennt werden vom Rassismus gegenüber Farbigen, ist aber auch nicht damit identisch.

Und die Gegenwart? Nach 1945 setzte international eine allgemeine Ächtung des Rassismus ein. Heute wagt niemand mehr, sich offen zum Rassismus zu bekennen oder gar einschlägige Theorien zu verbreiten. In der öffentlichen Meinung, den Medien, in Film und Fernsehen, in Pädagogik, Kirchenverlautbarungen oder den Wissenschaften herrscht offiziell ein antirassistischer Konsens. Selbst in rechtsextremen Kreisen bedient man sich inzwischen eines schillernden Ersatzbegriffs. Ethnopluralismus lautet die unverfänglich klingende Formel, mit der ein ethnisches »Pluriversum« legitimiert werden soll. Dennoch gehört das, was meist nur ungenau Fremden- oder Ausländerfeindlichkeit genannt wird, zur Alltagserfahrung. Betroffen von Diskriminierungen, Schikanen und Ausgrenzung sind indessen nicht Ausländer schlechthin. Ein schwedischer Arzt, ein kanadischer Journalist und selbst ein schwarzafrikanischer Diplomat werden sich kaum davon betroffen fühlen. Der Rassismus des Alltags lebt fort als »Klassenkampf der dummen Kerls«, wie es der sozialistische Theoretiker August Bebel nannte, theoretisch untermauert durch Identitätsdiskurse und die Forderung nach Anerkennung von Differenz.

In seinem antikolonialistischen Buch »Die Verdammten dieser Erde« von 1976 bemerkt Franz Fanon, es gelte, die Gewohnheit aufzugeben, den Rassismus nur als eine rein geistige Dummheit, als einen psychologischen Trugschluss zu betrachten. Aufzugeben ist aber auch die Gewohnheit, im Rassismus eine Höher- oder Minderbewertung von Menschen allein auf Grund biologischer Merkmale zu sehen. Der Rassismus war immer mehr. Es ging stets um den Zusammenhang von körperlichen und geistig-psychischen Eigenschaften und um die Frage nach ihrer Vererbbarkeit.

Selbst nach 1933, als Hakennasen als äußeres Unterscheidungsmerkmal der Juden regelrecht erfunden werden mussten, als die »Aufnordung« und die planmäßige Züchtung blonder, langschädeliger Arier propagiert wurden, war den einschlägigen NS-Rassenkundlern klar: »Wenn es nur körperliche Rassenunterschiede gäbe, so wäre ja die ganze Rassenfrage ohne besondere Bedeutung«.[7]

Albert Memmi spricht die hier deutlich werdende Camouflage an: »Tatsächlich stützt sich die rassistische Anklage bald auf einen biologischen und bald auf einen kulturellen Unterschied. Einmal geht sie von der Biologie, dann wieder von der Kultur aus, um daran anschließend allgemeine Rückschlüsse auf die Gesamtheit der Persönlichkeit, des Lebens und der Gruppe des Beschuldigten zu ziehen. Manchmal ist das biologische Merkmal nur undeutlich ausgeprägt oder es fehlt ganz. Kurz, wir stehen einem Mechanismus gegenüber, der unendlich mannigfaltiger, komplexer und unglücklicherweise auch wesentlich stärker verbreitet ist, als der Begriff Rassismus im engen Wortsinne vermuten ließe.«[8]

Schon 1947 analysierte die amerikanische Anthropologin und Ethnologin Ruth Benedict die sozialen Wurzeln und die gesellschaftliche Funktion von Rassismus: »Die europäische

14

Expansion in Übersee lieferte [...] den Schauplatz für die Entstehung rassistischer Dogmen und verlieh rassischen Antipathien schon frühzeitig heftigen Ausdruck, ohne jedoch den Rassismus als Philosophie zu propagieren. Der Rassismus wurde im modernen Denken erst heimisch, als er auf innereuropäische Konflikte angewandt wurde – zuerst auf Klassenkonflikte und dann auf Konflikte zwischen Nationen [...]. Der Rassismus verdankt seine ersten Entstehungsformen den Konflikten zwischen Klassen. Er war eine Waffe der Aristokraten gegen den Pöbel.«[9]

Das ist eine gute Exposition des Problems, um das es hier geht. Mag der Kampf der Aristokraten gegen den Pöbel, der dem französischen Adelsrassismus zu Grunde lag, auch längst ausgefochten sein, so ist der Mechanismus sozialer Distinktion nach wie vor wirksam. Die Nationalsozialisten haben diesen Mechanismus genau erkannt und sich zu Nutze gemacht durch die Aristokratisierung eines ganzen Volkes zur »Herrenrasse«. Schädelform, Hethiternase, Haut- oder Haarfarbe waren immer nur optische Hilfskonstruktionen für das, worum es eigentlich ging: um die Anthropologisierung und Biologisierung sozialer Unterschiede, die damit dem sozialen Wandel entzogen werden. Rassismus tritt daher nie allein auf, sondern stets in Verbindung mit antiegalitären, antidemokratischen und antiliberalen Einstellungen und Doktrinen. Rassismus – dies meine zweite These – ist keine politische Doktrin im eigentlichen Sinne, sondern operiert mit Unschärferelationen und appelliert an die Ängste, die durch den sozialen Wandel ausgelöst werden: Angst vor Statusverlust und »Überfremdung« vor allem, heute auch Angst vor dem Schwinden nationalstaatlicher Bindungen und Identitätsmuster. Rassisten strukturieren gesellschaftliche Beziehungen durch ein Ablenkungsmanöver, indem sie soziale Probleme durch ethnische überdecken. Dabei kommt ihnen entgegen, dass wir heute in allen westlichen Gesellschaften eine Ethnisierung sozialer

Beziehungen feststellen können. Die Ursachen für wachsende soziale Ungleichheit, neue Armut oder Massenarbeitslosigkeit suchen sie nicht dort, wo sie entstehen, sondern bei ethnisch als »Fremde« identifizierbaren Sündenböcken.

Vierhundert Jahre lang beruhte die weltweite Vorherrschaft des »weißen Mannes« auf der Kategorie der »Rasse«, vierhundert Jahre lang war auch innereuropäisch der Kampf um soziale oder nationale Vorherrschaft von Rassendiskursen begleitet. Auch die Wissenschaft ließ sich mitunter als willfährige Lieferantin von Argumentationen einspannen. Von der wertenden Klassifizierung von Unterschieden bis zur »Ausmerzung« des Anderen leistete sie ihren Beitrag. In ihren drei wichtigsten Erscheinungsformen Kolonialismus, Antisemitismus und Eugenik, in Deutschland bekannt als »Rassenhygiene«, soll die Entwicklung des Rassismus vorgestellt und auf ihre Wurzeln, ihre Träger und Nutznießer hin befragt werden. Allerdings wäre es gerade bei einem so weit gefächerten Gegenstand vermessen, »die« Sozial- und Ideengeschichte des Rassismus behandeln zu wollen. Grundlegende rassistische Denkmuster in ihrer unauflöslichen Verschränkung von biologischen und kulturellen Aspekten können hier nur exemplarisch aufgegriffen werden vor ihrem jeweiligen gesellschaftlichen Hintergrund.

»Rasse« ist keine anthropologische oder biologische, sondern eine soziale Kategorie. Diese Erkenntnis ist so alt wie der Rassismus selbst. Schon im 17. Jahrhundert urteilte der französische Schriftsteller (und Verfasser der berühmten Fabeln), Jean de La Fontaine: »Je nachdem, ob du mächtig oder elend bist, werden die Urteile des Hofes dich weiß oder schwarz machen.« Und auch im Volksmund von Bahía weiß man: »Ein armer Weißer ist ein Neger.«

Es ist immer prekär und im Grunde unmöglich, die Entstehung gesellschaftlicher Phänomene von weit reichenden Konsequenzen auf eine Jahreszahl festlegen zu wollen. Zu vielgestaltig sind die Voraussetzungen und Rahmenbedingungen; man scheint geradezu in ein Wespennest von Gegenargumenten zu stoßen. Aber selbst wenn man einräumt, dass es eine »Geburtsstunde« des Rassismus nicht gibt, dass sich der moderne Kolonialismus nicht über Nacht entfaltete, die Ausweisung der Juden aus Spanien eine längere Vorgeschichte hatte und auch die Homogenisierung des spanischen Nationalstaats widersprüchlich und langsam verlief, bleiben immer noch zwei gewichtige Einwände gegen eine solche Festlegung.

Einmal wird eingewandt, rassistische Einstellungen, Haltungen und Verhaltensweisen habe es schon viel früher gegeben. Bereits in der Antike hätten die Griechen verächtlich auf die Barbaren herabgeschaut. Sie hielten sich nicht nur kulturell für überlegen, sondern machten auch ästhetische Unterschiede: Sie fanden sich schöner als Menschen von anderer Hautfarbe und mit anderen körperlichen Merkmalen. Bekannt sind auch die gehässigen Bemerkungen des Tacitus über die Juden im fünften Buch seiner »Historien«. Allerdings schreibt Tacitus die Geschichte der Sieger, denn der Judenstaat war von den Römern vernichtet worden, und zahlreiche seiner Bewohner hatte man als Kriegsgefangene im Triumphzug durch Rom geführt. Was hier schon generelle Judenfeindschaft war, was nur die Herabsetzung von Kriegsgefangenen und Besiegten, ist umstritten.

In Athen wurden die Fremdstämmigen, die Metöken, weder gettoisiert noch diskriminiert, und der Philosoph

Aristoteles, selbst ein Metöke, brachte es zu hohem wissenschaftlichen Ansehen. Alexander der Große heiratete persische Prinzessinnen und ermunterte seine Soldaten, sich mit Hindu-Frauen zu vermählen. Das Römische Reich betrieb eine Politik des »melting pot«, die eine Vielzahl von Menschen unterschiedlicher ethnischer Abkunft unter einem imperialen Dach zusammenbrachte. Nordafrikaner, Phönizier, Griechen, Nubier und Syrer, Iberer, Gallier oder Germanen, alle waren als Sklaven oder Händler, als Künstler oder Heermeister in römischen Diensten, und viele von ihnen hatten den Status eines römischen Bürgers. Auch die föderierten »gentes« standen in einem spannungsreichen, meist aber integrationswilligen Verhältnis zu Rom und waren selbst oft ein Gemisch von Menschen unterschiedlicher ethnischer Abkunft. Zahlreiche Germanen stiegen als Offiziere im römischen Heer zu höchsten Ehren und Machtstellungen auf.

Nicht anders als heute hatte diese Politik ihre Anhänger und Gegner. Als um 400 n. Chr. der germanische Heermeister Stilicho die Regentschaft für den weströmischen Kaiser Honorius übernahm, wurden Lobgedichte auf ihn verfasst. »Cuncti gens una sumus« – wir alle sind ein Volk – verkündete der Dichter Claudianus. Ein anderer, Prudentius, schrieb, Entfernungen und Meere hinderten die Menschen nicht daran, auf einem gemeinsamen Markt zusammenzukommen und sich friedlich auszutauschen. Ausländer hätten das Heiratsrecht (»ius conubii«), und das Blut vermische sich nun zu einer großen Familie. Auch der Schriftsteller Sidonius Apollinaris sah Mitte des 5. Jahrhunderts n. Chr. die Blutsvermischung mit optimistischer Gelassenheit. Weder sei sie anstößig noch gefährlich, vorausgesetzt allerdings, die Barbaren seien integrationsbereit. Wenn sie erst einmal auf der Höhe der römischen Kultur stünden und Vergil lesen könnten, würde sich ihre Assimilation von selbst ergeben. Bei Livius heißt es: »Indem kein Fremder abgewiesen wurde, wuchs das römische Reich.«

Gegen diese und ähnliche Stimmen, die auf Assimilation durch Erziehung setzten, wurden auch damals schon Gegenstimmen laut. Die Dichter Martial und Juvenal äußerten sich kritisch und geradezu verächtlich über die ethnische Vermischung. Juvenal waren vor allem die in Rom lebenden Griechen und Orientalen ein Dorn im Auge, und hier schon findet sich ein Motiv, das in rassistischen Äußerungen häufig mitschwingt: der Sexualneid. Der lockere Grieche hätte es vor allem auf die ehrbaren Römerinnen abgesehen: »Nichts ist ihm heilig und nichts ist sicher vor seiner Begierde, nicht die Hausfrau, nicht die jungfräuliche Tochter [...] und wenn es mit diesen nicht geht, dann nimmt er sich ins Bett des Freundes Großmutter.« Neid also, Furcht vor »Überfremdung«, Vorbehalte und Ressentiments existierten schon damals.

Dennoch scheint es nicht gerechtfertigt, für die Antike schon von Rassismus zu sprechen, denn es fehlte eine zusammenhängende Rassenideologie, eine Rechtfertigungsdoktrin, deren Ziel es gewesen wäre, alle sozialen Beziehungen am Rassenbewusstsein auszurichten. Sexuelle Kontakte und Eheschließungen zwischen Römern und Nicht-Römern waren bis hinauf in höchste Kreise häufig, und wenn sie verboten wurden, dann nicht aus Gründen der Rasseneinheit, sondern vor allem aus außenpolitischen Interessen. Bildung, Ämter und der soziale Aufstieg standen Menschen anderer ethnischer Herkunft grundsätzlich offen, auch den Sklaven, wenn es ihnen gelang, sich freizukaufen. Soziale Beziehungen waren weder in der Antike noch später im Mittelalter unter dem Primat von ethnischer Zugehörigkeit geregelt.

Ein weiterer Einwand gegen die Festsetzung eines »Beginns« für den Rassismus kommt aus der Ethnologie und richtet sich gegen die These, der moderne Rassismus sei als Kind des europäischen Kolonialismus eine rein westliche, europäische Erscheinung. Die Ethnologin Bettina Beer konnte anhand zahlreicher Beispiele zeigen, dass es auch in außereuropäischen Ländern Formen der Diskriminierung von Menschen unterschiedlicher Ethnien gab und gibt, und dies keineswegs erst seit dem Kontakt mit Europäern. Der Rassismus habe früher eingesetzt als der Kolonialismus und sei auch kein Export aus Europa, so Beer. Die Verachtung von Schwarzen in China oder in muslimischen Ländern habe sehr viel ältere Wurzeln, die in engem Zusammenhang mit dem Sklavenhandel stehen. Man müsse sich von der eurozentrisch orientierten These verabschieden, erst europäische Kolonisatoren hätten den Rassismus in die Welt gesetzt. Vielmehr gebe es einen »Eigenbeitrag indigener postkolonialer Staaten« zu Rassismus, Fremdenfeindlichkeit und der Ausgrenzung Fremder auf Grund körperlicher Merkmale. »Rassistische Auffassungen sind nicht erst und ausschließlich durch die Rechtfertigung kolonialer Interessen entstanden. So sind auch konkrete Jahreszahlen, die als Entstehungszeitpunkte genannt werden, Fiktionen.«[10]

Konkrete Jahreszahlen – damit ist jenes berühmt-berüchtigte Jahr 1492 gemeint, das oft als Entstehungsdatum für den Rassismus in den Raum gestellt wird. Wenn auch in der vorliegenden Darstellung daran festgehalten wird, dann aus folgenden Gründen. Geht man nämlich davon aus, dass es Rassismus immer und überall gab, von der Antike bis heute, von Feuerland bis Grönland, dann unterliegt man der Gefahr, ihn zu einer universalen, anthropologisch verankerten Konstante menschlichen Verhaltens zu machen. Es gilt also, zunächst einmal Rassismus von Ethnozentrismus zu unterscheiden. Ethnozentrische und fremdenfeindliche Einstellungen, auch die Höherbewertung des eigenen Stammes, der eigenen Ethnie, hat es, aber das wird auch unter Ethnologen kontrovers diskutiert, vermutlich immer gegeben. Setzt man dies aber schon mit Rassismus gleich, kommt man nur zu der von Biologismen nicht freien und für die Analyse wenig hilfreichen Schlussfolgerung, dass es ihn immer und überall gegeben hat und folglich immer geben wird.[11]

In der vorliegenden Arbeit wird davon ausgegangen, dass es sich bei Rassismus um eine spezifische politische Strategie handelt, die, untermauert durch Rassedoktrinen, zwar auf ethnozentrischen Vorurteilen und fremdenfeindlichen Einstellungen aufbaut, aber weit darüber hinaus reicht. Rassismus begründet eine Politik der Zuweisung von gesellschaftlichem Status auf Grund ethnischer Zugehörigkeit und Hautfarbe, im Extremfall erzwungen durch staatliche Gesetzgebung. Die Einstellung gegenüber Sklaven war in der Antike weder von Fremdenfeindlichkeit noch von Ethnozentrismus geprägt, sondern ihre Missachtung resultierte daraus, dass sie sich am untersten Ende der Gesellschaft befanden und ohne Rechte waren. Rassismus ist der Versuch, unter den Bedingungen der Moderne vormoderne Strukturen und Hierarchien aufrechtzuerhalten oder durch die Biologisierung sozialer Beziehungen wieder herzustellen: Nicht individuelle Leistung ist das Zuweisungskriterium für gesellschaftlichen Status, ein Gedanke, der erst mit dem Bürgertum aufkam, sondern das Recht der Geburt, des Blutes und der ethnischen Abstammung. Es gilt also, unter Berufung auf ethnische Homogenität eines Standes oder einer Nation die gesellschaftliche Dynamik und die damit verbundenen Risiken des Auf- und Abstiegs aufzuhalten und tendenziell zum Stillstand zu bringen.

Ich schlage daher vor, den Rassismus deutlich von Ethnozentrismus abzugrenzen und ihn gleichzeitig spezifischer zu definieren als nur eines von vielen Mitteln zur Ausgrenzung, Diskriminierung, Verfolgung oder physischen Vernichtung von Menschen. Andere Mittel können religiöser oder sozialer Art sein und waren es auch lange Zeit. Die erste Frage lautet daher: Wann und aus welchen Gründen tritt ein bis dahin vorherrschender Rechtfertigungsgrund zur Ausgrenzung von Menschen in den Hintergrund, wird zunächst überlagert und schließlich ersetzt durch einen anderen? Dabei handelt es sich bei diesen Ablösungsprozessen nur in den seltensten Fällen wie im Nationalsozialismus oder in der südafrikanischen Apartheid um die Konsequenzen einer Politik en bloque, einem monolithischen Handlungsmuster ohne Alternativen. Staatlich verordneter Rassismus ist erst die Endstufe eines Prozesses, in dessen Verlauf es immer Befürworter und Gegner dieser Politik gab. Die zweite Frage lautet daher: Wer sind die Anhänger einer rassistisch fundierten politischen und sozialen Praxis, welche Interessen vertreten sie und wer spricht aus welchen Gründen dagegen? Drittens ist der gesellschaftliche und politische Kontext zu untersuchen, in dem es zu einem Anwachsen oder Abflauen von Fanatismus, Verfolgung und Diskriminierung kommt.

Schließlich ist nach den Ursachen für rassistische Ausgrenzungspraxis zu fragen. Monokausale Erklärungen sind meist, und hier besonders, fehl am Platze. Vielmehr ist von einem Ursachenbündel auszugehen, einer wechselseitigen Durchdringung gesamtgesellschaftlicher Veränderungen, politischer Interessenkonstellationen, sozialer, auch technologischer Umbrüche und ideologisch-weltanschaulicher Krisen. In diesem, und nur in diesem Sinne möchte ich an der Jahreszahl 1492 festhalten, nicht in der naiven Annahme, vorher habe in Spanien nur multiethnische Eintracht geherrscht, und plötzlich, mit einem Federstrich des Monarchen, sei der Rassismus aus der Taufe gehoben worden. Die Jahreszahl 1492 steht vielmehr für einen historischen Moment der Verdichtung von Widersprüchen, in dem sich ältere Denk- und Verhaltensweisen noch neben neuen, in die Zukunft weisenden behaupten.

Was aber geschah in diesem Jahr? Allgemein bekannt ist das epochale Ereignis, das den Kolonialismus einleitete, die Entdeckung Amerikas durch Christoph Columbus. Der Sklavenhandel aber hat sehr viel ältere Wurzeln. Das gesamte Wirtschaftssystem der Antike wäre ohne den ständigen Zustrom von Sklaven nicht denkbar gewesen, und auch im

Mittelalter gab es, von der Kirche nur halbherzig bekämpft, den lukrativen Handel mit Menschen. Sklaven standen in der Hierarchie schon immer ganz unten. Ihnen wurden nicht nur elementare Rechte abgesprochen, sondern das Menschsein schlechthin. In der vorchristlichen Antike galten sie als »sprechende Werkzeuge« (Platon), als dinglicher Besitz, der ebenso verschenkt oder verkauft werden konnte wie ein Haus oder ein Stück Vieh.

Ein Grund, warum sich nicht schon in der Antike das Bild des Schwarzen als Sklave ausprägte, lag in der multiethnischen Zusammensetzung der römischen Sklavenscharen. Da stand ein blonder, blauäugiger Gote neben einem Syrer auf dem Feld, ein dunkelhaariger Grieche neben einem rothaarigen Britannier. Die Hierarchisierung erfolgte noch »farbenblind« je nach Sieg, Eroberung und anschließender Versklavung der Gefangenen.

Das änderte sich ab dem frühen 16. Jahrhundert, als sich zeigte, dass die Indianer in der Neuen Welt für die Schwerarbeit auf den Plantagen oder in den Goldminen nicht belastungsfähig genug waren. Jetzt erst setzte in großem Maßstab der Sklavenhandel von Afrika in die Neue Welt ein, ein Handel übrigens, an dem auch Moslems, Juden und selbst Afrikaner beteiligt waren. Schwarze Hautfarbe wurde nun gleichbedeutend mit der niedrigsten aller möglichen sozialen Stellungen, mit verachtenswertem »Menschenmaterial«.

Das Jahr 1492 steht aber noch für ein weiteres, für die Entwicklung der Rassenbeziehungen nicht minder wichtiges Ereignis: die Vertreibung der Juden aus dem spanischen Königreich. Ausweisungen von Juden aus Städten, Landstrichen oder ganzen Ländern waren, für sich genommen, nicht neu. Die europäische Geschichte kannte sie und die damit einhergehenden Pogrome und Verfolgungen seit vielen Jahrhunderten. Schon Ende des 6. Jahrhunderts war es im Westgotenreich in Spanien zu antijüdischer Gesetzgebung und Judenverfolgung gekommen, nachdem der Westgotenkönig Rekared vom arianischen Christentum zum Katholizismus übergetreten war. Ähnliche Vorgänge gab es im Langobardenreich im 7. Jahrhundert, nachdem sich auch dort die Könige vom Arianismus ab- und dem Katholizismus zugewandt hatten. Besonders zur Zeit des ersten Kreuzzugs im 11. Jahrhundert kam es vor allem im Rheinland, dem Aufmarschgebiet der Kreuzzügler, zu antijüdischen Ausschreitungen. Die ersten Kreuzzüge, in denen interne Krisen und demografische Probleme nach außen gekehrt wurden, ging einher mit einer beispiellosen Judenhetze, mit Übergriffen, Morden und Pogromen. 1290 wurden die Juden aus England und aus Süditalien – die Ausnahme war Sizilien – ausgewiesen, 1394 aus Frankreich. Bis zu den Ereignissen in Spanien weitere hundert Jahre später war aber immer klar, wer Jude war und wer Christ. Obwohl diese Verfolgungen und Ausweisungen religiös begründet und von Hetze und Demagogie begleitet wurden, spielten immer auch wirtschaftliche Gründe eine Rolle. Schon in der Antike waren Juden im Gefolge der römischen Legionen als Händler und Kaufleute im gesamten Römischen Reich tätig gewesen. Aber erst im ausgehenden Mittelalter, als das städtische Bürgertum und der wachsende Geldverkehr verstärkt an Bedeutung gewannen, wurden sie zur unerwünschten Konkurrenz und gleichzeitig zum Inbegriff für alles Moderne: für städtische Lebensweise, für einen überdurchschnittlich hohen Bildungsstand, für die Wertschätzung von Gelehrsamkeit und naturwissenschaftlichen Kenntnissen vor allem auf medizinischem Gebiet, für Geschäftstätigkeit, Geldhandel, internationale Kontakte.

Die Vorgänge in Spanien Ende des 15. Jahrhunderts sind komplex und gleichzeitig exemplarisch für die Zukunft des Rassismus. Sie müssen detaillierter behandelt werden. Denn damals stellte sich erstmalig die Frage: Wer ist eigentlich Jude? Ist man Jude, wenn man der mosaischen Religion angehört oder wird man auch dann noch aus blutsbedingten Gründen dem Judentum zugerechnet, wenn man beispielsweise zum christlichen Glauben übergetreten ist?

Zwei weitere Ereignisse sind für das Jahr 1492 prägend: Die Rückeroberung (Reconquista) des letzten von Muslimen (Mauren) gehaltenen Gebiets auf spanischem Boden mit der Hauptstadt Granada und die Herausgabe der ersten kastilischen Grammatik durch den Humanisten Antonio de Nebrija, was die Grundlage für die Entwicklung eines landesweit einheitlichen Hochspanisch bildete. Gab es überhaupt einen Zusammenhang zwischen den genannten Ereignissen des Jahres 1492? Wirkten sie bei der Entstehung eines biologisch argumentierenden Rassismus zusammen? Gab es einen Masterplan (Roth), einen einheitlichen politischen Willen oder einfach nur eine Verkettung von Umständen, die schließlich zur Ausweisung der Juden aus dem spanischen Königreich führte?

Die spanischen Juden, die Sepharden, waren im Mittelalter die älteste und zugleich größte Gruppe in der jüdischen Diaspora. Nach dem Einfall der Araber zu Beginn des 8. Jahrhunderts lebten in Spanien drei religiöse Gruppen, Christen, Juden und Mohammedaner. Die These von der friedlichen Eintracht, die ihr Miteinander charakterisiert habe, und die von einem damals in Europa einzigartigen kulturellen, religiösen und ethnischen Pluralismus sind nur zu verstehen, wenn man die Verhältnisse in Spanien zu denen in anderen Ländern in Relation setzt. Auch in Spanien gab es immer wieder Phasen der Intoleranz, aber das friedliche Zusammenleben, die »convivencia«, war doch jahrhundertelang Grundlage eines zeitweise für die Kultur äußerst befruchtenden Pluralismus.[12] Anders als die Mauren, bewohnten die Juden kein zusammenhängendes Territorium, sondern lebten in hunderten von Gemeinden im Land verstreut. Allein im Königreich Kastilien gab es Mitte des 15. Jahrhunderts über zweihundert jüdische Ansiedlungen. Insgesamt wird die Zahl der jüdischen Einwohner auf zwei- bis dreihunderttausend geschätzt, was etwa vier bis fünf Prozent der Bevölkerung ausmacht.[13] Ethnische und religiöse Gegensätze waren schon stark verwischt und zeitweise nahezu verschwunden.[14] Spanien galt, immer im Vergleich zu anderen Ländern, geradezu als Eldorado der Juden.

Schon im 12. Jahrhundert sorgten diverse häretische Bewegungen wie die Waldenser und Albigenser (Katharer) in Südwestfrankreich, Nordspanien und Norditalien für religiöse Unruhe. In diesem Zusammenhang wurde erstmalig ein christliches Glaubensgericht ins Leben gerufen, die Inquisition, die in Zweifelsfällen die Rechtgläubigkeit überprüfen und abweichende, ketzerische Ansichten verfolgen sollte. Aber noch im 13. Jahrhundert nannte sich der damalige König von Kastilien, Ferdinand II. (der Heilige) »König der drei Religionen«, was vom wachsenden Klima der Intoleranz in anderen Ländern durchaus positiv abstach.

Doch in der Folgezeit änderte sich die nicht immer konfliktfreie, aber insgesamt positive Lage. Der Ausbruch der Pest 1348 verschärfte eine ohnehin schon vorhandene Krisenstimmung, in der nach Sündenböcken gesucht wurde. Im 14. Jahrhundert begannen in Spanien die ersten großen Pogrome, nachdem es auch vorher immer wieder judenfeindliche Tendenzen gegeben hatte – durchaus nicht nur auf christlicher Seite, sondern auch bei den Mauren. Zu einem gravierenden Einschnitt im Zusammenleben von Christen und Juden kam es 1391, als diese in größerem Ausmaß von den Christen verfolgt, ermordet und drangsaliert wurden. Dieses Ereignis führte dazu, dass zahlreiche spanische Juden zum Christentum übertraten. Aber Angst, Leiden, Druck und die Gefahr einer Wiederholung dieser traumatischen Übergriffe waren denkbar schlechte Voraussetzungen für einen Glaubenswechsel aus innerer Überzeugung. So mancher Jude ließ sich nur pro forma bekehren und akzeptierte die Taufe als notwendiges Übel, um weiterer Verfolgung zu entgehen. Insgeheim blieben viele Juden ihrem alten Glauben treu. Henry Kamen spricht von einer riesigen Anzahl von Menschen, die sich nie mit der Taufe abfanden und ein Leben im »Untergrund« führten, immer in der Gefahr, entdeckt oder verraten zu werden.[15]

Hier nun lag die Wurzel für den Konflikt, der die Wende von einem Kampf zwischen den Religionen zu einem Kampf um »reines Blut« einleitete, den Übergang von einem kulturell-religiösen Ausschlusskriterium zu einem biologischen. Diese konvertierten Neuchristen (Conversos) waren das eigentliche, gleichermaßen religiöse wie soziale Problem, das bald eskalierte. Denn auf christlicher Seite glaubte man ihnen nicht und hielt den Glaubensübertritt nur für eine Tarnung, was er oft auch war. Das Instrument der Konversion zu Herstellung der Glaubenseinheit war unbrauchbar geworden.

Um 1450 verschärfte sich die Propaganda gegen die Neuchristen. Bald schon kursierten Theorien, die Juden wollten mithilfe ihrer nur zum Schein bekehrten Brüder das Land dem Islam ausliefern. Dabei taten sich Kirchenmänner wie Vincente Ferrer oder Alonso de Espina hervor, der als Erster die Wiedereinrichtung der Inquisition forderte und mit beispielloser Hetze gegen die Juden vorging. Nicht nur Gotteslästerer seien sie, sondern darüber hinaus Verräter, Homosexuelle, Kindermörder, als Ärzte getarnte Meuchelmörder, Giftmischer und Wucherer. Das Argument, die Juden nähmen überhöhte Zinsen, wog zu einer Zeit, in der Christen durch das kirchliche Zinsnahmeverbot in ihren Aktivitäten im Geldgewerbe behindert wurden, vor allem in den unteren und mittleren Schichten schwer und blieb auch in den folgenden Jahrhunderten ein Hauptvorwurf gegenüber den Juden. Die Antisemiten späterer Zeiten konnten auf dieses Arsenal zurückgreifen.

Zur gleichen Zeit wurden erstmalig auch Diskussionen über eine Ausweisung aller Juden geführt, wie sie in England und Frankreich bereits stattgefunden hatte. Aber wen sollte man ausweisen, die orthodoxen Juden, die Neuchristen jüdischer Abstammung oder beide Gruppen? Und konnte man denn rechtgläubige Christen aus einem christlichen Land ausweisen? Mit anderen Worten: Das traditionelle Zusammenleben von Christen und Juden war in der Zeit zwischen 1391 und der Mitte des 15. Jahrhunderts wesentlich komplizierter geworden. Denn nun standen sich nicht mehr Christen und Juden in einfacher Zweiteilung gegenüber, sondern Altchristen und Neuchristen jüdischer Abkunft, und diese wiederum lebten in einem schwierigen, konfliktreichen Verhältnis zu den orthodoxen Juden, die an ihrem Glauben festhielten.

In einem Klima politischer Unruhe, innerer Zerrissenheit, finanzieller Wirren, zahlreicher Fraktionskämpfe und Spannungen heiratete im Oktober 1469 Isabella von Kastilien den Thronfolger von Aragon, Ferdinand. Damit wurde der Grundstein gelegt für die Vereinigung der Königreiche von Kastilien und Aragon und die nationalstaatliche Einigung Spaniens nach 1479. Während im Lande Dominikaner- und Franziskanermönche antijüdische Propaganda betrieben und die Stimmung anheizten, dachte das Königspaar zunächst weder an die Ausweisung noch an die Verfolgung der Juden. Vorrang hatten die Einheit des Landes und die Wiedergewinnung der von den Mauren besetzten Gebiete. Dabei stellten die orthodoxen Juden das geringste Problem dar. Als weitaus bedrohlicher empfand man die Neuchristen, die schon bald abschätzig »Marranen« genannt wurden.[16] Denn ihre kulturelle Identität war ambivalent und umstritten, und ihre Loyalität zu Spanien wurde in Frage gestellt. Zudem hatten sie sich zu einer eigenen sozialen Schicht entwickelt, dem gehobenen, wohlhabenden Bürgertum, das den Geldverkehr und den Handel in den Städten beherrschte. Als Christen unterlagen sie keinen Einschränkungen mehr, waren also für die Altchristen zur direkten Konkurrenz geworden. »Es war, als ob sie [die Altchristen, K. P.] plötzlich mit einer riesigen Immigration konfrontiert wurden.«[17]

Um mit dem Problem der Conversos fertig zu werden, denen nachgesagt wurde, dass sie »judaisierten« und heimlich an ihrem alten Glauben festhielten, bemühte sich das Königspaar im Jahre 1478 um die päpstliche Genehmigung zur Wiedereinrichtung der Inquisition im Lande. Sie sollte sich zwar auch um andere Glaubensabweichungen wie Zauberei, schwarze Magie, Blasphemie, Bigamie, Aberglauben, Wahrsagerei oder protestantische Ketzerei kümmern, aber ihre Hauptaufgabe war es doch, die Rechtgläubigkeit der Conversos zu untersuchen. Die Inquisition wurde 1482 eingesetzt und begann ihre Arbeit unter der Leitung des Großinquisitors Tomás de Torquemada, der selbst ein konvertierter Jude war. Als innerchristliches Gericht verfolgte die Inquisition aber keine orthodoxen Juden.

Spanien sollte ein einheitlicher Nationalstaat absolutistischen Zuschnitts werden: ein Monarch, ein Territorium, eine Religion, eine Sprache. Die Inquisition war die Waffe der weltlichen und kirchlichen Oberschicht zur Durchsetzung dieses Ziels, denn abgesehen von der Sicherung der Glaubensreinheit ging es auch darum, den wachsenden wirtschaftlichen Einfluss der Conversos und damit den des aufsteigenden Bürgertums zurückzudrängen. Überdies waren konvertierte Juden, vor allem in Kastilien, als Minister, Berater bei Hofe oder Steuereintreiber in hohe und höchste Stellungen aufgestiegen. Sie finanzierten ganze Feldzüge als Bankiers, waren als Verwalter von Krongütern oder Adelsländereien tätig und als Ärzte in Adels- und Hofkreisen sehr geschätzt. Sozialneid, vor allem in den unteren Volksschichten, und Abwehr des unaufhaltsamen Aufstiegs dieses jüdischstämmigen Bürgertums bestimmten die Situation, in der das Monarchenpaar sich entscheiden musste, auf welche Seite es sich stellen wollte: auf die der alten gesellschaftlichen Ordnung oder auf die der neuen, zukunftsweisenden städtischen Schichten unter Einschluss der jüdischstämmigen Minderheit.

Mit deutlich abwertendem Tenor, »als ausgezeichneter Wortführer der ›populi‹« (Vincent) schreibt der Chronist des Herrscherpaares, Andrés Bernáldez, vor ihrer Vertreibung seien Juden tätig gewesen als »Großkaufleute, Verkäufer, Steuereinnehmer, Kleinhändler, Verwalter bei adligen Grundbesitzern, Beamte, Schneider, Schuhmacher, Gerber, Weber, Krämer, Hausierer, Seidenhändler, Schmiede, Juweliere und in ähnlichen Geschäftszweigen. Keiner grub Erde um oder wurde Landmann, Zimmerer oder Maurer, aber alle forschten nach bequemen Posten und Wegen, um ohne viel Arbeit Gewinne zu machen. […] Nie wollten sie Arbeiten mit dem Pflug oder Spaten annehmen, wollten auch nicht auf den Feldern das Vieh hüten oder ihre Kinder lehren, dies zu tun. Sie wünschten sich nur eins: einen Posten in der Stadt zu haben und ihren Lebensunterhalt ohne viel Arbeit auf dem Hintern sitzend zu verdienen.«[18]

Der Chronist zählt selbst auf, dass Juden auch in bescheidenen Handwerksberufen tätig waren, als Bäcker, Schneider, Schuhmacher, Stadtschreiber oder Buchbinder – auch handgeschriebene Texte wurden damals teils schon gebunden –, durchaus auch als Bauern. Vor allem im Gebiet von Toledo gab es viele jüdische Weinbauern und Olivenzüchter. Aber in einer überwiegend noch agrarischen Gesellschaft sorgte der Vorwurf, man führe ein »bequemes« städtisches Leben, für Missgunst. Auch wenn Juden keine Großgrundbesitzer werden konnten, stand ihnen nach der Taufe der Aufstieg in höchste Kreise offen. Verbindungen, bei denen ein verarmter christlicher Adeliger ein bürgerliches Judenmädchen mit reicher Mitgift heiratete, waren so häufig, dass in Aragonien fast jede adelige Familie um ihre »Blutreinheit« besorgt sein musste. Kaum jemand in der Oberschicht konnte von sich behaupten, nicht auch Juden unter seinen Vorfahren zu haben.

Um die Mitte des 15. Jahrhunderts wurde die wachsende Zahl der Conversos zu einer offenen Herausforderung für die alte Aristokratie. »Aus dem Kampf gegen die Minderheiten im Reich wurde ein Kampf der Adligen um die eigene Existenz und die Wahrung ihres Rufes als Altchristen. Die scheinbar geringfüge Converso-Gefahr hatte sich schließlich zu einer Bedrohung der gesamten Sozialordnung entwickelt.«[19] Denn sollte sich zeigen, dass die Adeligen nicht mehr Altchristen und damit »reine« Spanier wären, würde das ihren Führungs-anspruch gefährden. Es kursierten Schmähschriften, in denen die Infiltration der spanischen Oberschicht durch Conversos angeprangert wurde und in denen vom jüdischen »Brandmal« des spanischen Adels die Rede war.

Aber nicht nur der Adel fühlte sich bedroht. Auch in den Städten und auf dem Land wuchs der Unmut über die missliebige jüdische Konkurrenz. Die Agitation der neuen, vorwiegend in den Städten predigenden Orden der Franziskaner und Dominikaner zeigt das deutlich. Besonderen Hass zogen sich Juden und Conversos in ihrer Eigenschaft als Steuereinzieher zu, damals ein an Privatpersonen verpachtetes Amt.[20] Steuer-beamte erfreuen sich nirgends großer Beliebtheit, und wenn ein solcher Steuerpächter bei den Bauern auf dem Land vor-stellig wurde, vielleicht sogar pfänden musste, konnte sich der Unmut über die Steuer schnell in Zorn auf die Minderheit, deren Vertreter sie einzog, wandeln, auch wenn das Geld nicht in deren Taschen floss, sondern in die des Königs.

Das 15. Jahrhundert ist in Spanien also die Zeit der großen religiösen Identitätsdiffusion. Waren die jüdischen Gemein-den aus den Pogromen von 1391 und die anschließende Mas-senkonversion geschwächt und verkleinert hervorgegangen, so »bildeten die zum Christentum konvertierten Juden, jene Conversos, spätestens seit der Mitte des 15. Jahrhunderts das eigentliche gesellschaftliche Problem.«[21] Oft wurden sie auch von den Glaubensjuden abgelehnt, denn in ihrem Konver-titeneifer zögerten manche Conversos nicht, sich an anti-jüdi-scher Polemik zu beteiligen, gegen alte jüdische Sitten und

Rituale vorzugehen und oft sogar der Inquisition Opfer in die Arme zu treiben. Aus den Reihen der Neuchristen gingen häufig erbitterte Antisemiten hervor. Mit der ganzen Inbrunst der frisch Bekehrten wandten sie sich als »diensteifrige Renegaten« (Vincent) gegen ihre alten Glaubensbrüder, sei es aus Überzeugung, sei es, um die Ernsthaftigkeit ihrer Konversion nach außen unter Beweis zu stellen. Zudem waren sie bemüht, mehr Macht im Staat und in der Kirche zu erlangen, nicht zuletzt, um sich gegen Feindseligkeiten besser schützen zu können. Zu den Zweifeln an der Ernsthaftigkeit ihrer Bekehrung kamen Denunziationen wegen homosexueller oder magischer Praktiken.

Erst mit dem wachsenden Converso-Problem ist, so Roth, der moderne Antisemitismus überhaupt entstanden. Es bildete den Hintergrund für den Übergang vom mittelalterlichen Antijudaismus zum modernen Rassenantisemitismus. Denn waren sie einmal konvertiert, dann konnte man den Neuchristen nicht mehr vorhalten, sie gehörten der falschen Religion an. Daher suchte – und fand – man ein neues Argument. Es sei gar nicht die Religion, sondern ihr »jüdisches Blut«, das der vollständigen Einbeziehung der Neuchristen in die spanische Gesellschaft entgegenstehe und ihren Ausschluss von hohen Ämtern rechtfertige. Erstmalig in der europäischen Geschichte trat hier eine Argumentationsfigur auf, bei der man sich auf die rassenbiologische, durch individuelle Wahl nicht beeinflussbare Andersartigkeit berief. Nicht die Glaubensjuden hatten diesen folgenreichen Umschwung ausgelöst. Ihnen begegnete man zwar nach wie vor mit den alten, christlich-antijudaistischen Vorurteilen, sie seien Christusmörder, Brunnenvergifter und Mörder christlicher Kinder aus rituellen Gründen. Den Conversos aber warf man vor, nur scheinbar Christen zu sein, weiterhin Kontakte zu orthodoxen Juden zu pflegen, ihre Kinder beschneiden zu lassen und insgeheim jüdische Speisevorschriften einzuhalten. Erst die massenhafte

Konversion von Mitgliedern einer sozial als bedrohlich emp-fundenen Gruppe, die bis in höchste Adelsfamilien aufgestie-gen waren und sich als Minister, Bischöfe oder Finanziers von Kriegen gewissermaßen in die Zentren der Macht »einge-nistet« hatten, führte zur Suche nach einem neuen, unumstöß-lichen und unabänderlichen Ausschlusskriterium: der »Rein-heit des Blutes« (limpieza de sangre).

Kirchliche Institutionen waren die ersten, die unter dem Einfluss der Inquisition auf der »Blutreinheit« ihrer Mitglieder bestanden. Der Militärorden von Alcantara begann damit, allen Abkömmlingen von Juden und Mauren die Mitglied-schaft zu untersagen. Ihm folgten weitere Orden und kirch-liche Einrichtungen, die ebenfalls Reinheitsklauseln in ihre Statuten aufnahmen. Ganze Domkapitel wurden »judenrein«. Auch Universitäten und städtische Bruderschaften übernah-men entsprechende Regelungen. Es bleibt festzuhalten, dass die Reinheitsstatuten zunächst weder vom Hochadel noch von der Inquisition oder von der Monarchie propagiert wurden, sondern von kirchlichen und städtischen Kreisen. Überdies muss unterschieden werden zwischen der Haltung Roms und jener der spanischen Kirche, und hier wieder zwischen der kirchlichen Oberschicht und den städtischen Bettelorden. Erst 1556 wurde die Doktrin der Blutreinheit unter Philipp II. offi-ziell auch von der Monarchie angenommen. Ihre Wurzeln gehen aber schon auf das frühe 15. Jahrhundert zurück.

Insgesamt zeichnet sich ein widersprüchliches Bild ab. Die These, die Inquisition habe die Untersuchung der Rechtgläu-bigkeit nur als Vorwand benutzt, um Juden aus rassistischen Gründen zu verfolgen, ist nur teilweise richtig. Denn in den hundert Jahren zwischen 1450 und 1550 liefen zwei Denkwei-sen, zwei Strategien parallel: die traditionelle, religiöse und die neue, rassistische. Ein Beispiel: Während 1449 eine päpst-liche Bulle erlassen wurde, die ausdrücklich jede Diskriminie-rung von Conversos aus rassistischen Gründen verbot, formulierte im gleichen Jahr der Spanier Pedro Sarmiento in einer Reihe von Statuten die Gegenposition: Auch die Abkömmlinge getaufter Juden seien weiterhin als Juden zu betrachten und vom Zugang zu bestimmten Ämtern auszuschließen.[22]

Während die Inquisition, verstärkt durch die Agitation der neuen Bettelorden, gerade in den unteren Volksschichten auf große Zustimmung stieß, war die Haltung der politisch führenden Kreise keineswegs einheitlich. Zahlreiche Adelsfamilien stellten sich schützend vor die Conversos. Es gab Gemäßigte, die eine allmähliche Assimilation der Neuchristen befürworteten und Radikale, die auf deren Ausschluss und Vertreibung drängten. Hier taten sich vor allem die katholischen Orden mit ihrem machtvollen Instrument der Volksbeeinflussung durch die Prediger hervor.

Der Einheit des Landes stand Ende des 15. Jahrhunderts noch ein weiteres Hindernis im Weg. Es galt, die seit dem 8. Jahrhundert von den Mauren bewohnten Gebiete in Südspanien wieder zu erobern. Der Kampf um die Reconquista wurde 1491 erfolgreich beendet, als Granada, die Hauptstadt des letzten Maurengebietes, in spanische Hände fiel. Am 2. Januar 1492 zog das Königspaar im Triumph in die Stadt ein, ein weiterer Schritt zur staatlichen Einheit. Auch auf der spanischen Flagge wurde programmatisch die Einheit des Landes beschworen: »Unum ovile et unus pastor« – eine Herde und ein Hirte. Schon um 1487 hatte der Humanist und Latinist Antonio de Nebrija eine Grammatik der kastilischen Sprache veröffentlicht, die selbst bei der Monarchin zunächst auf wenig Verständnis stieß. Auf ihre Frage, wozu ein solches Buch denn nützlich sei, hatte Nebrija ihr erst dargelegt, die Rolle der Sprache sei ebenso bedeutsam wie die des Glaubens, der Waffen oder Gesetze, denn auch sie trage zur Einheit der Nation bei.[23]

Aus einer ethnisch, sprachlich und religiös heterogenen Gesellschaft sollte eine homogene geformt werden. Aus einer für damalige Verhältnisse offenen Gesellschaft wurde eine geschlossene: »Die religiöse Homogenität des sich imperial entfaltenden Spanien wurde offenbar als Vorbedingung für das Ausgreifen nach neuen politischen Ufern gesehen.«[24]

Nur wenige Monate nach der Einnahme Granadas, am 31. März 1492, wurde jenes Dekret erlassen, das zur Ausweisung aller Glaubensjuden aus dem Königreich führte. Die Begründung für die Ausweisung im Text der Proklamation ist aufschlussreich, denn sie zeigt, dass die Vertreibung der Juden als letzter Schritt einer Reihe von Maßnahmen und Warnungen verstanden wurde, die alle nicht gefruchtet hätten. Schon 1483 hatten die Cortes von Toledo die strenge Gettoisierung durchgesetzt, eine räumliche Trennung von Juden und Christen, die weit über das hinausging, was bislang an Separation üblich gewesen war. Auch vordem hatten Juden in eigenen Judenvierteln, den Aljámas oder Juderías, gelebt. Diese räumliche Absonderung hatte aber nie mit letzter Konsequenz zu einem Ausschluss geführt. Bereits 1483/84 war es zur partiellen Vertreibung von Juden aus Andalusien gekommen. In einigen Gebieten hatten städtische Amtsträger darauf gedrängt, die Kennzeichnung von Juden durch bestimmte Abzeichen wieder zur Pflicht zu machen. Auch dies war, für sich genommen, nicht neu, sondern knüpfte nur an die Beschlüsse des 4. Laterankonzils von 1215 an, die den Juden das Tragen besonderer Erkennungsmerkmale auferlegt hatte. Zahlreiche weitere diskriminierende Maßnahmen kamen hinzu.

Die Instrumente für den gesellschaftlichen Ausschluss – Inquisition, optische Kenntlichmachung, getrennte Wohnviertel, Heiratsverbot zwischen Juden und Christen und schließlich die Ausweisung – waren alle längst vorhanden, aber in Zeiten friedlichen Zusammenlebens waren sie in den Hintergrund getreten oder verwässert worden. Es ist umstritten, ob diese Maßnahmen Stufen einer gezielten Eskalation waren, einer planmäßigen Strategie oder ob sie nicht eher der auch von einflussreichen Conversos befürwortete Versuch waren, durch Segregation der Inquisition den Wind aus den Segeln zu nehmen, eine Kompromisslösung, die, wenn schon kein friedliches Nebeneinander mehr möglich war, eher räumliche Trennung befürwortete als endgültige Vertreibung.

Alle diese »Warnschüsse« und weniger radikalen Maßnahmen hätten aber, so die Begründung der Monarchen in dem Ausweisungsdekret vom 31. März 1492, nicht gefruchtet. Vielmehr hätten einige »schlechte Christen«, womit die Neuchristen gemeint waren, wiederholt Anlass zur Klage gegeben, weil sie weiterhin »judaisierten«, sich nicht deutlich genug von ihren alten Glaubensbrüdern distanzierten und sogar versuchten, Christen religiös zu verunsichern. Diese Ketzerei sei nun nicht länger hinnehmbar, zumal alle weniger drastischen Mittel wie räumliche Trennung oder partielle Ausweisung nicht das gewünschte Ergebnis gebracht hätten. Daher hätten Isabella und Ferdinand, die Katholischen Könige, wie sie sich nannten, nach reiflicher Überlegung und zahlreichen Befragungen beschlossen, alle Untertanen jüdischer Religion ohne Ausnahme aus ihrem Territorium auszuweisen. Bis zum 31. Juli wurde Aufschub gewährt, danach aber drohte allen Zuwiderhandelnden die Todesstrafe und der Einzug ihres Besitzes. Bürgermeister und Grenzpolizei erhielten genaue Anweisungen, wie sich der Exodus vollziehen sollte. In der Zwischenphase von nur drei Monaten wurden Juden unter königlichen Schutz gestellt, durften sich frei bewegen, über ihren Besitz verfügen, aber weder Gold noch Silber, Waffen oder Pferde ausführen.[25] Wie bei den »Arisierungen« im Nationalsozialismus war das Ausweisungsdekret für so manchen Spanier eine willkommene Gelegenheit, sich an jüdischem Besitz zu bereichern, der angesichts der gebotenen Eile nur noch unter Wert oder gar nicht mehr verkauft werden konnte.

Als besonderer Eiferer tat sich auch nach der Vertreibung der Juden der Erzbischof von Toledo, Siliceo, hervor, der 1547 für sein Domkapitel eine Reinheitsklausel durchsetzte. In der

Begründung hob er hervor, der Ausschluss aller Abkömmlinge von Juden aus kirchlichen und weltlichen Hierarchien habe sich in Spanien bereits in den militärischen und religiösen Orden und an den Universitäten bewährt. Obwohl die Inquisition inzwischen mehr als 50 000 Conversos durch die Inquisition verbrannt oder bestraft hätte, sei die Converso-Gefahr keineswegs gebannt, was man auch daran sehe, dass die Anhänger Luthers in Deutschland fast ausnahmslos Abkömmlinge von Juden seien.[26] Der Erzbischof wob bereits am Mythos von der großen jüdischen Weltverschwörung, der den Juden die Schuld für alle Veränderungen in einer sich modernisierenden Welt zuschob.

Die Ausführungen Siliceos zeigen aber auch, dass die vermeintlich von den Conversos ausgehende Gefahr schon von Zeitgenossen in einen größeren historischen Zusammenhang gestellt wurde: der Bedrohung der religiösen Einheit und der mittelalterlichen Feudalordnung nicht nur durch Juden oder Neuchristen, sondern auch durch Protestanten, den Humanismus, durch religiösen und wissenschaftlichen Skeptizismus und insgesamt durch die sich entwickelnde bürgerliche Gesellschaftsordnung, der es mit allen Mitteln, auch mit Denunziationen, Demagogie, Folter und Mord zu wehren galt. Aussagen anonymer Zeugen vor Inquisitionstribunalen, unter Folter erpresste Geständnisse, Geheimprozesse und schließlich brennende Scheiterhaufen verwandelten das ehemals tolerante Spanien in einen autoritären Einheitsstaat. Noch bis Mitte des 19. Jahrhunderts waren Ahnennachweise auf der Grundlage der »limpieza«-Statuten Voraussetzung für den Zugang zu bestimmten Staatsämtern, und erst 1834 wurde die Inquisition in Spanien endgültig abgeschafft.[27]

Drei Fragen stellen sich: Wer stand hinter dem Dekret, das für alle überraschend kam und die Juden unvorbereitet traf? Warum diese radikale Maßnahme, obwohl doch die orthodoxen Juden gar nicht das eigentliche Problem darstellten? Was hatte die Monarchen, die bislang nicht durch besonderen antijüdischen Eifer hervorgetreten waren, Juden sogar unter den traditionellen Königsschutz genommen und sich mit jüdischen Ärzten umgeben hatten, zu diesem Schritt bewogen? Zweifellos hatte durch die antijüdische Agitation fanatischer Volksprediger der kirchliche Druck von unten stark zugenommen. Druck kam aber auch von oben durch die Inquisition, die zum Zeitpunkt der Ausweisung das Land schon mit einem dichten Netz von Tribunalen überzogen hatte. Bernard Vincent vermutet, der Entschluss der Monarchen sei erst durch den endgültigen Sieg über die Mauren herbeigeführt worden, denn zahlreiche andalusische Juden standen dem muslimischen Königreich von Granada nahe und galten als Landesfeinde.

Auch wenn die Haltung gegenüber den Muslimen grundsätzlich nicht minder feindselig war und einer der führenden antijüdischen Agitatoren, der Franziskanermönch Alonso de Espina, auch die Sarrazenen (Mauren) in seine Polemik einbezog, kam es in den wiedereroberten Gebieten nicht sofort zu ihrer Ausweisung, sondern zunächst zu einer großen Missionierungswelle, die aber nicht den gewünschten Erfolg hatte. Erst 1569 wurden auch die Mauren aus dem Gebiet von Granada und 1609 aus dem gesamten kastilischen Königreich vertrieben.

Das Ausweisungsdekret ist nur in einem größeren politischen Zusammenhang zu verstehen. Es ging darum, mithilfe der Inquisition ein Staatskirchentum aufzubauen. Dieses Ziel hätte zwar auch durch religiöse Assimilation und durch Bekehrung erreicht werden können, aber angesichts der Zweifel an der Rechtgläubigkeit der Neuchristen wurde diese Strategie verworfen. Zudem galten die orthodoxen Juden, obwohl inzwischen eine unbedeutende Minderheit, nach wie vor als potenzielle Gefahrenquelle. Hätte es sie nicht gegeben, so hätte auch nicht die Gefahr eines Rückfalls der schon Bekehrten in ihren alten Glauben bestanden. Es ist daran zu erinnern, dass es zur gleichen Zeit auch in anderen europäischen Gebieten, in Italien und vor allem im Deutschen Reich, zur Vertreibung von Juden kam.

Die Spannungen wuchsen durch die Ermordung eines Inquisitors während der Messe, hinter der eine Gruppe verschworener Conversos stand. Für zusätzlichen Zündstoff sorgte die Affäre um das Heilige Kind von La Guardia in der Nähe von Toledo. Zwar wurde gar kein Kind vermisst, aber der alte Vorwurf eines Ritualverbrechens erregte die Gemüter. Ein konvertierter Jude habe dem Kind das Herz aus dem Leib gerissen und anschließend das Blut mit einer gestohlenen Hostie vermischt, ein Frevel sondergleichen, der stichhaltig aber nicht bewiesen werden konnte. Dennoch entzündete sich um dieses Heilige Kind ein wahrer Kult mit Zügen von Massenhysterie, der den latent immer schon vorhandenen antijüdischen Einstellungen ein Ventil schuf.

Die Zahlen der vom Exodus betroffenen Juden sind umstritten. Von früheren, unrealistisch hohen Zahlen ist man inzwischen abgekommen. Nach heutigem Kenntnisstand wurden etwa 60 000 Menschen ausgewiesen, wahrscheinlich waren es weniger.[28] Viele entschlossen sich, lieber die Konversion auf sich zu nehmen. Von denjenigen, die das Land verlassen mussten, zog eine große Gruppe ins benachbarte Portugal, das aber nur fünf Jahre später gleichfalls ihre Ausweisung beschloss. Manche kehrten daraufhin wieder in ihre alte Heimat zurück und nahmen widerstrebend den christlichen Glauben an. Andere emigrierten, oft unter großen Gefahren und bedroht von Piraten und Räubern, nach Italien, Nordafrika oder ins Osmanische Reich. Die griechische, damals osmanisch beherrschte Stadt Saloniki wurde einer der bedeutendsten Zufluchtsorte der sephardischen Juden. In einer zweiten Emigrationswelle zogen viele auch nach Frankreich, in die Niederlande, nach London oder Hamburg.

Die wirtschaftlichen Folgen des Exodus waren für Spanien zunächst eher nachteilig, zum einen, weil die Steueraufkommen aus jüdischen Gemeinden schon nach 1391 deutlich gesunken waren, zum anderen, weil auch die Conversos weiterhin unter Druck standen, auf vielfältige Weise diskriminiert und von zahlreichen Berufen, vor allem im Staatsdienst, ausgeschlossen wurden. Viele von ihnen hatten schon um 1480 das Land verlassen, als die Repression deutlich angestiegen war. Sie vor allem waren es, die eine Lücke in der spanischen Wirtschaft hinterließen, nicht die kleine Minderheit der orthodoxen Juden, die in bescheideneren sozialen Verhältnissen gelebt hatte. Die altchristlichen, in der öffentlichen Meinung also echten Spanier waren nicht in ausreichendem Maße in der Lage, die Lücken im Fernhandel und im Geldgewerbe auszufüllen. Aber in das Vakuum drangen rasch italienische und deutsche Bankhäuser ein.

Manche Historiker sprechen die Monarchen vom Vorwurf des Antijudaismus frei. Weder seien sie bei der Ausweisung der Juden die treibende Kraft gewesen noch getragen von besonderem Judenhass. Vorrangig und entscheidend habe die Inquisition die Dinge forciert.[29] Allerdings unterschied sich die nach 1482 wieder eingerichtete spanische Inquisition von der mittelalterlichen in einem zentralen Punkt. Sie war nicht mehr nur eine Institution der Kirche, sondern zugleich auch ein staatliches Organ, ein politisches Instrument der Monarchie zur Herstellung der inneren Einheit. Neben der territorialen Reconquista war sie das Werkzeug einer inneren, geistigen Reconquista.[30] Der ambivalente Charakter der neuen Inquisition als kirchliches und zugleich staatliches Instrument macht die persönliche Einstellung der Monarchen zu ihren jüdischen Untertanen nebensächlich. Sie selbst hatten sich ein Instrument geschaffen, mit dem man die Verantwortung nach außen zwar auf die Kirche abladen konnte, staatspolitisch aber nur arbeitsteilig vorging.

Versuchen wir, die komplexen Vorgänge noch einmal zusammenzufassen. In einer Phase des gesellschaftlichen Umbruchs mit vielfältigen Krisenerscheinungen kamen in Spanien zwei Faktoren zusammen: Der Wille zur religiösen, territorialen und kulturellen Einheit, der mehrere Strategien zur Verwirklichung dieser Idee zuließ. Der lange Zeit von den Monarchen befürwortete Weg der Assimilation religiöser und ethnischer Minderheiten wurde jedoch aufgegeben, nachdem sich gezeigt hatte, dass die Bekehrung kein zuverlässiges Instrument für die Assimilation mehr war. Die Conversos mit ihrer zweifelhaften religiösen Identität erforderten erstmalig neue, nicht mehr religiös begründete, sondern schon rassistisch argumentierende Ausschlusskriterien.

Als zweiter Faktor kam hinzu, dass die Neuchristen jüdischer Abstammung als eigene soziale Schicht ökonomische Konkurrenten waren und sich in ihrer Funktion als Bankiers, Finanziers oder Steuereintreiber den Hass und die Missgunst vieler Spanier zugezogen hatten. Einerseits wurde sie gebraucht, andererseits sahen die alten adeligen Führungsschichten und mehr noch das nicht-jüdische, städtische Bürgertum sie als Bedrohung an. Die religiöse Frage der Glaubenseinheit war untrennbar verbunden mit dem sozialen Problem einer jüdischstämmigen Konkurrenz im Bürgertum.

Im Koordinatensystem der Machthaber, der Monarchie und der Kirche, wurde durch die Wiedereinrichtung der Inquisition ein staatliches Instrument zur Schaffung der Glaubenseinheit und gleichzeitig zum Ausschluss dieser wirtschaftlich missliebigen Gruppe geschaffen, deren weiterer gesellschaftlicher Aufstieg verhindert bzw. rückgängig gemacht werden sollte. Für den notwendigen gesellschaftlichen Konsens und die Beeinflussung der Massen sorgten wiederum kirchliche Prediger aus den neuen Bettelorden, die zu einem Klima beitrugen, das in steigendem Maße von Fanatismus geprägt war. Hinzu kam eine gesamteuropäische kulturelle

Verunsicherung der Kräfte der alten Ordnung und deren Herausforderung durch Protestantismus und Humanismus. Als Papst Paul IV. 1556 die Bulle »Cum nimis absurdum« erließ, wurden nicht nur die Protestanten, sondern auch die Juden vom Wind der Gegenreformation erfasst. In einer Situation, in der das spanische Herrscherpaar sich entscheiden musste, welchen Weg in die Modernität es gehen wollte, den einer Monarchie, die sich im Bündnis mit den neuen bürgerlichen Kräften gegen den alten Feudaladel stellt oder den einer religiös und ethnisch geschlossenen Gesellschaft, die ihre Konflikte nach außen lenkt, entschied es sich für den zweiten Weg, den der imperialen Großmacht. Das Ziel war Homogenität und der Preis der Ausschluss der Juden, Conversos und Mauren.

Gab es einen Zusammenhang zwischen den Ereignissen von 1492? Rückblickend erkennt man deutlicher die Verdichtung eines Prozesses, der in Spanien bereits rund hundert Jahre früher begonnen hatte. Aber er muss zugleich in einen gesamteuropäischen Kontext gestellt werden – den des Übergangs von einer feudalen, auf Landbesitz gegründeten Gesellschaftsordnung zu einer bürgerlichen, auf Handel und wachsendem Geldverkehr beruhenden.

II Das 18. Jahrhundert:
Germanenmythos und Anthropologie

Das 18. Jahrhundert war ein bedeutendes Jahrhundert, auf dessen Schultern wir immer noch stehen. Aber es war auch eine Zeit voller Widersprüche, in der das Ancien Régime zu Ende ging, das Bürgertum wachsendes Selbstbewusstsein entwickelte, die Philosophie der Aufklärung neue Maßstäbe setzte und die Naturwissenschaften an Bedeutung gewannen. In bester Absicht, aber mit zweifelhaften Folgen wird von einigen Rassismusforschern, mitunter unter dem Einfluss der Theorien des französischen Philosophen Michel Foucault, ein sehr eindimensionales Tableau gezeichnet. Danach sei die gesamte Moderne seit dem 18. Jahrhundert und jede auf dem kapitalistischen Wirtschaftssystem fußende moderne Gesellschaft strukturell rassistisch. Noch weiter gehen »postmoderne«, aufklärungs- und wissenschaftskritische Autoren, die die Aufklärung selbst, vor allem die wissenschaftlichen Methoden des Messens und Klassifizierens, verantwortlich machen für den modernen Rassismus. Dem ist mit Detlev Claussen entgegenzuhalten: »Diese sozialwissenschaftliche Modeerscheinung, antimoderne Affekte im Gewand nachtotalitärer Beliebigkeit zu präsentieren, korrespondiert mit einer politisch sich links verstehenden Theorietendenz, Wissenschaft in toto als Teil eines rassistischen euroamerikanischen Diskurses zu verdammen.«[31]

Daher werden in diesem Kapitel bewusst zwei gänzlich verschiedene Tendenzen des 18. Jahrhunderts mit ihren unterschiedlichen Hintergründen, Wortführern und Anhängern vorgestellt: der genealogische Adelsrassismus und die Anthropologie als Wissenschaft vom Menschen mit ihrem Beitrag zum Thema.

Boulainvilliers' Transformation der Geschichte in Gegengeschichte

Rassismus bedeutet nie nur Diskriminierung von Menschen auf Grund biologischer Andersartigkeit. Vielmehr geht er immer einher mit der Beurteilung von kulturellen Wertigkeiten, in doktrinärer Zuspitzung auch mit dem Glauben an einen gemeinsamen und besonderen, meist mythischen Ursprung. So galt es von der Antike bis in die frühe Neuzeit als edel, sich eine trojanische Abkunft zuzulegen. Germanische Stämme griffen auch gern auf den Skandinavien-Topos zurück und behaupteten, aus dem hohen Norden zu stammen, auch wenn dies für viele von ihnen weder archäologisch noch historisch nachweisbar ist. Der Glaube an eine gemeinsame, mythisch überhöhte Abstammung verbreitet sich immer dann besonders stark, wenn eine soziale Gruppe sich in ihrer Identität bedroht fühlt und ihre Privilegien schwinden sieht, wenn sie um ihren sozialen Status und ihre wirtschaftliche Absicherung kämpfen muss oder auch nur glaubt, in absehbarer Zeit von solchen Entwicklungen betroffen zu sein.

Man kann analytisch drei Phasen der Herausbildung des Rassismus unterscheiden: eine Phase der Bildung von Vorurteilen gegenüber Menschen auf der Basis von »Rassemerkmalen«, in der sich jedoch immer kulturelle und biologische Kriterien mischen und die Legitimation für eine Höher- oder Minderbewertung abgeben. Diese Phase kann als die der Verbreitung unreflektierter Alltagsvorurteile bezeichnet werden. In einer zweiten Phase kommt es zur Verdichtung und Ausarbeitung dieser Einstellungen und Haltungen zu einer Doktrin, zu einem in sich geschlossenen Gebäude der Weltdeutung mit geschichtsphilosophischem Anspruch. Es entsteht eine Gegen-Geschichte oder Gegen-Utopie zur gesellschaftlich vorherrschenden Geschichtsdeutung. Die Gegenwart wird transzendiert unter millenarischer Perspektive, sei es rückwärts gewandt mit Blick auf ein mythisches goldenes Zeitalter, sei es nach vorn gerichtet auf ein erst noch zu schaffendes tausendjähriges Reich. In einer dritten Phase schließlich kommt es zur juristischen Institutionalisierung des Rassismus im politischen System. Der Diskurs führt zur politischen Aktion durch entsprechende Gesetzgebung zur Vertreibung oder Liquidierung ethnischer Minderheiten.

Nicht immer erreicht der Rassismus dieses dritte Stadium des Staatsrassismus. Häufig bleibt er auf der zweiten Stufe der Ausformulierung von Rassedoktrinen stehen und äußert sich als rassistisches Denken einer sozialen Gruppe, historisch am ältesten als Standesrassismus. Gelegentlich wird diese Variante »sozialer Rassismus« genannt, was mir irreführend scheint, denn Rassismus hat immer soziale Wurzeln und soziale Trägergruppen. Ergiebiger ist die Verankerung von Rassismus in einem sozialhistorischen Kräftefeld, die genauer Aufschluss darüber gibt, unter welchen Bedingungen Rassismus sich bis zur dritten Phase fortentwickelt, und unter welchen er im ersten oder zweiten Stadium stehen bleibt.

Der Ursprung des modernen Rassismus wird ideengeschichtlich meist auf Arthur de Gobineau zurückgeführt, dessen Werk die Folie abgegeben habe für die späteren Thesen eines Houston Stewart Chamberlain und anderer völkischer Rassentheoretiker des 20. Jahrhunderts. Die Ursprünge des modernen Rassismus liegen aber mehr als zweihundert Jahre früher. Bereits im 17. und frühen 18. Jahrhundert hatte der Rassismus die fest umrissenen Konturen einer Doktrin angenommen, die sich eines Ursprungsmythos bedient, um die rassisch-biologische Überlegenheit einer Gruppe zu legitimieren.

Der Ethnologe Claude Lévi-Strauss analysiert in seinem Buch »Das wilde Denken« die Entstehung von Geschichtsbewusstsein und zeigt, dass jede Geschichte von einer unbestimmten Zahl von Gegen-Geschichten begleitet wird. »Das Fortschreiten der Erkenntnis und die Schaffung neuer Wissenschaften geschieht durch Erzeugung von Gegengeschichten, die beweisen, dass eine bestimmte Ordnung, die nur auf einer Ebene möglich ist, auf einer anderen aufhört, möglich zu sein. Die Gegengeschichte der Französischen Revolution, wie Gobineau sie sich vorstellte, ist auf der Ebene, auf der die Revolution vor ihm gedacht wurde, kontradiktorisch. Sie wird logisch denkbar (was nicht heißt, dass sie wahr sei), wenn man sich auf eine neue Ebene stellt […], das heißt, unter der Bedingung, dass man von einer ›jährlichen‹ oder ›säkularen‹ (und auch politischen, sozialen und ideologischen) Geschichte übergeht zu einer ›tausendjährigen‹ und ›mehrtausendjährigen‹ (und auch kulturellen und anthropologischen) Geschichte; ein Verfahren, das Gobineau nicht erfunden hat, und das man ›Boulainvilliers'sche Transformation‹ nennen könnte.«[32]

Der französische Adelige Henry de Boulainvilliers (1658 bis 1722) war Historiker, Politiker, Philosoph und Astrologe und befreundet mit dem Herzog von Saint-Simon, dessen berühmte, die Zeit von 1694 bis 1752 umfassende Memoiren ein unschätzbares Dokument über das ausgehende Ancien Régime und den französischen Absolutismus sind. Über Boulainvilliers' Leben ist wenig bekannt, aber seine »Essais über den französischen Adel«, posthum 1727 erschienen, sind bereits die geschlossenste Rassendoktrin vor Gobineau. Boulainvilliers bündelt die seit Mitte des 16. Jahrhunderts in Frankreich kursierenden Geschichtsmythen, Standesvorurteile und Ängste und hebt sie auf die Stufe einer geschlossenen Weltanschauung. Er ist der ideologische Waffenschmied des französischen Adels in dessen Kampf um das Überleben als privilegierter Stand und zugleich der erste moderne Rassentheoretiker überhaupt.

Boulainvilliers »transformiert« gezielt die Geschichte seines Landes und deutet sie aus dem Blickwinkel einer zum Untergang verurteilten sozialen Gruppe. Sein Standesrassismus hat weder etwas mit den völkischen Doktrinen in Deutschland Ende des 19. Jahrhunderts zu tun noch mit Antisemitismus, sondern ist Ausdruck eines noch bis ins 19. Jahrhundert bei Gobineau vorherrschenden reinen Aristokratismus mit antinationalistischer und antibürgerlicher Stoßrichtung. Boulainvilliers' Ziel ist die Wiedereinsetzung einer adeligen Minderheit in ihre angestammten Rechte als ursprüngliche Eroberer. Angestrebt wird die »soziale Schließung« (M. Weber) eines Standes zu einer Kaste vor dem mythologischen Hintergrund gemeinsamer Blutszugehörigkeit und germanischer Abkunft.

Zwischen 1560 und dem Ende der Regierungszeit Ludwigs XIV. (1643–1715) sind die Zeiten unruhig. Bürgerkriege und Religionskrisen durchziehen das Land. Im Kampf des Absolutismus gegen Adels-, Religions- und regionalen Partikularismus wird der Adel seiner alten Vorrechte beraubt, zu denen vorrangig Abgabenfreiheit gehört hatten, die Gerichtsbarkeit über die eigenen Standesgenossen und die dem staatlichen Zugriff entzogenen Hörigen sowie das Recht auf eigene Verteidigung. In dieser Situation entwickelt sich der adelige Standesrassismus. Der Adel besinnt sich darauf, von ethnisch anderer und höherer Abstammung zu sein als die Mehrheit des französischen Volkes mit seinen galloromanischen Wurzeln. Schon ab 1573 entsteht ein in seinen Ursprüngen nicht antisemitischer, aber gleichwohl rassistischer Germanenmythos, der Vorläufer des Arier-Mythos, wie er im ausgehenden 19. Jahrhundert entstand.[33] Boulainvilliers beruft sich darauf, dass der französische Adel von den Franken abstamme, der spanische von den Westgoten und der englische von den Sachsen und Normannen.[34]

Während in Spanien der Rassismus als Instrument zur nationalstaatlichen Homogenisierung des Landes eingesetzt wurde, fungierte er in Frankreich als Instrument einer Gruppe, die sich umgekehrt durch die absolutistische Politik der Homogenisierung und Zentralisation in ihrer Existenzweise bedroht fühlte und tatsächlich zu den Verlierern dieser Modernisierungspolitik gehörte. Die These von der »Reinheit des Blutes« diente in Spanien zum Ausschluss von Minderheiten, in Frankreich war sie umgekehrt die Waffe einer Minderheit.

Als ideologische Strömung schon rund zweihundert Jahre verbreitet, verdichtete sich der französische Germanenmythos erst um 1720 zu einer rassistischen Doktrin im engeren Sinne, die bereits alle Elemente späterer Rassedoktrinen enthielt: die Vorstellung von der Reinheit des Blutes und die Verknüpfung eines biologisch begründeten Kastenbewusstseins mit Bodenverbundenheit und Landbesitz. »Blut und Boden« ragen auf als tragende Säulen einer Ursprungslehre. Sie beruft sich auf die fränkischen Eroberungen des 5. Jahrhunderts und soll die adelige Kriegerkaste fränkisch-germanischen Ursprungs als Herrenschicht mit ihrem Rangbewusstsein, ihrer Vorstellung von Würde, Mut, Tapferkeit, Treue und dem Streben nach Ruhm und Ehre legitimieren.

Wie bei jedem Rassisten sind auch bei Boulainvilliers diese Wertvorstellungen untrennbar verbunden mit der Frage nach der blutsmäßigen Abkunft. »Es ist richtig, dass die Menschen von Natur aus gleich sind, weil sie sich Vernunft und Menschlichkeit teilen. Wenn sie etwas persönlich unterscheidet, dann der richtige und schickliche Gebrauch dieser Vernunft. Aber es wäre falsch, daraus zu schlussfolgern, dies sei das einzige Unterscheidungsmerkmal, das zwischen den Menschen herrschen soll. Die Vernunft selbst, die uns zeigt, was wir der Tugend schulden, lässt uns auch empfinden (sentir), dass sie mehr bei den guten Rassen vertreten ist als bei anderen.«[35] Boulainvilliers bemüht sich nicht um empirische Beweise für die Überlegenheit der »guten Rassen«, hier noch als Abstammungsgeschlechter verstanden, sondern beruft sich »intuitiv« auf Instinkt, Ahnung und Gefühl.

Eine vom Untergang bedrohte Gruppe, sozial überflüssig und weitgehend arbeitslos, bedrängt von der absolutistischen Monarchie und dem wirtschaftlich prosperierenden, intellektuell überlegenen Bürgertum, findet in Boulainvilliers ihr Sprachrohr. Verarmt durch Finanzlasten und den Zwang zu aufwändiger Lebensführung, sieht dieser ehemals gesellschaftlich führende Stand seine Existenzgrundlage zunehmend schwinden und wehrt sich mit einem rückwärts gewandten Kollektivmythos. Die Situation ist paradox, denn Stolz und Dünkel des Altadels wachsen umgekehrt proportional zu seiner gesellschaftlichen Nützlichkeit. Es grassiert ein Adelssnobismus, gegen den selbst der für seinen skeptischen Humanismus berühmte Michel de Montaigne nicht gefeit ist. Montaigne, dessen Familie jüdisch-sephardische Vorfahren hatte, zog sich den Spott seiner Schriftstellerkollegen zu, als er behauptete, dem Schwertadel anzugehören, da er einige Jahre in der Armee gedient habe.

Zahlreich sind die Berichte und Klagen über das Adelsproletariat jener Zeit. Dazu werden schätzungsweise 100 000 bis 200 000 Menschen gezählt. In seinen Memoiren berichtet der italienische Botschafter Visconti, dass gegen Ende des 17. Jahrhunderts allein in Paris mehr als 20 000 Adelige ohne Geld und feste Einkünfte lebten, die vom Glücksspiel abhängig waren und meist von reichen Frauen ausgehalten wurden. Mehr schlecht als recht schlugen sich viele mit kleinen »industries« und dubiosen Agententätigkeiten am Rande der Legalität durch. Während der Herrschaft Ludwigs XIV. schritt die Pauperisierung dieses Standes voran. In Provinzstädten wie Amiens oder Douai hielten sich zu Beginn des 18. Jahrhunderts mehr als 2000 Adelige auf, die nicht einmal mehr ihre Wäscherei bezahlen konnten oder von mildtätigen Kapuzinermönchen verköstigt wurden, die zudem noch Almosen für sie sammelten.[36] Und dies war kein Einzelfall.

Als Kardinal Richelieu im Jahre 1632 in seinem »Politischen

Testament« auf den Niedergang des Adels zu sprechen kommt, hebt er vier Gründe dafür hervor: Eine zu liberale Heiratspolitik hat durch Mesalliancen zu einer »Verunreinigung« des Blutes geführt; die grassierende Adels- und Ämterkäuflichkeit hat die Standesschranken wenn schon nicht beseitigt, so doch durchlässig gemacht und reichen Bürgern die Möglichkeit eröffnet, in den Amtsadel, die »noblesse de robe«, aufzusteigen. Ein weiterer Grund ist der Mangel an Bildung, der den Adel charakterisiert. Der ausschließlich auf soldatische Tugenden fixierte alte Schwertadel, der sich nun als »Rasseadel« versteht, ist unfähig, sich veränderten Zeitumständen anzupassen. Außerdem tragen staatliche Finanzlasten, hohe Prozesskosten etwa bei Erbschaftsauseinandersetzungen und vor allem die aufwändige Lebensführung bei Hofe zur akuten Verarmung altadeliger Familien bei.

Nicht zuletzt spielt die Umorganisation des Heerwesens eine zentrale Rolle. Es ist eine Zeit rapiden technologischen Wandels, der auch vor der Armee nicht Halt macht. Schlagkräftigere Waffen werden erfunden, neue Strategien der Kriegsführung machen den jahrhundertelang praktizierten Kampf Mann gegen Mann jetzt im Zeitalter stehender Heere obsolet. Die Rekrutierung ausländischer Söldner, militärischer »Gastarbeiter« gewissermaßen, durch den Staat und die Weigerung des Adels, in der schlecht besoldeten Infanterie zu dienen, führen dazu, dass immer mehr Nichtadelige in die Armee eindringen und dem Adel das alte Waffenmonopol streitig machen. Schon seit dem 16. Jahrhundert waren Menschen aus den unteren Volksschichten, dem »bas peuple«, in die Truppen aufgenommen worden. Mitte des 18. Jahrhunderts wird der Philosoph und Schriftsteller Voltaire im Rückblick auf die Zeit Ludwigs XIV. notieren, das Schwert sei für die Infanterie völlig nutzlos geworden. Körperkraft, Geschicklichkeit und Mut nützten dem Kämpfer nicht mehr. Die Bataillone hätten sich inzwischen zu großen Maschinen gewandelt.

Diese Maschinenmetapher wird Ende des 18. Jahrhunderts von konservativen Autoren aufgegriffen werden und steht für die Seelenlosigkeit und Unpersönlichkeit der modernen Welt schlechthin. Der mittelalterliche Ritter als Ein-Mann-Kampfmaschine wird überflüssig. Der Krieg verliert den »Charakter einer Lebensform« (Schumpeter).

Technologischer Wandel, Neuerungen im Artillerie- und Befestigungswesen konnten nur durch einen starken, zentralisierten Staat mit Steuermonopol getragen werden. Boulainvilliers fasst die Gründe für den Abstieg seines Standes wie folgt zusammen: adelsfeindliche Politik, Veränderung in der Kriegsführung und Wandel im Denken und in den Sitten, also Wertewandel.[37]

Ehre, persönliche Tapferkeit und Mut, die Kardinaltugenden des Ritters, werden kulturell entwertet. An ihre Stelle treten Gewinnstreben, kommerzielles Interesse und Güterabwägung, aus der Sicht des Adels entehrende, materialistische Einstellungen. Aber Lebensformen können auch als Fossilien fortexistieren und sich den Panzer abgelebter Werte umlegen. Der Ehrenkodex wird hochgehalten und führt in Ritualen wie dem Duell ein erstarrtes Nachleben, doch die arbeitslosen Helden stehen nun den verachteten, Geld scheffelnden Händlern gegenüber. Physischer Kampfesmut, Ruhmsucht, Treue und Ehre als Standestugenden sind nicht mehr gefragt.

Noch zur Zeit des Ersten Weltkriegs wird der Sozialhistoriker Werner Sombart im Zuge von Kriegspropaganda und ideologischer Wehrertüchtigung das soldatische Heldentum als nunmehr nationale deutsche Volkstugend gegen den angelsächsischen »Händlergeist« mobilisieren. Ein ganzes Volk und nicht mehr nur ein Stand wird jetzt nobilitiert durch Zuschreibung von Tugenden, die ursprünglich nur der Adel für sich reklamierte. »Was im Kampfe steht, sind der Händler und der Held, sind händlerische und heldische Weltanschauung und dementsprechende Kultur. [...] Wir sind ein Volk von

Kriegern. Den Kriegern gebühren die höchsten Ehren im Staate.«[38]

Im 17. und 18. Jahrhundert aber kämpft der alte französische Schwertadel mit dem Rücken zur Wand gegen das Vordringen der neuen, bürgerlichen, auf Gelderwerb und Profit ausgerichteten Werte. Sittenverfall in den eigenen Reihen greift um sich, »Ehrgeiz mitten im Müßiggang, Niedertracht mitten im Streben, Gier, ohne Arbeit reich zu werden, Wahrheitsscheu, Schmeichelei, Verrat, Falschheit, Vernachlässigung aller eingegangenen Verpflichtungen, Verachtung der Staatsbürgerpflichten« (Montesquieu). Noch zu Beginn des 18. Jahrhunderts wird das alte Verbot, Handel oder Gewerbe zu treiben, für Angehörige des Adels erneut deklariert. Während es in Großbritannien zu einer zukunftsweisenden Verschmelzung von Gentry und City, Adel und Bürgertum kommt, schottet sich der französische Altadel ab.

Neben Boulainvilliers greift Saint-Simon in seinen Memoiren das Thema der Verarmung, gleichzeitig aber auch der Innovationsfeindlichkeit des Adels auf. Durch die staatlich forcierte Zentralisierungspolitik seien die »nobles« zu einer sozial überflüssigen Gruppe geworden, Opfer einer gesellschaftlichen Strukturveränderung, auf die sie weder eingestellt noch vorbereitet waren. Das Geld sei nun zum obersten Wert erhoben worden, und daher sei die Lage des Adels noch schlechter als die des Volkes, weil ihm die Möglichkeit des Gelderwerbs durch Handel und Geschäft gesetzlich verschlossen sei.

Äußere Einwirkungen und selbst verschuldete Gründe treffen verhängnisvoll aufeinander und lassen den Adel den Anschluss an die neue Zeit verpassen. Das absolutistische Königtum hatte den ehemals unabhängigen, politisch aufsässigen Altadel in einen gefügigen, parasitären Hofadel verwandelt, damit unter Kuratel gestellt und politisch entmachtet. Der bei Hof geforderte demonstrative Konsum, die luxuriöse, die

finanziellen Möglichkeiten häufig überschreitende Lebensführung, die mangelhafte Verwaltung der fernen Ländereien,
von denen man oft dauerhaft entfernt lebte, die Politik der
Zentralisation, Lernunwilligkeit und fehlende Bildung – das
alles kommt nun zusammen. Im alten Schwertadel hatte die
familiäre Abkunft in einem Maße vor Bildung und Wissen ran-
giert, dass man nicht nur von kultureller Beschränktheit, sondern geradezu von einem durchgängigen Analphabetismus in
seinen Reihen sprechen muss. So mancher adelsstolze Ritter
war des Lesens unkundig und konnte häufig nicht einmal
seinen Namen schreiben. Für Saint-Simon gilt daher die im-
mense Unbildung als der erste und wichtigste Schritt dieser
Gruppe in den Ruin.[39] Bildung war in der funktionsteiligen
Feudalgesellschaft dem Klerus vorbehalten gewesen; dem
Adel hatten Eroberung und Besitz von Land als Grundlage
gesellschaftlicher Vormachtstellung genügt.

Mit dem Anwachsen der Geldwirtschaft in den Städten und
dem zunehmenden Einfluss des Handel und Gewerbe treibenden Bürgertums werden neue Kenntnisse erforderlich, über
die Adelige in der Regel nicht verfügen. Als soziale Absteiger
sind sie sozial »blockiert«, denn in ihrer Gesamtheit können
sie sich nicht auf gleichwertige, funktional äquivalente Aufgaben einstellen. Als Hofadeligen ist es ihnen verwehrt, nach
Gutsherrenart einer modernen Wirtschaftstätigkeit nachzugehen. Auf Grund ihres geringen Kenntnisstandes sind sie andererseits nicht in der Lage, staatliche Verwaltungsaufgaben
zu übernehmen, können also nicht auf sozial gleichwertige
modernere Tätigkeitsfelder ausweichen, sondern müssen
zusehen, wie ihnen bürgerliche Juristen, Militärspezialisten,
Ökonomen und Verwaltungsfachleute den Rang ablaufen.
Nun erst taucht im kollektiven Gedächtnis die Erinnerung an
genealogische Legitimationsgründe wieder auf, die jetzt mit
biologischen kombiniert werden. Obwohl die kulturelle und
ethnische Verschmelzung von Franken und Galloromanen

schon etwa um das Jahr 1000 abgeschlossen war, bildet sich erst zwischen dem 16. und dem 18. Jahrhundert die Vorstellung von biologischer Differenz und »reinem Blut« heraus.

Die Legende, sie stammten von germanischen Kriegern ab, wird für die französischen Adeligen zu einer Gegen-Utopie im Sinne Karl Mannheims. Für Mannheim ist das konservative Bewusstsein nicht von theoretischer Reflexion geprägt, denn der Mensch mache die ihn umgebende Realsituation nicht zum Gegenstand theoretischer Erörterungen, solange er sich mit ihr in Einklang befinde: »Das konservative Bewusstsein hat an und für sich keine Utopie, ist es doch im Idealfalle seiner Struktur nach völlig in Deckung mit der jeweils von ihm beherrschten Wirklichkeit […]. Nur die Gegenbewegung oppositioneller Schichten und ihre Sprengungstendenz des Bestehenden macht gleichsam von außen her für das konservative Bewusstsein die eigene Seinsbeherrschung problematisch und erzwingt geschichtsphilosophische Reflexionen über sich selbst und eine zur Selbstorientierung und zur Abwehr zugleich geschaffene Gegenutopie.«[40] Eine Gegenutopie entwerfen heißt die Geschichte so deuten, dass ihr gewünschter Verlauf dem aktuellen Prozess widerspricht. Zudem war das Deutungsmonopol im 18. Jahrhundert in bürgerliche Hände übergegangen: Geschichte wird jetzt nicht mehr verstanden als zyklische Wiederholung des Immergleichen, sondern als zielgerichteter Fortschritt durch Aufklärung, Wissenschaft und wirtschaftliche Entwicklung.

Bei der Entwicklung seines »Ursprungsmythos« konnte der französische Altadel auf Restbestände anderer Mythologeme zurückgreifen. Sie waren seit dem 10. Jahrhundert im Umlauf und hatten die feudale Gesellschaftsordnung zunächst durch einen biblischen Hintergrund legitimiert. Seit jener Zeit nämlich standen die drei Söhne Noahs für die drei wichtigsten sozialen Funktionen und die entsprechenden Stände. Noahs Söhne Sem und Japhet wurden als Urväter der Krieger und

Priester gesehen. Cham dagegen, den Gott verdammt und zum Diener seiner Brüder bestimmt hatte, galt als Urvater des Standes der hörigen Bauern.

Diese biblisch-religiöse Ursprungslegende zur Rechtfertigung der feudalen Ständeordnung erfuhr im 17. Jahrhundert eine biologisch-rassistische Uminterpretation und Modernisierung: Japhet wird zum Stammvater der Weißen, Sem zu dem der Asiaten, Cham dagegen zu jenem der Schwarzen. Den Interessen des alten französischen Schwert- oder »Rasse«-adels entsprach aber eher eine innergesellschaftliche, innerweiße Zweiteilung, und auch sie wurde aus der Bibel herausgelesen. Die Söhne Abels und Kains stehen für die beiden »Rassen« germanischer und galloromanischer Abkunft, zur Herrschaft berufen die erste, die zweite aber verworfen und auf ewig verdammt.[41]

Spätere Rasseideologen konnten über diese mythologisch-biblische Rechtfertigung einer vermeintlichen Überlegenheit des Adels nur lächeln. Houston Stewart Chamberlain, der englische Schwiegersohn Richard Wagners, mokierte sich Ende des 19. Jahrhunderts über die »Märe« von Sem, Cham und Japhet. Die alten Legenden könnten nicht die Grundlage für eine moderne Rassentheorie sein, die vielmehr auf gründliche und umfassende naturwissenschaftliche Kenntnisse setzen müsse.

Pseudowissenschaftliche »Objektivität« und naturwissenschaftliche Argumente kennzeichnen indessen nur einen der Wege, den Rassentheoretiker seit dem 19. Jahrhundert einschlugen. Der zweite, bis heute beschrittene ist der der Propagierung eines Ursprungsmythos zur Legitimation einer vor- und antidemokratischen Gesellschaftsordnung. Nicht nur die Nationalsozialisten griffen mit ihrem Konzept einer gesellschaftlichen Dreigliederung in Wehrstand, Lehrstand und Nährstand auf feudale Relikte zurück. Auch heute propagiert die französische »Neue Rechte« unter Berufung auf eine mythische »indogermanische« Kultur die so genannte Drei-funktionalität als Grundlage einer künftigen Gesellschaftsordnung.[42]

Zwischen dem 16. und dem 18. Jahrhundert war der Germanenmythos so stark im Bewusstsein der französischen Öffentlichkeit verankert, dass sich auch bürgerliche Staatstheoretiker auf ihn beriefen, um Argumente gegen den Absolutismus in der Hand zu haben. Bürgerliche Rechtsgelehrte wie der deutschstämmige François Hotman beriefen sich schon Mitte des 16. Jahrhunderts unter Verweis auf Tacitus auf die altgermanischen Freiheiten und leiteten daraus die Forderung nach einem Wahlkönigtum ab. Gegen die italienisch-katholischen Berater am Hof des damaligen französischen Königs versuchte der Protestant Hotman nachzuweisen, dass die französische Nation eigentlich aus Deutschland hervorgegangen sei. Schon ihr Name belege den fränkischen Ursprung, denn frank sei ein Synonym für frei. Allerdings ist seine Stoßrichtung eine andere als die Boulainvilliers'. Vor dem Hintergrund einer humanistischen Definition des Adels nicht als Sache von Abstammung und Blut, sondern von Tugend und untadeliger Lebensführung fungiert der Germanenmythos hier in erster Linie als ideologische Waffe im Kampf des Bürgertums – und nicht mehr des Adels – gegen die absolutistische Monarchie. Noch bis weit ins 18. Jahrhundert wurde Frankreich beherrscht von diesem Streit zwischen »Germanisten« und »Romanisten«. Erst Rousseau bricht mit seiner Lehre von der Volkssouveränität endgültig mit diesen ethnischen Abstammungsmythen. Aber noch im 19. und 20. Jahrhundert wurde die Französische Revolution als »Rassenkampf« interpretiert, als Aufstand des galloromanischen Volkes gegen seine germanischen Herren.

Diese Beschwörungen einer fremdstämmigen Eroberer-und Herrenschicht blieben noch lange wirksam und lieferten den konservativen Gegenaufklärern de Maître, de Bonald und de Gobineau das ideologische Rüstzeug für ihr Ziel, den Aufstieg einer neuen Klasse aufzuhalten und das Rad der Geschichte zurückzudrehen. Wird Konservatismus erst einmal reflexiv, dann geht es nicht mehr um die Bewahrung bestehender, sondern um die Wiederherstellung früherer Zustände durch Rückgriff auf eine utopische Gegen-Geschichte. In der reaktionären Gegenutopie der konservativen Gegenaufklärer sind schon alle rassistischen Gemeinplätze enthalten, aus denen später nach Bedarf geschöpft wurde, auch wenn man sich dann im 19. und 20. Jahrhundert den Anschein größerer naturwissenschaftlicher Absicherung gab: Die Forderung nach Wiedereinsetzung des Adels als genuiner Kriegerkaste in ihre alten feudalen Funktionen, die Bewunderung für ein mythisches Germanien als Inbegriff unverbrauchter, vitaler physischer Kraft und uneingeschränkter patriarchalischer Standards in einer Zeit des Sittenverfalls in den eigenen Reihen, die Beschwörung althergebrachter, weder durch höfische Verschwendung noch durch bürgerlichen Erwerbstrieb korrumpierter Sitten und Kämpfertugenden. Alle Versatzstücke eines rassistischen Diskurses finden sich in Boulainvilliers' Schriften brennglasartig zu einer geschlossenen Doktrin gebündelt.

Hat Boulainvilliers seinem Stand genützt? Keineswegs, denn die Entwicklungen hatten ihn bereits überholt. Der österreichische Wirtschafts- und Sozialwissenschaftler Joseph Schumpeter stellte 1927 die These auf, dass eine absteigende Klasse sich stets fraktioniere, anstatt die innere Einheit zu suchen. Eben dies geschah in Frankreich auf geradezu exemplarische Weise. Bornierte Unbildung, Dünkel und die Kompensation des sozialen Funktionsverlusts durch eitle Tapferkeitsproben wie Duelle – längst hohle Formen ohne Inhalt –, nicht zuletzt auch die Deformation des Charakters durch das höfische Leben führten eher zu Vereinzelung, zum Buhlen um Gunstbeweise, um individuelle Auszeichnungen, Pfründen,

Ämter und Aufstieg bei Hofe, nicht aber zur Ausbildung eines gruppenspezifischen Zusammengehörigkeitsgefühls. Ohne Zukunftsperspektive war der französische Adel im 17. und 18. Jahrhundert alles andere als eine einheitliche und als solche gar politisch aktive Gruppe, sondern individualistisch in seinem Handeln. Was man teilte, war nur die Fixierung auf die mythische Umdeutung der eigenen Vergangenheit in den geschichtspessimistischen Kategorien von Niedergang, Verfall und Dekadenz.

Selbst die wenigen analytisch geschulten und schreibfähigen Köpfe der französischen Aristokratie waren sich keineswegs einig in Fragen von Strategie, Taktik und Perspektiven, was ihre Zukunft betraf. Ganz rückwärts gewandt argumentierte Boulainvilliers, realistischer dagegen ein Mann wie Saint-Simon. Für Saint-Simon steht eine Rückkehr zum mittelalterlichen Feudalsystem nicht mehr auf der Tagesordnung. Nicht die Wiedereinsetzung des Adels in seine alten Aufgaben ist daher sein Ziel, sondern dessen Transformation zu einer modernen Funktionselite. Dies hätte allerdings für die adeligen Kreise ein konsequentes Umdenken bedeutet, die Bereitschaft, neue Werte zu akzeptieren und mit dem aufstrebenden Bürgertum zu teilen.

Als während der Französischen Revolution viele französische Aristokraten nach Deutschland flohen und in Koblenz ihr gegenrevolutionäres Hauptquartier errichteten, konnte der berühmte Abbé Sieyès nur noch ironisch notieren, große Teile der Adeligen mit ihrem »närrischen Anspruch«, dem Stamme der Eroberer entsprossen zu sein und deren Rechte geerbt zu haben, seien nun in die fränkischen Wälder jenseits des Rheins zurückgekehrt, aus denen sie in grauer Vorzeit aufgebrochen waren zur Eroberung Frankreichs.

Gänzlich fremd sind Boulainvilliers und seinen Anhängern noch offensive, nationalistisch-völkische, auch gegen das Christentum gerichtete Rassendoktrinen, wie sie im späten

19. und 20. Jahrhundert aufkamen. Denn sie erst leisteten, was dem Adel noch völlig fremd war und geradezu absurd erscheinen musste – die Aufwertung und Nobilitierung eines ganzen Volkes zu einem »Rasseadel«, damit aber die Pseudo-demokratisierung eines antidemokratischen Diskurses: Der Adel ist nun kein sozialer Stand mehr, sondern das Attribut eines ganzen Volkes, das im Verhältnis zu anderen Völkern die Rolle eines »rassisch« herausragenden führenden Standes für sich beansprucht. Vor dem Ersten Weltkrieg diente die Übertragung sozialer Begriffe wie Stand oder Klasse auf die internationalen Beziehungen gerade in jenen Ländern zur Rechtfertigung imperialistischer Zielsetzungen, die sich für benachteiligt hielten und glaubten, zu spät gekommen zu sein bei der Aufteilung der Welt unter die imperialistischen Mächte. So sprach der italienische Faschistenführer Benito Mussolini beispielsweise von Italien als einer »proletarischen« Nation, die eine Art Klassenkampf im europäischen Maßstab führe. Die Nationalsozialisten gingen den umgekehrten Weg und adelten das deutsche Volk zu einer »Herrenrasse«. Aber diese psychologische Aufwertung diente nur dazu, die Forde-rung nach politischer Partizipation und Demokratie abzu-wehren und innergesellschaftliche Konflikte zu überdecken durch die Zuschreibung von Eigenschaften und Wertvorstel-lungen (Ehre, Treue, Gefolgschaft, Mut, Opferbereitschaft und andere Kämpfertugenden), die ursprünglich dem Adel vorbe-halten waren.

Nicht im territorial zersplitterten und in viele Partikularge-walten aufgeteilten Deutschland also entstand der Germanen-mythos, auch wenn er hier seine größte Verbreitung finden sollte, sondern in Frankreich. Die Faszination, die von den kriegerischen Germanen, von der Recht setzenden Gewalt des physisch überlegenen Eroberers ausging, ließ sie für die ade-ligen Modernisierungsverlierer des 17. und 18. Jahrhunderts zu einer Utopie werden. Diese Kollektivträume sollten ihre wahrhaft barbarische Wirkung erst später entfalten. Ihrem Vordenker Boulainvilliers räumt der Soziologe Pitirim Sorokin daher in der Ahnenreihe rassistischer Ideologen noch vor Gumplowicz, Gobineau, Ratzenhofer, Chamberlain und Vacher de Lapouge einen zentralen Platz ein.

Der Beitrag der Anthropologie zum Rassedenken

Neben dem genealogischen Adelsrassismus eines Boulainvilliers stand im 18. Jahrhundert der wachsende Einfluss von Anthropologie, Medizin und Biologie, die der Entstehung der menschlichen Gattung und den Gründen für die unterschiedliche Entwicklung der einzelnen Menschengruppen nachgingen. Die Epoche der Aufklärung wurde beherrscht vom Streit zwischen den Vertretern der Polygenese und Monogenese, der bis ins 19. Jahrhundert anhielt. Die christliche Kirche vertrat die monogenetistische Auffassung von einem einzigen gemeinsamen Ursprung aller Menschen. Alle Unterschiede der körperlichen Merkmalsausprägungen ändern nichts daran, dass die Menschen als Geschöpfe Gottes und Abkömmlinge des Stammpaares Adam und Eva gleichursprünglich sind. Der Konflikt zwischen polygenetistischen und monogenetistischen Auffassungen drehte sich um die Frage: Stand am Anfang der menschlichen Spezies, wie die Bibel behauptet, ein einziges Paar oder gab es eine Vielzahl unabhängig voneinander sich entwickelnder Prozesse der Menschwerdung?

Schon in der frühen Neuzeit waren vor allem kirchenkritische Denker darum bemüht, die Lehre von der göttlichen Schöpfung des Menschen zu widerlegen und kämpften gegen die dogmatisch verengte Kirchendoktrin um das Recht auf freie Forschung vor allem in den Naturwissenschaften. Freiheit der Forschung stand gegen die Sicht der Kirche, die an einem vormodernen Weltbild festhielt. Diese Frontstellung

führte zu der paradoxen Situation, dass gerade aus kirchen-
kritischen, damals fortschrittlichen Kreisen die Gegner der
Monogenese hervorgingen und rassistischen Auffassungen
zuarbeiteten. Sie vertraten den polygenetistischen Standpunkt, den Gedanken vieler, voneinander unabhängiger Zentren der Entstehung unterschiedlicher Menschenrassen und
hielten unter bibelkritischen Aspekten die Annahme eines
einzigen Stammelternpaares für mittelalterlichen Obskuran-
tismus und Dunkelmännerei.

Die These von der Polygenese fand vor allem in angelsäch-
sischen Ländern große Verbreitung, ließ sich doch mit ihr die
Sklavenhaltung in den Kolonien und der Ausschluss der
Schwarzen von der Gleichursprünglichkeit des Menschen
leichter rechtfertigen. In Frankreich machte sich der für seinen
Kampf um religiöse Toleranz und Freiheit von kirchlicher
Bevormundung bekannte Aufklärer Voltaire diese Position zu
Eigen, ein Widerspruch, der nur durch seine Kirchenfeindlich-
keit erklärt werden kann.

Schon im 17. Jahrhundert, verstärkt dann im 18. Jahrhundert, hatte das naturwissenschaftliche Wissen zugenommen,
und die Idee einer natürlichen Ordnung der lebenden Welt beschäftigte Zoologen und Biologen. Die Frage stand im Raum,
ob der Mensch als Naturwesen in ein auch für Tiere geltendes
natürliches System eingeordnet werden könne oder ob er, wie
die christliche Religion lehrt, eine Sonderstellung im Schöpfungsplan einnehme.

Zudem gab es vermehrt Berichte von Reisen in außereuropäische Länder. Nachdem die antiken Schriftsteller in Verges-
senheit geraten waren, konnte Marco Polo im 13. Jahrhundert
seine Leser mit teilweise fantastischen Berichten über das
Land der Mongolen fesseln. Seit der Renaissance, dann mit
den Entdeckungsreisen des 15./16. Jahrhunderts und den Reisen Bougainvilles' und Cooks im 18. Jahrhundert, gab es eine
Fülle von Informationen über außereuropäische Menschen,

über die Vielfalt ihres Aussehens und ihrer Sitten. Kaufleute, Gesandte und Missionare berichteten über Tataren und Perser, über Indianerstämme oder Völkerschaften in Ostindien und zeichneten mitunter fantasievolle Bilder von hundsköpfigen Menschen oder anderen exotischen Besonderheiten aus dem Reich der Fabel.

Schon damals stellten sich zwei Fragen, die alle späteren Rassendoktrinen durchziehen werden: Gibt es einen Zusammenhang zwischen äußerlicher, körperlicher Vielfalt und der psychologisch-geistigen Veranlagung, insbesondere der Befähigung zur Vernunft? Gibt es eine menschliche Norm mit Auswirkungen auf unsere ästhetische Wahrnehmung und Selbsteinschätzung, von der außereuropäische Menschen negativ abstechen? Auch diejenigen, denen die Menschheit als eine einzige, gottesebenbildliche Schöpfung galt, beschäftigten sich mit der Frage, ob die Europäer die Norm darstellen, an die, wachsend mit der geografischen Distanz, farbige Ethnien und Völker immer weniger heranreichen.

Im 18. Jahrhundert stehen im deutschen Sprachraum unterschiedliche Klassifikationsbegriffe wie Varietät, Spezies oder Gattung noch nebeneinander. Erst allmählich bürgert sich der Begriff »Rasse«, ausgehend vom französischen »race«, in der deutschen Sprache ein. In England und Frankreich bereits seit dem 16. Jahrhundert in Gebrauch, bedeutete er zunächst so viel wie Stamm, Geschlecht, von einem edlen Geschlecht, von edlem Blut abstammend.[43] In diesem Sinne verwendet auch noch Boulainvilliers den Begriff, wenn er von der »Rasse unserer Könige«, ihrer Abstammungslinie oder Dynastie spricht. In den Naturwissenschaften wurde häufig noch der ältere Begriff der Varietät im Sinne von »Spielart« benutzt. Allgemein herrschte im 18. Jahrhundert große begriffliche Unklarheit. Noch Ende des Jahrhunderts befand der Anthropologe Blumenbach: »Es ist eine allgemeine Klage unter den Naturgeschichtsschreibern des Menschen, dass die Begriffe von Gattung, Art, Abart, Spielart usw. so außerordentlich variieren.«[44]

Die erkenntnistheoretische Grundlage für die naturwissenschaftliche Forschung lieferte die Philosophie René Descartes' (1596–1650). Er ging erstmalig von einem Dualismus von Leib und Seele aus und überwand die christliche Vorstellung von der menschlichen Natur. Damit schuf er nicht nur die Voraussetzung für die philosophische Unterscheidung von Subjekt und Objekt, sondern auch für eine theoretische Isolierung der biologischen Anteile des Menschen. Gemäß seiner Zwei-Substanzen-Lehre konnten sie nun als Materie in Analogie zu einer Maschine oder als ein nach eigenen Gesetzen funktionierender »Apparat« untersucht werden. Die Zeit der Klassifikation und Gliederung der Menschheit in verschiedene Varietäten begann.

Nachdem der Schwede Carl von Linné (1707–1778) um 1735 mit der Klassifikation in der Botanik begonnen hatte, folgten ihm zahlreiche Naturwissenschaftler und Philosophen. Zu den wichtigsten zählen der Franzose Georges Louis Leclerc de Buffon (1707–1788), der 1749 seine »Allgemeine und besondere Naturgeschichte« veröffentlichte, sein Landsmann, der Anatom Georges de Cuvier (1769–1832), der deutsche Anthropologe Johann Friedrich Blumenbach (1752 bis 1840) und schließlich der Philosoph Immanuel Kant (1724 bis 1804).

Cuvier unterschied drei menschliche Unterarten, die er Rassen nannte: Kaukasier, Mongolen und Äthiopier mit weiteren Unterteilungen. Kant gliederte die Menschheit in vier Varietäten, eine weiße, eine schwarze, eine gelbe und eine kupferfarbene. Blumenbach kannte bereits fünf Farbgruppen, weiß, gelb, kupferfarben, braun und schwarz, denen er klassifizierende Namen beigab. Weiße heißen bei ihm – und in den USA heute noch – Kaukasier, als Gelbe gelten ihm Mongolen, unter Kupferfarbenen versteht er Indianer, die braune Varietät nennt er äthiopisch und die schwarze malayisch. Ungelöst blieb aber das Problem, ob die vielfältigen Unterschiede sich nur auf körperliche Merkmale beziehen oder ob unterschwellig und im Gegensatz zur cartesianisch-dualistischen Philosophie nicht doch »seelische«, auf unterschiedliche Ethnien und später auf ganze Völker übertragene psychische oder geistige Unterschiede bestehen. Die Isolierung rein materiell-somatischer Aspekte der verschiedenen Varietäten gelang nie vollständig. Denn auch die Naturwissenschaftler hielten an Wertungen fest. Linnés »homo europaeus« stellte die Norm dar, und allgemein galten die Kaukasier als der schönste Menschenschlag auf Erden: Wie willkürlich die Einteilungen menschlicher Varietäten mitunter auch waren, sie wurden stets von einer Rangeinteilung begleitet, die von der Zuschreibung bestimmter Werte zu bestimmten Rassen oder Ethnien ausging. Den höchsten Rang nahmen dabei die Werte Ehre und Freiheit ein, zu denen nur Europäer befähigt seien. Ehre, die noch im französischen Adelsrassismus des 18. Jahrhunderts als zentraler Wert galt, ist gebunden an eine feudale Lebensweise und die Verachtung bestimmter »entehrender« Tätigkeiten. Zu diesen gehört nicht nur körperliche Arbeit, sondern mit Beginn der Neuzeit zunehmend alles, was mit städtischem Leben, mit Handel, Gelderwerb und Geldverkehr einherging.

Wie lange sich die Nachwirkungen der Geburt des Rassismus aus dem Geist des Adels hielt, zeigt der bekannteste Theoretiker der französischen Antisemiten, Edouard Drumont, Ende des 19. Jahrhunderts, als der Gegensatz von Adel und Volk in den Rassentheorien längst dem von Ariern und Semiten gewichen war. Der Antagonismus zwischen ihnen ist für Drumont, wie für alle Antisemiten einschließlich der Nazis, ein Wertekonflikt. Denn allein die arische Rasse besitze Sinn für Gerechtigkeit und Schönheit, vor allem aber ein Gefühl für Freiheit. Semiten, hier ausschließlich als Juden verstanden, seien merkantil, raffgierig, intrigant, listig und spitzfindig, Arier dagegen enthusiastisch, heroisch, ritterlich, offen und vertrauensvoll bis hin zu naiver Vertrauensseligkeit. Semiten sind daher prädestiniert, als Händler und Kaufleute zu arbeiten, Arier dagegen als Bauern, Dichter, Mönche und Soldaten.[45] Es ist unschwer zu erkennen, wie hier selbst noch im ausgehenden 19. Jahrhundert den Ariern ein aristokratischer Wertekodex und eine leib-seelische Prädisposition für entsprechend unbürgerliche Berufe zugeschrieben wird.

Im 18. Jahrhundert zeichnete sich diese Konstellation bereits ab, denn auch die naturwissenschaftlichen Forschungen waren nicht zu trennen vom kulturellen Kontext, in dem die Forscher standen, weder vom Sklavenhandel noch von der Diskriminierung der Juden. Ein Zeitgenosse des Anthropologen Blumenbach, der Göttinger Universalhistoriker und Philosoph Christoph Meiners (1747–1810), griff das Ende des 18. Jahrhunderts viel diskutierte Problem der Emanzipation von Juden und Schwarzen auf. Es sei eine ganz irrige Annahme, dass Schwarze sich nur durch ihre Hautfarbe und ihre platten Nasen von Europäern unterschieden. Zwar hält Meiners halbherzig an der Monogenese fest, hat aber Zweifel, ob man angesichts der großen Unterschiede im »Wert« der einzelnen Rassen die Schwarzen nicht doch für das Werk oder die Überbleibsel einer ganz anderen Schöpfung halten müsse. Denn sollte sich zeigen, dass die Unterschiede zwischen Weißen und Schwarzen nur äußere, somatische seien, bedingt durch Geografie und Klima, dann könne man Schwarzen und Juden Rechte und Freiheiten nicht länger vorenthalten, ohne eine empörende Ungerechtigkeit zu begehen. Alle Reiseschriftsteller aber, so Meiners, würden zeigen, dass dem nicht so sei. Vielmehr würden die Schwarzen als wild, barbarisch und allenfalls als halbkultiviert gelten. »[...] So wenig jemals Untertanen mit ihren Regenten, Kinder mit Erwachsenen,

Weiber mit Männern, Bediente mit ihren Herren, unfleißige und unwissende Menschen mit tätigen und unterrichteten [...], so wenig können Juden und Neger, solange sie Juden und Neger sind, mit den Christen und Weißen, unter welchen sie wohnen, oder denen sie gehorchen, dieselbigen Vorrechte und Freiheiten verlangen.«[46]

Meiners zog sich zwar die Kritik vieler Zeitgenossen zu, darunter auch die des Anthropologen Blumenbach, der ihm vorwarf, nur aus Reiseberichten zu schöpfen und sich nicht auf anthropologische Untersuchungen zu stützen. Vorrangig geht es Meiners aber nicht um die Hautfarbe. Er wundert sich sogar, dass man die Farbe zum einzigen Unterscheidungsmerkmal gewählt habe, nach dem Ähnlichkeit oder Verschiedenheit der Völker bestimmt werde. Wenn Meiners, wie auch Blumenbach, die kaukasischen Völker zu den schönsten auf Erden zählte, dann nicht nur ihres Aussehens wegen, obwohl er ihre Körpergröße als Schönheitsmerkmal hervorhob, sondern wegen ihres Geistes und ihrer Befähigung zu höheren kulturellen Leistungen. Schönheit, Tätigkeit, Kunstsinn, Erfindungskraft, Künste und Wissenschaften, teilnehmendes Mitgefühl, Gefühle der Dankbarkeit, Scham, Ekel und Schicklichkeit gebe es nur bei den weißen und schönen Nationen, vorzüglich den Europäern. »Der Mensch war und wurde in keinem Erdteil so schön, so stark, so tätig, so tapfer, so gefühlvoll gegen das Glück und Unglück anderer und so reich an Künsten, Wissenschaften und Tugenden als in Europa.«[47] Da Meiners die Juden für eine Varietät der morgenländischen Völker hält, fällt auch auf sie das Verdikt geistiger und kultureller Unterlegenheit.

Schon bei Meiners wird deutlich, dass er sein Ideal von körperlicher Schönheit untrennbar mit kulturellen Vorzügen verbindet, denn gemäß der klassischen Ästhetik ist das Schöne stets auch das Wahre und Gute. Dabei geht es Meiners nicht nur im engeren Sinne darum, Juden und Schwarze von modernen Freiheitsrechten auszuschließen, sondern die gesamte Gesellschaftsordnung soll sich weiterhin am Ancien Régime und seiner ständischen Ordnung orientieren. Das gilt auch für die Frauen und die Dienerschaft, die beide im Zustand der Unmündigkeit zu halten seien.

Wie widersprüchlich diese Diskurse aber waren, zeigt Folgendes. Meiners hatte, im Gegensatz zu seinem Kontrahenten Blumenbach, bei der Analyse für ein historisches Vorgehen plädiert. Die Unterschiede unter den Menschen lassen sich aus seiner Sicht nicht naturwissenschaftlich beweisen, sondern nur historisch in ihre Genese rekonstruieren. Dieser Ansatz eröffnet aber grundsätzlich die Möglichkeit eines Austritts aus noch vorhandener, historisch gewordener Unmündigkeit. Durch Erziehung und Bildung kann dieser Zustand im Sinne der aufklärerischen Perfektibilität überwunden werden. Obwohl Meiners politisch eine reaktionäre Position vertrat, ist seine Methode ambivalent. Sie kann zur Verfestigung historisch sedimentierter Unterschiede beitragen, aber auch zu ihrer Verringerung. Letztere aber galt es zu verhindern, und so wurde eine Zusatzannahme gemacht: die von einem unveränderbaren Volksgeist oder einer Volksseele. Daher entwickelte Meiners, wie vor ihm schon Herder, eine Völkerpsychologie, wonach jedes Volk seine eigene, unverwechselbare geistig-seelische Veranlagung oder Ausprägung hat.

Im Gegensatz zur historischen Methode setzte sich in den Naturwissenschaften jedoch die des Messens, Vergleichens und Klassifizierens durch. 1784 stellte der Neuroanatom Samuel Thomas Soemmering anatomische Untersuchungen an Leichen von Menschen unterschiedlicher ethnischer Herkunft an. Dabei nahm er Schädelindexmessungen (Kranioskopie) vor und glaubte zeigen zu können, dass im Vergleich von Tier und Mensch die »Mohren« hinsichtlich der Verstandestätigkeit eher dem Affengeschlecht gleichen als den Europäern. Mit seinen Gesichtswinkelmessungen versuchte der

Holländer Pieter Camper (1722–1789) eine exakte Methode zur Bestimmung des physiologischen Unterschieds zwischen Schwarzen und Weißen zu finden.[48] Ende des 18. Jahrhunderts griff der Neuroanatom Franz Joseph Gall (1758–1828) die Kranioskopie auf, entwickelte sie zur »Phrenologie« weiter und stellte Beziehungen zwischen Schädelformen und der Tätigkeit von Hirnorganen her. Da aber die von ihm untersuchten Schädel nicht-europäischer Menschen individuell zu unterschiedlich waren, konnte er aus seinen Untersuchungen nicht auf geringere psychische oder geistige Anlagen außereuropäischer Völker schließen.

Diesen Schritt taten erst Lavater und der Dresdener Arzt, Psychiater und Maler Carl Gustav Carus (1789–1869). Carus gehörte schon einer jüngeren Generation an und stand unter dem Einfluss der romantischen Naturphilosophie. Sie ging von einem kosmischen Zusammenhang aller Einzelteile des Universums aus. Alle Einzelphänomene korrespondieren untereinander, das Einzelne ist immer nur Symbol, verweist auf universelle Zusammenhänge und ist Spiegel der Totalität. Diese Totalitätsphilosophie ist die Antwort der Romantik auf die empirische Zersplitterung, Partikularisierung und Vereinzelung in der modernen Welt.

Die Romantik war nicht nur eine philosophische und literarische Gegenbewegung zum Rationalismus der Aufklärungszeit, sondern reagierte zugleich auch auf die gesellschaftlichen Veränderungen einer sich industrialisierenden und verstädternden Gesellschaft. Zunehmende Arbeitsteilung und Spezialisierung führten zu dem, was Marx die Entfremdung des Menschen von Seinesgleichen und vom Produkt seiner Arbeit nannte, zu einer Partikularisierung der menschlichen Kräfte, die nicht mehr zu Einheit, Vollkommenheit und Harmonie gelangen. Die Zerrissenheit des modernen Menschen wurde als Niedergang und als Negation des antiken Ideals einer wohlgebildeten Persönlichkeit gesehen. Wie kann, so fragten sich Carus und andere Romantiker, die Fähigkeit der Menschen wieder gestärkt werden, sich zu Persönlichkeiten zu entwickeln, bei denen leibliche und geistige Dispositionen nicht einander entgegenstehen, sondern erneut zu Ganzheit und Harmonie führen? Vielen galt Goethe als letzte Verkörperung des »wohlgeborenen«, harmonischen, allseitig gebildeten Menschen, und auch Carus widmete seine 1849 verfasste Denkschrift »Über die ungleiche Befähigung der verschiedenen Menschenstämme für höhere geistige Entwicklung« dem Andenken an den hundertsten Geburtstag Goethes. Linné und Blumenbach, so Carus, hätten nur äußere Merkmale in den Blick genommen. Er dagegen suche nach einem »tiefer liegenden Grunde« für die Unterschiede der Menschen und habe dieses »Fundament [...] in dem nicht zu verkennenden Verhältnis des Planeten zum Menschen als seinem höchsten und bedeutungsvollsten Geschöpfe« gefunden.[49]

Auf der Suche nach dem kosmischen Urgrund menschlicher Verschiedenheit gelangte Carus zu der Überzeugung, Nähe oder Distanz der Menschen zur Sonne bedinge ihre Vielfalt. Er unterschied vier Zustände – Tag, Nacht, Morgen- und Abenddämmerung – von denen die menschlichen Varietäten hervorgebracht worden wären: »[...] In merkwürdiger Symbolik ist wirklich eine große Viergliederung der Menschheit gesetzt, welche durchaus in ihrem letzten Grunde nur auf jenen vierfachen Zuständen des Planeten beruht.«[50] Schwarze zählte Carus zu den Nachtvölkern, Weiße zu den Tagvölkern, Mongolen zu den östlichen Dämmerungsvölkern des Sonnenaufgangs, amerikanische Völker schließlich zu den westlichen Dämmerungsvölkern des Sonnenuntergangs. Ausgehend von den Ergebnissen der Schädel- und Gesichtswinkelmessungen schloss er auf ungleiche Fähigkeiten zur geistigen Entwicklung. Der Beweis: Wenn die Nachtvölker nicht weniger begabt wären als andere, dann wären sie gar nicht erst versklavt worden!

Allerdings gehörte Carus nicht zu jenen Rassisten, die als Anhänger der polygenetistischen Theorie den Schwarzen a priori jede Bildungs- und Vernunftfähigkeit absprachen. Carus wandte sich gegen die Sklaverei. »Das harte Wort Franklins, [...] ›der Neger ist ein Tier, welches möglichst viel isst und möglichst wenig arbeitet‹, [...] muss vielmehr bekämpft werden dadurch, dass das, was an Anlagen wirklich in ihnen ist, erhoben, gekräftigt und – mit einem Wort – erzogen werde.«[51] Da die weißen Tagvölker, zu denen Carus auch die Juden, nicht aber die Finnen, Litauer oder Slawen rechnet, auf Grund ihrer kulturellen Überlegenheit dem Ur-Schönen und Ur-Wahren näher stehen als die drei anderen Gruppen, gibt dies »dem Stamme der Tagvölker das Recht, sich als eigentliche Blüte der Menschheit zu betrachten, ihm zugleich eben dadurch die Verpflichtung auflegend, den schwächeren, in so mancher Hinsicht minder begünstigten Stämmen teils als Leuchte voranzugehen, teils als Helfender überall nahe zu sein und sich zu bewähren.«[52]

Carus' Ansichten sind deswegen interessant, weil sich hier schon deutlich ein bürgerliches Elitebewusstsein artikuliert, ausgerichtet am Ideal des harmonischen, seelisch und körperlich gesunden, zu hohem Schönheitssinn befähigten Menschen, wie Goethe ihn verkörperte. Diese Norm, der auch innergesellschaftlich längst nicht alle Menschen entsprechen, wird auf das Verhältnis zu außereuropäischen Völkern übertragen. Gebührt der bürgerlichen Elite im Inneren der Vorrang, weil sie dem Urbild des vollkommenen Menschen am nächsten ist, so obliegt den Weißen diese Führungsrolle im Weltmaßstab. Aber im Gegensatz zu den sklavenhaltenden Eliten in den Kolonien verstehen sich die Weißen bei Carus als Erziehungselite. Das Verhältnis Weiße-Schwarze sieht er in Analogie zum innereuropäischen Verhältnis von Elite-Volk: Auch die europäischen Volksschichten sind noch weit entfernt von seinem Ideal des zivilisierten, gewaltfreien Menschen.

Ästhetik und Naturwissenschaft griffen ineinander, als der Altertumsforscher Johann Joachim Winckelmann das antike Schönheitsideal von der »edlen Einfalt und stillen Größe« zur Norm erhob. Aber die Beschreibungen antiker Plastiken waren nicht frei von psychologischen und ästhetischen Wertungen. Denn Stirn und Nase eines Apollo wurden nicht nur für schöner gehalten als die eines Schwarzen. Sie waren auch Ausweis edler psychischer Eigenschaften wie Weisheit, Klugheit, Kraft und Gefühlsintensität. Von diesem Ideal abweichende Menschen galten nicht nur als hässlich; ihnen wurden auch die entsprechenden Tugenden abgesprochen, und dies rechtfertigte den Missions-, Zivilisations- und Erziehungsauftrag des weißen Mannes, der häufig mit paternalistischer Überheblichkeit verbunden war.

Die in der Philosophie der Aufklärung vorherrschende cartesianische Vorstellung vom Dualismus von Leib und Seele hatte zwar das christliche Naturbild aufgelöst und einen Weg eröffnet zum Studium der Eigengesetzlichkeit der lebenden Materie, war aber in letzter Konsequenz nie durchgehalten worden. Aufklärungskritischen, von der Romantik beeinflussten Denkern war es daher ein Leichtes, diese Theorie grundsätzlich zu verwerfen. Zu ihnen gehörte noch vor Carus der Schweizer Johann Kaspar Lavater (1741–1801), der Begründer der Physiognomik. Lavater ging ausdrücklich wieder von der Einheit von Leib und Seele aus und befand, die menschliche Seele spiegele sich in jedem Teil des Körpers. Ob jemand gut oder schlecht, intelligent oder dumm sei, lasse sich an äußerlichen Körpermerkmalen wie hoher oder niedriger Stirn, fliehendem Kinn etc. ablesen – ein Gedanke, der später den Begründer der Kriminologie, den Italiener Cesare Lombroso, dazu brachte, vom »geborenen Verbrecher« zu sprechen.

Auch wenn schon Zeitgenossen kritisierten, Lavaters Physiognomik sei keine Wissenschaft, sondern beruhe auf purer Intuition und entbehre jeden seriösen Erkenntniswertes, war sein Einfluss unter den Gebildeten seiner Zeit groß. Die von ihm vertretene Idee, dass die Seele sich den Körper forme und jeder Körperteil bis zum kleinsten Zeh Ausdruck unveränderbarer seelischer, geistiger oder psychischer Anlagen sei, fand Anklang und gab den alltäglichen Vorurteilen eine pseudowissenschaftliche Verbrämung. Lavaters Schlussfolgerung, je weniger die äußere Gestalt eines Menschen dem klassischen Ideal nahe käme, desto geringer sei auch seine geistige Leistungsfähigkeit, war populär. Winckelmanns antikisierendes Schönheitsideal als Norm, Lavaters Physiognomik als Pseudowissenschaft und Campers Gesichtswinkelmessungen als Methode waren, obwohl für sich genommen nicht rassistisch, die drei Bausteine einer rassenspezifischen Hierarchisierung der Menschheit.

Der Philosoph Immanuel Kant war einer der wenigen, der davon unbeeindruckt blieb. Zwischen 1775 und 1798 beschäftigte er sich mit der Bedeutung des Begriffs »Menschenrasse« und erörterte anthropologische Fragen mit dem Ziel, Anleitungen für das Handeln des Menschen zu geben. Kants Kriterium für eine Rasse ist die Erblichkeit. Sichtbarstes Zeichen ist die Hautfarbe, die auch unter unterschiedlichen klimatischen Bedingungen unverändert bleibt. Daher teilt Kant das Menschengeschlecht in vier Farben ein. Der wichtigste Beweis für die monogenetistische Entwicklung des Menschen aus einem Stamm oder einer Urgattung ist für Kant die Vermischungsfähigkeit, das von ihm so genannte »Gesetz der notwendig halbschlächtigen Zeugung«. Aus der Verbindung eines Schwarzen und einer Weißen beispielsweise entsteht ein Mulatte. Wichtig ist die »halbschlächtige« (intermediäre) Vererbung zeugungsfähiger Nachkommen, da man bei dominanter Vererbung nicht vom gleichen Ursprung beider Elternrassen ausgehen könne.

Ursprünglich existierte, so Kant, nur eine Gattung. Da aber die Menschen grundsätzlich für alle Klimazonen und alle geografischen Bedingungen geschaffen sind, kam es zu Völkerwanderungen und zur Anpassung an unterschiedliche Klimazonen und Milieus. Die bestehende Farbenvielfalt ist also das Ergebnis einer Vielzahl von Entwicklungsmöglichkeiten, die alle schon in der einen, ursprünglichen Gattung Mensch angelegt waren. Sie besaß Potenziale, die sich unter bestimmten äußeren Bedingungen entfalteten oder ungenutzt blieben und verkümmerten. Mit Rasse bezeichnet Kant die ererbten und erblichen Unterschiede von Zweigen ein und desselben Stammes. Weiße und Schwarze gehören beide zur Gattung Mensch, aber auf Grund vererbbarer Merkmale zu unterschiedlichen Untergruppen oder Subspezies, die Kant Klassen oder Rassen nennt. Dagegen stehen die Arten, die zwar unter bestimmten Bedingungen intermediär vermischungsfähig sind, aber keine zeugungsfähigen Nachkommen hervorbringen, etwa ein Muli als Abkömmling von Pferd und Esel. Für seine anthropologische Fragestellung kommt es Kant nicht darauf an, die Unterschiede zwischen den Rassen zu beschreiben, sondern diese historisch in ihrer Genese als Entfaltung der Anlagen des einen ursprünglichen Stammes zu verfolgen.

Die Theorie von der gemeinsamen Abstammung kann allerdings empirisch nicht bewiesen werden. Sie muss Hypothese bleiben, da es unmöglich ist, das vollständige Beweismaterial, das heißt alle Menschen in Raum und Zeit zu untersuchen. Gleichwohl geht Kant davon aus, dass die Menschheit von gleichursprünglicher Abkunft ist und sich durch äußere Einwirkungen farblich diversifiziert habe. Genetische Anlagen wiederum haben nichts mit der Hautfarbe zu tun, die für Kant das alleinige Unterscheidungskriterium ist. Im Unterschied zu allen, die Ende des 19. Jahrhunderts die Gesetze der Natur auf die Gesellschaft übertrugen, beharrt Kant auf dem Unterschied beider Sphären. Die Zwecke der Natur sind deterministisch; ihr kann der Mensch nicht entgehen. Aber nur, wenn Naturgeschichte und menschliche Geschichte nicht gleichgesetzt werden, kann man von Geschichte als Summe freier Handlungen, als Selbstorganisation der Menschheit unter dem Primat der Sittlichkeit sprechen. Die Trennung beider Sphären ist für Kant die Voraussetzung für menschliche Freiheit. Gleicher Ursprung heißt daher in moralisch-politischer Schlussfolgerung die Gleichheit der Menschen. Unabhängig von ihrer Zugehörigkeit zu unterschiedlichen, vererbbaren, intermediär vermischungsfähigen Farbklassen sind alle Exemplare der menschlichen Gattung gleich. Eine Höher- oder Minderwertigkeit von Menschen lässt sich aus Kants Überlegungen nicht ableiten, auch wenn er die Vermischung von Ethnien skeptisch beurteilte. Er schränkte seinen Rassenbegriff allein auf die körperlichen Merkmale von Menschengruppen ein, denn bei der Unterscheidung und Klassifizierung von Rassen dürften nur die »unausbleiblich anerbenden« physischen Merkmale wie Haar- oder Augenfarbe in Betracht kommen.

Noch Ende des 17. Jahrhunderts, vereinzelt sogar im 18. Jahrhundert fand die Bibellegende von den drei Söhnen Noahs ihre Anhänger. Für sie war die Hautfarbe der Schwarzen das Zeichen ihrer Verdammung und zugleich die Legitimation dafür, ihnen die niedrigsten sozialen Positionen zuzuweisen. Mehrheitlich wurde aber zu dieser Zeit schon die Umwelt- und Klimatheorie vertreten. Schon damals führte man die Unterschiede der Hautfarbe auf verschiedene Pigmentierungen zurück, die klimatheoretisch als Folge unterschiedlicher Sonneneinwirkung erklärt wurden. Klimatheorien hatte es schon in der Antike gegeben. Sie wurden in der Renaissance wieder aufgegriffen und fanden einen ihrer letzten und bekanntesten Vertreter in Montesquieu.

Allerdings konnten sie nicht erklären, warum Schwarze auch in kälteren und sonnenärmeren Klimazonen wieder Schwarze hervorbringen und umgekehrt Weiße, selbst wenn sie lange in den Tropen leben, ihre weiße Hautfarbe vererben. Daher wandte man sich genetischen Erklärungsansätzen zu und suchte die Ursache für die unterschiedliche Hautfarbe wahlweise im Blut, in der Galle oder im Sperma. Auch lepröse Krankheiten, von denen man annahm, dass sie gutartig verlaufen und an die Nachkommen vererbt werden können, wurden als Grund für die unterschiedliche Hautfarbe der Menschen angenommen: Die schwarze Rasse sei das Ergebnis eines pathologischen Prozesses, eine Abart oder Abweichung vom ursprünglich weißen Menschen, dessen erste Siedlungsorte man in Asien oder im Kaukasus vermutete.

Als sich aber diese Annahmen und Spekulationen nicht belegen ließen, verfiel man darauf, die Ursache für die Farbunterschiede in den Nerven zu suchen, denn diese seien der Ort der Pigmentausscheidung. Von dort war es dann nur noch ein Schritt, das zentrale Nervensystem und die Gehirnfunktionen in die Erklärungsmodelle einzubeziehen. Die unterschiedlichen Hautfarben traten in den Hintergrund, und man konzentrierte sich auf die Differenzen bei den geistigen Tätigkeiten und Befähigungen.

Die Monogenetisten sahen den Unterschied der menschlichen Gattung zu Tieren in drei Eigenschaften begründet: dem aufrechten Gang, der Sprachfähigkeit und der Vernunft. Das heißt in ihren Augen aber nicht, dass alle Menschen auf der gleichen Entwicklungsstufe stehen und daher gleiche Behandlung, gleiche Rechte und Freiheiten beanspruchen können. Die Aufklärungsphilosophie ging zwar von der Perfektibilität des Menschen auf Grund seiner Befähigung zu Sprache und Vernunft aus. Diese anthropologisch vorgegebene Bildungsfähigkeit wird auch Schwarzen, Indianern oder anderen Farbigen nicht grundsätzlich abgesprochen. Aber sie tragen in ihrem Entwicklungszustand nur den »Samen der Tugend« (Buffon) in sich. Erst durch die erzieherische Einwirkung der kulturell höher entwickelten Europäer können diese Keime wachsen und Früchte tragen. Ob in dieser eurozentrischen Sichtweise der aufklärerischen Bildungselite aber schon Rassismus zu sehen ist, scheint fraglich. Denn selbstredend galt die Forderung nach Aufklärung, Entwicklung und Erziehung auch für Weiße, vor allem für die in Unbildung gehaltenen Unterschichten. Sie begründete den Kampf der Aufklärer für mehr Bildung, bessere Erziehung und die Befreiung von dogmatisch verengter Bevormundung durch die Kirche. Wollte man erzieherisches Einwirken per se schon für rassistisch halten, dann fiele heute jede Entwicklungshilfe unter dieses Verdikt. Es zeigt sich aber, dass gerade die heutigen Rassisten, die sich inzwischen Ethnopluralisten nennen, im Namen der Bewahrung ethnischer Identität und Vielfalt gegen jede Entwicklungshilfe eintreten.

Die monogenetistische, eurozentrische Optik der Aufklärer, die unter anderem Vorzeichen auch der christlichen Missionsarbeit zu Grunde liegt, ist gewissermaßen der reformistische Weg. Welche Ziele dabei angestrebt werden, weltimmanente Mündigkeit in dem einen, religiöses Heil in dem anderen Fall, ist eine Frage des weltanschaulichen Ausgangspunkts. Aber dieser Weg führt nicht zu Rassismus, allenfalls – was kritikwürdig genug ist – zu religiöser Intoleranz und eurozentrischem Dünkel. Ihm steht der polygenetistische, fundamentalistische Weg gegenüber, der von einer unaufhebbaren Andersartigkeit der Ethnien als Produkte unterschiedlicher Schöpfungen oder Genesen ausgeht. Danach bezeichnet Rasse eben keine Subspezies, sondern einen grundsätzlich anderen Typus. Erst auf dieser Grundlage entsteht Rassismus, der beispielsweise den Schwarzen Lern- und Vervollkommnungsfähigkeit nicht aus historisch-kulturellen, sondern aus biologischen Gründen abspricht oder den Juden bestimmte, genetisch verankerte Eigenschaften zuschreibt. Erst auf dieser Basis können Begriffe wie »Untermensch« überhaupt aufkommen.

Zusammenfassend sind noch einmal die vielfältigen Entwicklungslinien in den Blick zu nehmen, die das 18. Jahrhundert kennzeichnen. Der Standesrassismus des französischen Schwertadels steht exemplarisch für das, was in der heutigen Rechtsextremismusforschung die »relative Deprivierung« von Modernisierungsverlierern genannt wird. Nicht die absolut armen, elenden und hungernden Volksmassen bedienen sich rassistischer Diskurse, sondern die ihren Wohlstand und ihre Privilegien bedroht sehenden Schichten. Angst vor sozialem Abstieg und gesellschaftlichem Bedeutungsverlust sind die treibenden Impulse für den innereuropäischen Rassismus. Hier wird erstmals der Germanenmythos propagiert, da eine Differenzierung nach der Hautfarbe nicht möglich ist.

Für das Verhältnis zu außereuropäischen Menschen, zu denen auch die Juden gezählt werden, sind im 18. Jahrhundert medizinische, biologische und anthropologische Forschungen und die These von der unlösbaren Verbindung von Körpermerkmalen und psychisch-geistigen Veranlagungen maßgebend. Der Streit zwischen den Anhängern der Monogenese und der Polygenese zeigt ein widersprüchliches Bild. Während die Kirche und monogenetistische Kirchenkritiker gleichermaßen an einem universalistischen Menschenbild festhielten, diente die polygenetistische Theorie vor allem zur Legitimierung der Sklaverei. Neben und gegen den Eurozentrismus einer aufgeklärten Bildungselite entwickelte sich schon im 18. Jahrhundert, ausgehend von so unterschiedlichen Autoren wie Meiners oder Herder, der völkerpsychologische Identitätsdiskurs, der dann im 20. Jahrhundert einer Politik der ethnischen Separation und Apartheid diente und heute dem »kulturalistischen Differenzialismus« zu Grunde liegt.

III Rassen- und Volkstumstheorien: Gobineau, Herder, Chamberlain

Gobineau ist der Prophet des Untergangs von Ethnien, Herder der ihrer Selbsterweiterung, Chamberlain schließlich der ihrer Regeneration und Züchtung.[53] Obwohl Gobineau sein Hauptwerk über die »Ungleichheit der Menschenrassen« erst zwischen 1853 und 1855, also rund siebzig Jahre nach Herders geschichtsphilosophischer Abhandlung »Ideen zur Geschichte der Philosophie der Menschheit« schrieb, erscheint er chronologisch hier als Erster, denn als Aristokrat und Vertreter eines ständischen Gesellschaftsbildes vertritt er ein älteres Ideal. Sein Werk ist die Reaktion auf einen historischen Prozess, der dieses Ideal inzwischen obsolet gemacht hat; seine Zielsetzung ist reaktionär. Gobineau geht von folgenden Kernthesen aus: 1) die apriorische Ungleichheit der Menschenrassen, 2) die Rückführung sozialer Schichtenbildung auf Rassenunterschiede und 3) die pessimistische Geschichtsbetrachtung in Verbindung mit der Theorie des künftigen kulturellen Untergangs aller zivilisierten Völker.[54] Dabei hält er sich, wie nach ihm Chamberlain, nicht mit einer Beweisführung für die von ihm propagierte Ungleichheit der Menschen auf, denn seine Fragestellung ist eine andere: Wie ist die Degeneration und schließlich der Untergang von Zivilisationen zu erklären? Unter Degeneration versteht Gobineau die Verminderung des »Werts« einer Ethnie oder Rasse auf Grund von Blutsvermischung. Das mache sie unfähig für den Lebenskampf. Ethnie und Rasse sind dabei Synonyme.[55] Der Grund für den Untergang von Zivilisationen liegt für Gobineau weder in Fanatismus, in luxuriösem Lebensstil, schlechten Sitten oder dem Abfall vom Glauben, sondern einzig und allein in der Rassenmischung.

Rassen, nicht einzelne Individuen, unterscheiden sich nach dem Grad ihrer Fähigkeit zur Zivilisation, die durch göttliche Vorherbestimmung festgelegt ist: »[...] Keiner menschlichen Rasse ist es gegeben, ihren Instinkten untreu zu werden und die Pfade zu verlassen, auf welche Gott sie geschickt hat.«[56] Zivilisation aber meint »die Gesamtheit der materiellen und der moralischen Mächte, die in den Volksmassen entwickelt werden.«[57] Gobineau begreift Zivilisation »als einen Zustand von relativer Dauer, in dem die Volksmassen sich bemühen, friedlich die Befriedigung ihrer Bedürfnisse zu suchen und ihre Intelligenz und ihre Sitten zu verfeinern.«[58] Wie schon Herder, vertritt auch Gobineau einen weiten Kulturbegriff und rechnet dazu nicht nur die Sphären von Kunst, Sitten und Moral, sondern auch die der materiellen Produktion und Reproduktion. Zivilisationen sind nicht übertragbar, sondern in sich geschlossene Kulturkreise, und gerade darin liege nach Gobineau der Beweis für die Unähnlichkeit und Ungleichheit der Rassen.

Gobineau unterscheidet drei Grundrassen, die weiße, die gelbe und die schwarze, aus denen sich historisch durch Vermischung zehn Zivilisationen gebildet haben. Alle bedeutenden geschichtlichen Phänomene entspringen aus drei Quellen: zum einen dem Tätigkeitsdrang des einzelnen Menschen, zum anderen der Errichtung von politischen Machtzentren. Die dritte und wichtigste Quelle aber, aus der die beiden genannten Prozesse erst ihre Lebenskraft beziehen, ist die besondere »Daseinsform des sozialen Lebens«. Diese Daseinsform ist weder gleichzusetzen mit der politischen Macht, »welche den Massen das geistige Leben gibt, ihren Willen formt, ihre Lebensart prägt. Sie besitzen dies alles, auch wenn sie nicht in den Grenzen eines eigenen Staates leben.«[59] Sie ist jedoch auch nicht das Werk oder die Tat einzelner Persönlichkeiten. Politische Führer, idealerweise Monarchen, sind immer nur Sprachrohre oder Interpreten dieser besonderen

Daseinsform. Sie entfaltet eine eigene Triebkraft und hat ihren Ursprung in einer »erhabenen, überlegenen Sphäre«.

Ähnlich wie Herder, nimmt auch Gobineau eine belebende Grundursache, eine tätige Kraft an, aus der die »Seele« einer Ethnie hervorgeht. Diese Kraft ist kosmischen Ursprungs und offenbart sich in subjektivem Verlangen und objektiver Fähigkeit.[60] Jede Ethnie, jedes Volk hat eine eigene, überindividuelle Persönlichkeit, denn »ein Volk im Ganzen genommen ist in seinen zahlreichen Lebensäußerungen ein ebenso reales Wesen, als wenn es in einem einzelnen Körper vereinigt wäre.«[61] Dabei handelt es sich um ein Naturgesetz, das den Völkern ihre Lebensform aufzwingt. »Dieses Naturgesetz schreibt ihnen die Grundgedanken ihrer Gesetze vor, es beherrscht ihre Willensäußerungen, es beeinflusst die Liebe und entfacht ihren Hass, es leitet ihre Vernichtung […]. Wenn dieses Gesetz die einzelnen Glieder der Völker mit so viel Energie erfasst, leitet es nicht minder die Einzelmenschen. Es lässt ihnen zwar ohne jede Einschränkung das Verdienst der Sittlichkeit […], aber es regelt deren Form und hält sie in seiner Hand. Auf gewisse Weise bildet es bei der Geburt ihre Gehirne und leitet sie auf bestimmte Weise, verschließt ihnen andere, die sie nicht einmal ahnen.«[62] Für Gobineau hat die Geschichtswissenschaft nichts anderes zu tun, als diese Gesetze aufzuspüren, denn es gilt, Geschichte nach Art der Naturwissenschaften zu schreiben.[63]

Damit sind alle Bausteine von Gobineaus Geschichtsphilosophie und Kulturtheorie genannt: Geschichte und Kultur sind Teil der Naturgeschichte, deren letzte, treibende Kraft göttlichen bzw. kosmischen Ursprungs ist. Diese bringt die je besondere Daseinsform der Ethnien oder Rassen hervor, die ihrerseits überindividuelle Persönlichkeiten sind. Im Schöpfungsplan hat jede Ethnie ihre ureigenste, besondere Bestimmung zu erfüllen und prägt wiederum unauslöschbar die Gefühle, das Denken und Tun des Einzelnen.

In der Rangfolge von Gobineaus Rasseneinteilung standen die Arier, gleichbedeutend mit den Weißen, an oberster Stelle, hervorgehoben durch Intelligenz und Tatkraft. Die Dreiteilung der Menschheit in weiß, gelb und schwarz entspricht noch ganz der ständischen Ordnung, die nur ethnisiert wird. Den Weißen kommt die Rolle des Adels, den Gelben die des Handel treibenden bürgerlichen Standes und den Schwarzen die Rolle des niederen, dienenden Volkes zu. Nun waren aber für Gobineau bereits alle großen Zivilisationen der historischen Zeit das Ergebnis von Rassenmischungen. »Reine« Rassen gibt es mithin nicht mehr, und das gilt auch für die sagenhaften Arier. Ihre Charakteristika sind inzwischen nur noch als Spurenelemente vorhanden. Denn ihre Hauptaufgabe im göttlichen Schöpfungsplan war gerade die Annäherung und Verbindung der verschiedenen Rassen untereinander. Diese Aufgabe haben sie erfüllt, damit gleichzeitig aber ihren Untergang als besondere Rasse/Ethnie eingeleitet. Das Ziel nämlich, auf das die Geschichte zustrebt, ist die Einheit der Menschengattung: »Wir können den Grundsatz aufstellen, dass der Endzweck der Mühen und Leiden, der Freuden und Triumphe der Menschheit das Zustandekommen einer höchsten Einheit ist.«[64] Dieses Endziel einer einheitlichen Menschheit oder eines Kosmopolitismus, wie es der Philosophie der Aufklärung vorschwebte, ist für Gobineau aber keineswegs erstrebenswert. Vielmehr sieht er als Gegenaufklärer darin das Ende eines langen, unaufhaltsamen - Prozesses, der zum endgültigen Niedergang der Menschengattung führen werde. Rassenmischung ist zwar die Voraussetzung jeder Zivilisation, trägt gleichzeitig aber den Keim des rassischen Verfalls in sich. Permanente Rassenmischung führt zur Herabwürdigung der menschlichen Gattung auf ein Mittelmaß, zu ihrem Rückfall auf niedrigstes kulturelles Niveau und insgesamt zu einer Verringerung der Anzahl der Völker. »Im gleichen Maße, in dem die Menschheit sich entwürdigt, erlöscht sie [...]. Nicht der Tod ist es, was unsere Trauer erweckt, sondern die Sicherheit, dass er uns nur entehrt erreicht.«[65]

Gobineau geht zwar von der Annahme einer göttlichen Prädestination allen Lebens aus. Aber wo alles vorherbestimmt ist und damit nach Naturgesetzen abläuft, gibt es kein Entrinnen vor dem endgültigen Untergang. Die Erklärung für diesen Geschichtspessimismus ist in Gobineaus Gesellschaftstheorie zu suchen: Er vertritt noch ein durch und durch aristokratisches Gesellschaftsbild. Weder ist er Nationalist noch Antisemit, ja nicht einmal Anhänger der Polygenese. Sein Rassismus beruht ausschließlich auf adeligem Klassen- oder Standesbewusstsein. Die Werte des Adels, übertragen auf die Arier als Rasse, waren Freiheit und Ehre. Herder wird diese Werte auf das ganze Volk übertragen, ohne sie inhaltlich zu modifizieren. Dem Aristokraten Gobineau ist die Vorstellung, dass das »Vaterland« gleichzusetzen sei mit Volk und Ethnie, so unerträglich, dass er den Begriff nur abschätzig in Anführungszeichen verwendet. »Vaterland«, »Patriotismus« und »Nation« gehören ins diskursive Arsenal der Gegenseite. Diese Begriffe sind die ideologischen Waffen in der Hand des aufsteigenden Bürgertums. Gobineau dagegen richtet seinen Blick nicht auf ein Land, sondern auf einen Stand.

Sein gesellschaftliches Ideal findet er daher nicht in Griechenland, sondern im multiethnischen Indien. Das Geheimnis der jahrtausendealten Identität Indiens liege in seinem Kastenwesen, in der ethnischen Überformung einer strikten sozialen Trennung der Stände begründet. Allein in Indien sei es den Brahmanen als Nachfahren der weißen Arier gelungen, ihre soziale Vorherrschaft auch als Vorherrschaft einer Rasse zu etablieren. Vorübergehend hatte zwar der Buddhismus, der wie das frühe Christentum die Mühseligen und Beladenen um sich scharte, eine ernste Gefahr dargestellt, da er die Sprengkraft zu einer sozialen Revolution in sich barg. Aber es gelang ihm nicht, das Kastenwesen abzuschaffen und auf Dauer in Indien Fuß zu fassen.

Gobineaus Ideal ist also nicht der ethnisch homogene Nationalstaat, sondern ein Staatsgebilde auf der Basis ethnisch-ständischer Trennung der einzelnen Gesellschaftsgruppen. Wie später in der südafrikanischen Apartheid realisiert, geht dieses Ideal konform mit der Vorstellung der sozialen und politischen Vorherrschaft einer in sich geschlossenen Kaste als Verbindung von Klasse und Rasse. »Geleitet von dem Wunsch, die Herrschergewalt der weißen Rasse zu erhalten, erdachten sie [die arischen Brahmanen, K. P.] eine soziale Ordnung [...] [und] das Problem hatte seine ideale Lösung gefunden [...]. Sie gingen von der Beobachtung aus, die ihnen auf unwiderlegliche Beweise begründet erschien, nämlich, dass alle Überlegenheit bei den Ariern, alle Schwäche, alle Unfähigkeit bei den Schwarzen läge. Als logische Folge davon stellten sie fest, dass das Maß der einem Menschen innewohnenden Tüchtigkeit in unmittelbarer Beziehung zur Reinheit seines Blutes steht. Nach diesem Grundsatz bauten sie die Klassen auf.«[66] Niemand, so Gobineau, könne dieser »idealen Lösung« des Klassenproblems in einem multiethnischen Staat seinen Beifall versagen.

Niemand aber, selbst die vehementesten Verfechter der südafrikanischen Apartheid nicht, konnte sich im 20. Jahrhundert noch offen auf Gobineau berufen, denn sein Ideal ist das einer Rassen-Kasten-Aristokratie, sein geschichtsphilosophischer Fatalismus nur der ideologische Reflex auf den Untergang seines eigenen Standes. Gobineaus Visionen mussten daher, um geschichtlich Wirkungskraft zu entfalten, erst dem Wertehorizont des Bürgertums angepasst, als Theorie auf das ganze Volk ausgedehnt und in ihrer Zielrichtung optimistisch auf die Zukunft hin ausgerichtet werden. Dies leisteten Herder und Chamberlain unter unterschiedlichen historischen Bedingungen.

Liegt die Aktualität Gobineaus in seinem »idealen« Lösungsvorschlag für die Klassenprobleme in einem multiethnischen Staat, so ist die Herders in der Ambivalenz seiner Gesellschaftslehre zu suchen. Multikulturalisten, die für das friedliche und tolerante Neben- und Miteinander von Kulturen und Ethnien eintreten, berufen sich ebenso auf ihn wie – mit weitaus größerem Recht – neurechte Ethnopluralisten.

Herder ist der Philosoph der Differenz, des Partikularen, des geschichtlich Individuellen. Kultur und Geschichte begreift er als Pluralität von einzigartigen, individuellen und inkommensurablen Lebenseinheiten. Damit wird er gerade heute im Zuge der postmodernen Kritik an den Grundwerten der europäischen Aufklärung wieder aktuell. Unter Aufklärung wird hier, in gebotener Kürze zusammengefasst, das Streben nach Emanzipation von überlieferten Autoritäten verstanden. Die Menschen der Aufklärung sind die Subjekte ihrer Geschichte, die unter einer Fortschrittsperspektive gesehen wird. Aus den dunklen Zeiten des Mittelalters treten sie heraus ins Licht der Aufklärung. Sie wagen es, sich ihres Verstandes zu bedienen (Kant) und sind fähig zur Mündigkeit durch die Erziehung des Menschengeschlechts.

Der aufklärerische Rationalismus, in Deutschland am nachhaltigsten von Kant vertreten, betont die Befähigung zur Vernunft, die grundsätzlich allen Menschen zukommt. Vernunft und Universalität sind daher die Fundamente der sich auf die Aufklärung berufenden europäischen und nordamerikanischen Moderne. Schon die deutsche Romantik formulierte indessen ersten Widerspruch, der heute von der postmodernen Kritik aufgegriffen wird. Ihre Einwände lauten, der Universalismus ebne nicht nur Differenz, Vielfalt und Partikularität ein, sondern sei darüber hinaus auch ein Herrschafts- und Zwangsinstrument. Hinter den schön klingenden universalistischen Versprechungen und Forderungen verberge sich letztlich nur der Partikularismus des Westens. Er produziere weltweite Gleichförmigkeit, zerstöre lokale und kulturelle Vielfalt, das organisch gewachsene Anderssein der Völker und Ethnien und wolle die Werte des Westens missionarisch und kulturimperialistisch auf der ganzen Welt durchsetzen. Postmoderne Kritiker bejahen daher den uneingeschränkten, herrschaftsfreien Pluralismus der Werte, der Lebensweisen und kulturellen Manifestationen.

Der Preis für die angestrebte Herrschaftsfreiheit ist indessen ein Relativismus der Gleichgültigkeit im doppelten Wortsinne. Denn sind alle Kulturen gleich gültig und gleichwertig, gibt es keine Kriterien mehr für ihre Beurteilung und Bewertung, folglich auch keine Handhabe zur Intervention bei ethnischen Kriegen wie auf dem Balkan oder zur Leistung von Entwicklungshilfe. Hält man dagegen an universellen Maßstäben fest, so betont man gleichzeitig auch die Überlegenheit jener Kultur, von der sie erstmalig formuliert wurden. In diesem bis heute andauernden Dilemma befand sich auch Herder, und es wird zu zeigen sein, warum er, der kein Rassist im Sinne Gobineaus war, der den Begriff »Rasse« ausdrücklich ablehnte, der sich gegen den Kolonialismus und den europäischen Eroberungsdrang und für das friedliche Zusammenleben der Völker aussprach, dennoch zu den geistigen Wegbereitern des rassistischen Differenzdenkens gehört.

In den Jahren 1784 bis 1791 schrieb Herder die Abhandlung »Ideen zur Philosophie der Geschichte der Menschheit«, die als Summe seiner Gedanken zu den hier interessierenden Fragen gelten kann. Herder sieht alles Lebende und damit die Welt schlechthin als eine Einheit sich immer höher organisierender Grundformen in fortschreitender Entwicklungslinie. Jede Grundform, Organisation genannt, strebt nach Selbsterhaltung. »Selbsterhaltung ist das Erste, wozu ein Wesen da ist: vom Staubkorn bis zur Sonne strebt jedes Ding, was ist, zu bleiben.«[67] Keine Kraft der Natur ist ohne Organ. Das Reich der Menschenorganisation ist ein System geistiger Kräfte, deren

Zweck die Bildung der Humanität ist. Herder begreift also den gesamten Kosmos systemtheoretisch als Organisation sich selbst erhaltender Organisationen. Vorerst ist der Mensch in der Kette der Erdorganisationen zwar das höchste und letzte Glied, aber weitere evolutionäre Ausdifferenzierungen und damit die Existenz noch höher organisierter Lebewesen schließt Herder nicht aus. Für ihn ist das Leben ein Kampf um Höherentwicklung und der Mensch im Evolutionsprozess nur eine »Mittelgattung«, ein »edles Mittelgeschöpf«.

Begriff Kant die Geschichte als Entwicklung hin zur Freiheit, so versteht Herder, wie auch Gobineau, sie als reine Naturgeschichte. »Die ganze Menschengeschichte ist eine reine Naturgeschichte menschlicher Kräfte, Handlungen und Triebe nach Ort und Zeit.«[68] Für Kant lag der Maßstab für den moralischen Fortschritt der Menschheit im autonomen menschlichen Vermögen der Vernunft. Herder dagegen legt einen, wie er glaubt, höheren Maßstab an, den der Humanität. Die Bestimmung des Menschen sieht er in der Humanität, die älter sei als alle spekulative Vernunft.

Dieser Begriff, der Herder bis in die heutige Zeit viel Wohlwollen, Sympathie und Wertschätzung auch bei Antirassisten einträgt, bedeutet bei ihm allerdings etwas anderes als das, was gemeinhin mit »Humanität« assoziiert wird und sorgt für Missverständnisse. Denn weder steht der Begriff für »humanitär« noch für Humanismus und hat auch nichts mit christlicher Nächstenliebe oder dem Begriff der Brüderlichkeit, wie er in der französischen Revolution gebraucht wurde, zu tun. Humanität heißt bei Herder so viel wie Selbsterweiterung, die Entfaltung des nur naturbestimmten Ich hin zu kosmisch-universeller All-Einheit. Humanität ist bei Herder ein dynamischer Begriff für Werden und Wachsen an sich selbst und aus sich heraus, für die Spiegelung des Universums im einzelnen Organismus. Gleichzeitig bezeichnet Humanität aber auch den Endzustand dieses Prozesses, das systemische Gleichgewicht, meint also Weg und Ziel zugleich. Das Leben ist aus Herders Sicht zwar immer Bewegung, Prozess und Evolution, strebt aber auch nach Beharrung.

Der gesamte Kosmos, verstanden als Organisation von Organisationen, orientiert sich an der Zielvorgabe der Selbsterhaltung durch Selbstentfaltung. Jede Organisation oder jedes System strebt nach einem Maximum an Gleichgewicht aller darin versammelten Kräfte. Ein solcher Gleichgewichtszustand wird erreicht durch Vernunft und »Billigkeit«, beide zusammen machen Humanität aus. Unter »Billigkeit« versteht Herder Ausgewogenheit, Angemessenheit. Der Gleichgewichtszustand einer Organisation und damit der höchste Punkt ihrer Selbstentfaltung ist dann erreicht, wenn die gegeneinander strebenden Kräfte in einem angemessenen Zusammenhang, in ausgewogenen Beziehungen zueinander stehen. Humanität ist dann das Maximum einer systemischen Einheit, bei der sich alle in ihr enthaltenen Kräfte im Zustand des Gleichgewichts befinden. Dieser »Beharrungszustand [...] im Evolutionsprozess ist nichts als Humanität, d. i. Vernunft und Billigkeit in allen Klassen, in allen Geschäften der Menschen. [...] Die Vernunft misst und vergleicht den Zusammenhang der Dinge, dass sie solche zum dauernden Ebenmaß ordne. Die Billigkeit ist nichts als ein moralisches Ebenmaß der Vernunft, die Formel des Gleichgewichts gegeneinander strebender Kräfte, auf dessen Harmonie der ganze Weltbau ruht. Ein und dasselbe Gesetz also erstreckt sich von der Sonne und von allen Sonnen bis zur kleinsten menschlichen Handlung, was alle Wesen und ihre Systeme erhält, ist nur eins: Verhältnis ihrer Kräfte zur periodischen Ruhe und Ordnung.«[69]

Am Beispiel des antiken Griechenland verdeutlicht Herder diesen zentralen systemtheoretischen Gedanken des »glücklichen Gleichgewichts« von Organisationen, die er auf jede Seinsebene schlechthin, auch auf die von Ethnien bezieht.

»Alles Glänzende Griechenlands ist durch die rege Wirksamkeit vieler Staaten und lebendiger Kräfte; alles Dauernde und Gesunde seines Geschmacks und seiner Verfassung dagegen ist durch ein weises, glückliches Gleichgewicht seiner strebenden Kräfte bewirkt worden. Jedes Mal war das Glück seiner Einrichtungen umso dauernder und edler, je mehr es sich auf Humanität, d. i. auf Vernunft und Billigkeit stützte.«[70]

Mit diesem organologischen Ansatz hebt Herder den Gegensatz von Natur und Kultur auf, denn die Natur des Menschen verwirklicht sich für ihn in seiner Kultur. Wie Gobineau vertritt Herder damit einen weiten Kulturbegriff, der alle Bereiche menschlicher Selbstproduktion umfasst. Kultur bezeichnet daher keine höhere Sphäre, sondern ist eine Manifestation der menschlichen Natur.

Dagegen hatte Kant den Menschen als »Bürger zweier Welten« bezeichnet, als einen lebenden Antagonismus, immer im Widerstreit zwischen seinen naturalen und seinen vernunftfähigen Anteilen. Für Kant sind Vernunft und Natur zwei geschiedene Sphären, und nur der Mensch als duales Wesen hat an beiden Welten Anteil. In Kants dualem System kommt der Kultur eine Brückenfunktion zu, denn erst durch Bildung und Erziehung, durch die Föderung seiner natürlichen Vernunftanlagen, wird der Mensch zu einem kultivierten Wesen. Im Zweiten Satz seiner »Idee zu einer allgemeinen Geschichte in weltbürgerlicher Absicht« von 1784 schreibt Kant, die Vernunft in einem Geschöpfe sei ein Vermögen, die Regeln und Absichten des Gebrauchs aller seiner Kräfte weit über den Naturinstinkt hinaus zu erweitern. Sie kenne keine Grenzen für ihre Entwürfe und habe nichts vom Instinkt. Dagegen beharrt Herder auf der Einheit von moralischer Welt und Naturwelt. Vernunft und Moral sind begrenzt durch den naturhaft-instinktiven Willen zur Selbsterhaltung. Herder selbst nennt das noch die »Liebe zum Dasein«, aber es bedarf nur anderer Zeitumstände, um daraus einen »Kampf ums Dasein« zu machen.

Herder bricht also mit dem normativen Kulturbegriff der Aufklärung. Für ihn meint Kultur nicht, wie für Kant, einen erst durch Bildung und Erziehung erreichbaren Zustand. An die Stelle des Kant'schen Dualismus von Natur und Kultur setzt Herder ein monistisches Weltbild, in dem Geist, Kultur und Natur lebensphilosophisch-ganzheitlich zu einer Einheit nach Art eines lebendigen Organismus verschmelzen.[71] Immer wieder verwendet er daher organologische Metaphern wie Baum oder Pflanze. Das Leben schlechthin gilt ihm als unermesslicher Baum, dessen einzelne Manifestationen nur dessen Äste und Zweige sind. Dies sind aber keine Analogien, sondern Herder, wie auch Gobineau, reifiziert seine Metaphern: Sie sind nicht nur Instrumente des Vergleichs, sondern die Sache (res) selbst. Menschliche Gesellschaft wird nicht analog zu Pflanzen gesehen, sondern identitär.

Als lebenden Organismus begreift Herder daher auch das Volk, das er einmal mit einer Pflanze vergleicht, dann wieder mit der Familie als Grundeinheit gesellschaftlichen Lebens. Volk ist bei Herder keine soziologische Kategorie, bezeichnet keine Schicht oder Gruppe und ist auch nicht gleichzusetzen mit den niederen Volksschichten. Das Volk ist eine ethnisch und sprachlich homogene Einheit, ein lebendiger Organismus von Gefühl und Verstand, Tun und Denken und als solcher Grundlage der Nation. Jedes Volk, jede Ethnie hat ein Recht auf Selbsterhaltung und steht unmittelbar zu Gott, kann also nur aus sich selbst heraus beurteilt werden, nicht relativ zu anderen Völkern. Weder gibt es ein universalistisches Ideal, zu dem sich die unterschiedlichen Ethnien hin entwickeln, noch einen universalistischen Maßstab, um sie beurteilen zu können. Zwar sind alle Menschen Gottes Ebenbild und gleichursprünglich. Aber sie sind nicht, wie die biblische Schöpfungsgeschichte und auch noch Leibniz in seiner Monadenlehre annahm, von Beginn an »fertig« und statisch, sondern auf evolutionäre Selbstwerdung angelegt. Welches Entwick-

lungsstadium sie erreichen, ist durch göttlichen Willen vorherbestimmt, denn die Welt ist nichts anderes als eine Rechtfertigung Gottes, eine Theodizee. Mit anderen Worten: Im
Garten des Lebens haben alle Pflanzen als »Systeme innerer
lebendiger Kräfte« ihren Stellenwert und ihre Daseinsberechti-
gung. Wer aber Strauch bleibt, wer dagegen eine (deutsche)
Eiche wird, liegt in Gottes unermesslichem Ratschluss.

Gesellschaftstheoretisch setzt Herder erst auf der Ebene
von Gruppenzusammenschlüssen an. Ein Individuum ist
immer durch starke, unhintergehbare Bande an seine Primär-
gruppen (Familie und Volk) gebunden. Sie prägen es vorbe-
wusst mit der ganzen Kraft von Gefühlen, Einstellungen und
kollektiven Erzählungen, sind es doch gerade Mythen, Märchen und Volkslieder, in denen die unverwechselbare Stimme
des Volkes als »Teil einer zerstreuten Menschheit« erklingt. Ein
Volk aber definiert sich durch Landrecht, Einbildungskraft,
Mythologie, Religion, Sprache und Kultur, letztere im weiten
Sinne verstanden als Selbstproduktion durch Selbsterhaltung
und Selbsterweiterung. Als dynamisierte, wachsende und
werdende Monade leistet es seinen ureigensten Beitrag zur
kosmischen Allharmonie und All-Einheit.

Wie Christoph Meiners entwickelt auch Herder eine
Völkerpsychologie und postuliert einen »Volksgeist«, der
bei Gobineau »Seele« genannt wurde. Geschichtstheoretisch
geht Herder von einer zyklischen Kulturkreistheorie aus.
Jedes Volk durchläuft wie ein Baum oder andere Pflanzen eine
Zeit der Blüte, der Reife, des Welkens und Absterbens. Alle
Völker sind zwar aufgerufen, die »Blume der reinen, unsterb-
lichen Humanität« zu pflücken, aber nicht alle haben diese
Phase schon erreicht oder werden sie je erreichen. Manche
Völker bleiben im Stadium der Kindheit stehen, entwickeln
nur zarte Knospen, die nie erblühen. Von den Chinesen
heißt es, sie seien »gleichsam im Knabenalter stehen geblie-
ben«.[72]

Auch wenn Herder zur Erklärung kulturelle und historische Faktoren heranzieht wie Sittenlehre, Staatsaufbau oder Erziehungsmodelle, lässt er keinen Zweifel, dass es sich dabei um einen Naturvorgang handelt, da ja Kultur immer nur eine Manifestation der Natur ist. »Da nun diese Grundsätze eine Naturordnung sind, warum sollte man zweifeln müssen, dass diese Naturgesetze nicht auch, wie alle andren, erkannt und je kräftiger sie eingesehen werden, mit der unfehlbaren Gewalt einer Naturwahrheit wirken sollten?«[73]

Das Kriterium für die volle organische Entfaltung eines ethnischen Systems oder einer Organisation ist die Fähigkeit zur Bildung einer Nation. Befindet sich ein Volk aber erst auf dem Weg zur Nation, sind Fremdenfeindlichkeit und Abschließung gegenüber allem Fremden unerlässlich und sogar nützlich. Erst der Hass gegen das Fremde habe das alte Ägypten zum Muster einer Nationbildung gemacht. Xenophobische Einstellungen, Vorurteile und sogar Hass gegenüber Fremden sind für Herder nicht nur unvermeidbare, sondern sogar notwendige Vorbedingungen für die Entstehung einer Nation, denn sie drängen die Völker zu ihrem »Mittelpunkt« hin. Sie sind gewissermaßen der Dünger, um den Baumstamm »Volk« zu kräftigen und seine Äste zum Blühen zu bringen.

Erst wenn eine zu sich selbst gekommene Nation sich gefestigt, also zu jenem Gleichgewichtszustand und damit zu ihrer ureigenen Humanität gefunden hat, kann sie sich nach außen öffnen für kulturelle Vielfalt. Auch wenn die Phase der Xenophobie und Abschließung gegen alles Fremde nur vorübergehend sein soll, stehen die Völker doch rangabgestuft in Konkurrenz zueinander. Herder ist mit seiner Gesellschaftstheorie weit entfernt von universalistischen oder gar demokratischen Ansichten, für die er heute mitunter herangezogen wird. Im Gegenteil: Er fordert die volkhafte Eigenart und den »Wettlauf« der Völker »zur Erreichung des schönsten Kranzes der Humanität und Menschenwürde«.[74]

Volk und Nation sind synonym, das heißt Nation bezeichnet die volle Entwicklung des »Baumes« Volk und steht im Gegensatz zum modernen Staat. Der Staat ist geradezu der Gegenbegriff zur Nation, und hier liegt eine der Wurzeln für die spätere völkische Ideologie in Deutschland, im Gegensatz zur etatistischen etwa im italienischen Faschismus. Vor dem Hintergrund staatlicher Zentralisation im Absolutismus, die in der jakobinischen Phase der Französischen Revolution ihre Fortsetzung fand, hält Herder den Staat für eine bloße Maschine, ein seelenloses, rationales, konstruiertes Gebilde ohne tiefere Verankerung in der Volksseele. Das große Rom, schreibt er, habe fallen müssen, weil es nur ein (multiethnischer) Staat war, aber keine (volkhafte) Nation. Gegen den absolutistischen Polizei- und Machtstaat setzt Herder auf einen in sich harmonischen Volkstumsstaat und plädiert entschieden gegen die »wilde« Vermischung der Menschengattungen und Nationen.[75]

Auch wenn Herder, und darauf beziehen sich heutige Multikulturalisten, Achtung und Respekt für alle Ethnien oder Kulturen und ihre besondere, unverwechselbare Eigenart fordert, äußert er sich doch häufig geringschätzig und herablassend über einzelne Völker, je nachdem, ob sie ihre Kultur zur Reife gebracht haben oder gewissermaßen nur Föten, nur »abgetriebene« Nationen geblieben sind. Muster und Maß sind ihm hier wieder die Griechen: »Entweder sind die Nationen [...] bei den ersten Anfängen der Kultur stehen geblieben und haben solche in Gesetzen und Gebräuchen unnatürlich verewigt; oder sie wurden, ehe sie sich auslebten, eine Beute der Eroberung: die Blume ward abgemäht, ehe sie zum Flor kam. Dagegen genoss Griechenland ganz seiner Zeiten; es bildete an sich aus, was es ausbilden konnte; zu welcher Vollkommenheit ihm abermals das Glück seiner Umstände half. Wie also der Naturlehrer seine Pflanze nur dann vollständig betrachten kann, wenn er sie von ihrem Samen und Keim aus bis zur Blüte und Abblüte kennt, so wäre uns die griechische Geschichte eine solche Pflanze.«[76]

Im Kontext dieser Betrachtungen der volkhaft-biologischen Reifungsvorgänge eines Volkes heißt es aber über die Juden: »[...] Es ist ein Volk, das in der Erziehung verdarb, weil es nie zur Reife einer politischen Kultur auf eigenem Boden, mithin auch nicht zum wahren Gefühl der Ehre und Freiheit gelangte. [...] Das Volk Gottes, dem einst der Himmel selbst sein Vaterland schenkte, ist Jahrtausende her, ja fast seit seiner Entstehung eine parasitische Pflanze auf dem Stamm anderer Nationen; ein Geschlecht schlauer Unterhändler beinah auf der ganzen Erde, das trotz aller Unterdrückung nirgend sich nach eigner Ehre und Wohnung, nirgend nach einem Vaterlande sehnt.«[77]

Es hat nicht an Versuchen der Ehrenrettung für Herder gefehlt. Er habe dies weder rassistisch noch antisemitisch gemeint, sondern auch darauf hingewiesen, dass die Juden erst durch christliche Verfolgung und Diskriminierung in den Zustand geraten sind, den er beklagt und den er durch ihre Emanzipation ändern möchte. In der Tat spricht Herder nicht von Blut, Genen und Rassen. Als Christ und protestantischer Theologe hält er überdies an der Gleichheit aller Menschen vor Gott fest. Hier auf Erden aber gibt es auch für ihn gravierende Unterschiede, nicht zwischen einzelnen Menschen zwar, wohl aber zwischen Ethnien und Völkern: Von den Schwarzen heißt es, ganz im Sinne der Klimatheorie, die feinere Geistigkeit bleibe ihnen unter der glühenden Sonne versagt. Zwar gelte es, den »Neger« nicht zu verachten, sondern nur zu bedauern, da er nun einmal nicht für höhere geistige Freuden geschaffen sei. Über die »Zigeuner« äußert sich Herder eher zynisch: »Eine verworfne indische Kaste, die von allem, was sich göttlich, anständig und bürgerlich nennt, ihrer Geburt nach entfernt ist und dieser erniedrigenden Bestimmung noch nach Jahrtausenden treu bleibt, wozu taugt sie in Europa, als zur militärischen Zucht, die doch alles aufs schnellste diszipliniert?«[78] Der Gedanke, dass es eine göttliche »Bestimmung« gebe, von der einige Völker oder Ethnien von Geburt an ausgeschlossen seien, wird in den calvinistischen Begründungen für die rassistische Apartheid einen zentralen Stellenwert einnehmen. Auch hier hat Herder Vorarbeit geleistet, u. a. mit der biologistischen Metaphorik von Parasiten und anderen schädlichen Pflanzen an gesunden »Volkskörpern«.

Auch der im 18. Jahrhundert aufkommende ästhetisch wertende Blick und die Unterscheidung zwischen »schön gebildeten« und hässlichen Völkern fehlt bei Herder nicht. Die alten Perser waren ein »hässliches« Volk von den Gebirgen, auch die Türken galten ihm als ein »ursprünglich [...] hässliches Volk«, die Chinesen sind »ein Volksstamm mit kleinen Augen, einer stumpfen Nase, platter Stirn, wenig Bart, großen Ohren und einem dicken Bauch (sic!) von der Natur begabt: was diese Organisation hervorbringen konnte, hat sie hervorgebracht; etwas andres kann man von ihr nicht fordern.«[79] Aus dem vom kosmischen Urstrom des Lebens in ihrer Organisation angelegten Potenzial haben die Chinesen zwar das Beste gemacht, aber ein »Mehr« war aus Herders Sicht nicht herauszuholen. Diese Sicht schließt nicht nur spätere Entwicklungen aus, da jedes Volk »seine Zeiten« hat. Sie verlagert auch den Grund für die Inferiorität der Organisation bzw. des Systems »China« in die Biologie, denn wer von der Natur mit so platter Stirn, so großen Ohren und so dicken Bäuchen ausgestattet wurde, von dem kann man eben nicht mehr fordern und erwarten.

Herder, der tolerante Multikulturalist, der Prophet der Gleichwertigkeit aller Kulturen, der Anwalt der »Völkerfreiheit« und »Menschenfreundschaft«? Alle sind berufen, aber nur wenige sind auserwählt. Zu den Auserwählten gehörten in historischer Zeit die Griechen, unübertroffen an äußerer Schönheit und kultureller Leistung. Zu Herders Zeit aber trägt das deutsche Volk die organische Kraft in sich zum systemischen Maximum seiner Volkwerdung in der Nation. Von den Griechen übernimmt es nun die Fackel im »Wettlauf« zum Menschheitsvolk, zum Träger des universalen Menschentums, vorausgesetzt, es verharrt nicht in der Naturgebundenheit seines Ich, sondern ist fähig, sich auf sein systemisches Maximum hin zu entwickeln. Es gilt, sich vom Ich zum Selbst zu erweitern, denn nur ein Volk, das ganz es selbst ist, nimmt teil am aufstrebenden Universum, verkörpert also im Partikularen seiner besonderen Identität gleichzeitig die universale Menschheit. Das national-volkhafte Ich wird in seiner stetigen Selbstentfaltung zum Gefäß der metaphysischen Bewegung hin zur Universalität, wird Träger und Speerspitze der Weltgeschichte. Von hier ist es nur noch ein kurzer Weg zu jenem deutschen Sendungsbewusstsein, wie es dann Fichte verkünden wird, denn in jeder Zeit kultureller Blüte setzt sich jeweils eine Nation mit ihrer Eigenart durch.

Was aber ist die Eigenart der Deutschen und was kann aus dem Besonderen ihres Volksgeistes heraus gleichzeitig universal wirken? Die höchsten Werte der Deutschen, die Herder nicht nur den Juden, sondern auch allen anderen Völkern abspricht, sind Ehre und Freiheit. Diese Werte, usprünglich die des sozialen Standes der Aristokratie, werden bei Herder verbürgerlicht und nun dem Volk als ganzem zugeschrieben. Das propagierte Ideal ist die Ehre, die dem freien Mann auf eigener Scholle zukommt.

Wie Gobineau konstatiert auch Herder einen Prozess des Niedergangs, der für ihn schon mit dem supranationalen mittelalterlichen Kaisertum begann und im Absolutismus eine Zuspitzung erfuhr. Herder argumentiert antimodernistisch. Die mit dem Absolutismus sich ankündigende moderne Welt hatte aus seiner Sicht nur negative Folgen: Die wachsende Arbeitsteilung und das Vordringen des Maschinenwesens, das im absolutistisch-bürokratischen Maschinenstaat seine Entsprechung findet. Mechanik, Maschine, mechanistische

Gesellschaftslehren, aufklärerischer Rationalismus, der die tieferen Bande des Einzelnen zu seinem Volk oder seiner Familie unterminiert, das Vordringen der mit den Juden assoziierten Geldwirtschaft, die Ablösung mittelalterlicher Gefolgschaftsverbände durch professionelle, wie Maschinen agierende Söldnerarmeen und nicht zuletzt die dekadente, durch Sittenverfall und Verschwendung erstarrte höfische Kultur sind die hervorstechendsten Merkmale der Deformation und des Niedergangs.

Ziel der Utopie, und zwar einer rückwärts gewandten Utopie, wird nun das frühe Mittelalter. In dieser Epoche, historisch etwa bis zur Kaiserkrönung Karls des Großen im Jahre 800 anzusetzen, habe es, so Herder, noch wirklich freie, für das Ganze der Gemeinschaft sich einsetzende Individuen gegeben. Sie waren ihren Mitmenschen noch nicht entfremdet, sondern standen in direkten, personalen Beziehungen zueinander. Ähnlich wie Gobineau beschwört Herder den Geist »nordischer Ritterehre«. Zwar habe man diesen mit den heroischen Zeiten der Griechen verglichen, aber er stehe doch einzigartig für sich und könne nur aus sich selbst heraus verstanden und beurteilt werden.

Schon Kant vermisste 1785 in seiner Rezension zu Herders Schrift klare Begriffe, »sorgfältige Unterscheidung und Bewährung der Grundsätze«. Stattdessen fand er eine überaus kühne Einbildungskraft, vage Empfindungen und eine unklare poetische Sprache. Ein historisch-kritischer Kopf hätte dem Verfasser unbedingt vorarbeiten sollen, um die vielen Völkerbeschreibungen und Reiseerzählungen erst einmal kritisch zu sichten, denn daran mangele es bei Herder. In der Tat: häufig kolportiert Herder einfach völkerpsychologische Vorurteile und stutzt sich die Geschichte des frühen Mittelalters, die alles andere als eine Zeit der Menschenliebe, der personalen Freiheit, Würde und Ehre war, so zurecht, wie es seiner Gegen-Utopie nützt. Kant empfahl, Herder möge bei weiteren

Schriften seinem lebhaften Genie etwas mehr Zwang auferlegen und seine Fantasie nicht ins Kraut schießen lassen, denn statt empirischer Wissenschaft betreibe er Metaphysik, dazu noch eine sehr dogmatische.

Auch wenn Houston Stewart Chamberlain im Titel seines populären, auflagenstarken Werkes aus dem Jahre 1899 nur verspricht, die »Grundlagen des 19. Jahrhunderts« in den Blick zu nehmen, setzt auch er mit der großen Gebärde eines Polyhistors an. Von den Griechen über das Mittelalter bis zu den Zeitgenossen des Autors spannt sich der Bogen. Zeichnete sich schon bei Herder der Gedanke ab, die Deutschen könnten das vor allen anderen ausgezeichnete Menschheitsvolk werden, so kann Chamberlain nun, gut hundert Jahre später, Vollzug vermelden, auch wenn er nicht nur den Deutschen, sondern den »Germanen« insgesamt diese Rolle zuweist: »Dass die nördlichen Europäer die Träger der Weltgeschichte geworden sind, wird wohl kaum jemand zu leugnen sich vermessen [...], von den Anfängen entwickelte sich ihre Eigenart im Kampf gegen fremde Art, zunächst gegen das Völkerchaos des verfallenen römischen Imperiums, nach und nach gegen alle Rassen der Welt.«[80]

Manches von dem, was Chamberlain in seinem über tausend Seiten langen Kompendium als wissenschaftlicher Dilettant für ein gebildetes Laienpublikum schrieb, wirkt skurril, etwa die Frage, ob Christus ein »Rassejude« war oder nicht eher Abkömmling einer nach Vorderasien versprengten arischen Völkerschaft. In drei Aspekten allerdings ging Chamberlain über Gobineau und Herder hinaus: in seinem Wissenschaftsverständnis, in seinen Überlegungen zu der Möglichkeit der Züchtung »reiner« Rassen und in der Verengung von Gobineaus Dreiertypologie der Urrassen auf nur noch zwei, die sich antagonistisch gegenüberstehen: die germanisch-teutonische unter Einschluss von Kelten und Slawen und die jüdische »Gegenrasse«.

Hatten Gobineau und Herder noch die menschliche Geschichte als Naturgeschichte verstanden und den Anspruch erhoben, ihre geschichtsphilosophischen Überlegungen strikt naturwissenschaftlich hergeleitet zu haben, fordert Chamberlain einen Subjektivismus des intuitiven Erfühlens und reinen Anschauens. Wahre Wissenschaft messe und registriere nicht nur, sondern sei unter dem Einfluss künstlerischen Strebens anschauend und erkennend.[81] Die »Rassenfrage« erhält bei Chamberlain nicht nur eine optimistische, zukunftsorientierte, sondern auch eine subjektive Dimension. Zum Juden kann nun jeder werden, der sich »jüdischen Geist« zu Eigen macht.[82] Hatte Gobineau von seinen drei »reinen« Urrassen noch angenommen, dass sie ursprünglich gegeben waren und erst durch fortgesetzte Mischung degeneriert seien, so dreht Chamberlain unter dem Einfluss von Sozialdarwinismus und Eugenik den Spieß einfach um. Nicht die rückwärts gewandte Frage nach der Rekonstruktion »reiner« Rassen sei von Belang, sondern die ihrer künftigen Schöpfung durch Züchtung. »Nicht also aus Rassentum zur Rassenlosigkeit ist der normale, gesunde Entwicklungsgang der Menschheit, sondern im Gegenteil, aus der Rassenlosigkeit zur immer schärferen Ausprägung der Rasse.«[83]

Chamberlain knüpft an den seit Herder verbreiteten Gedanken an, dass in jeder Kulturblüte ein Menschheitsvolk die tragende Kraft sei. Dessen Individualität sättige sich in besonderer Weise mit Universum und nehme die von den Griechen überlassene Fackel höchsten Menschentums auf. »Wahre Geschichte, die Geschichte, welche heute noch den Rhythmus unseres Herzens beherrscht und in unseren eigenen Adern zu fernerem Hoffen und Schaffen kreist, beginnt in dem Augenblick, wo der Germane das Erbe des Altertums mit kraftstrotzender Hand ergreift.«[84] Denn er, der Germane, sei der einzige Mensch, der sich mit den Hellenen vergleichen dürfe.[85] Die Grundlage für den Vergleich bildet für Chamberlain in Anlehnung an Herders Konzept des Systemgleichgewichts von Organisationen im Zustand ihres »Maximums« die zeitlich zusammenfallende und gleichwertige Ausprägung von Wissen, Zivilisation und Kultur. Ähnlich wie schon bei Herder, unterscheiden sich auch bei Chamberlain die Germanen von den zeitgenössischen und den früheren Völkern, mit Ausnahme der Griechen, durch ihre allumfassenden Anlagen. Nur bei ihnen fand und findet sich jenes Gleichgewicht zwischen allen drei Systemkomponenten: Zwischen Wissen, aufgefächert in Entdeckungen und Wissenschaft, Zivilisation, unterteilt in Industrie, Wirtschaft, Politik/Kirche und schließlich, als der höchsten Sphäre, der Kultur, differenziert in Weltanschauung einschließlich Religion und Sittenlehre sowie Kunst.[86]

Auch für Chamberlain ist Herders Gedanke einer systemisch-organischen Selbsterweiterung als »Entfaltung eines bereits Vorhandenen« zentral. In jedem Volk, jeder Ethnie gibt es ein bestimmtes Mischungsverhältnis zwischen den drei Systemelementen Wissen, Zivilisation und Kultur mit den ihnen jeweils untergeordneten Sphären. Manche Völker, insbesondere die Juden, seien »nur« durch Zivilisation hervorgetreten, bei anderen hätten andere Anteile überwogen. Ein harmonisches Gleichgewicht zwischen allen drei Elementen hätten in historischer Zeit nur die Griechen erreicht. In der Gegenwart sind nun die Germanen für eine neue Kulturblüte vorgesehen. »Wer sich die Mühe geben will, die verschiedenen uns bekannten Zivilisationen im Geiste an sich vorbeiziehen zu lassen, wird finden, dass ihre so auffallende Verschiedenheit auf der Verschiedenheit des Verhältnisses zwischen Wissen, Zivilisation (im engeren Sinne) und Kultur beruht, des Näheren durch das Vorwiegen oder die Vernachlässigung des einen oder anderen der sieben Elemente bedingt ist.«[87]

Waren für Gobineau und Herder die Begriffe Zivilisation und Kultur noch Synonyme, so beginnt mit Chamberlain die für das deutsche Selbstverständnis so unheilvolle begriffliche Trennung von Zivilisation als einer niederen Sphäre und Kultur als höchster Entfaltung »volksindividueller« Anlagen, zu der nur die Germanen oder Teutonen den Keim in sich trügen. Kultur sei Bindung, Zivilisation Auflösung, heißt es in Thomas Manns »Betrachtungen eines Unpolitischen«. Zivilisation wird anderen Völkern zwar nicht abgesprochen, aber wer nicht mehr als diese Stufe erreicht, verharrt im »Knabenalter«. Kultur, so Chamberlain, ergibt sich nicht von selbst aus Wissen und Zivilisation oder evolutionär als notwendiges Produkt, sondern wird durch die Art der besonderen Volksindividualität bedingt. Daher sei es müßig, den »Neger« zum Wissen, den amerikanischen Indianer zur Zivilisation oder den Chinesen zur Kultur erziehen zu wollen. »Ein Jeder von uns bleibt eben was er ist und war; was wir fälschlich Fortschritt nennen, ist die Entfaltung eines bereits Vorhandenen [...], dass es nämlich ohne Kultur, d. h. ohne jene Anlage des Geistes zu allverbindender, allbeleuchtender Weltanschauung, kein eigentliches Wissen gibt.«[88] Äußere Begrenzung – Herder nannte es »Selbstgenügsamkeit« – stellt Chamberlain innerer Grenzenlosigkeit gegenüber. »Begrenzen wir uns äußerlich – in Bezug auf Rasse, Vaterland, Persönlichkeit – so scharf, so resolut wie möglich, so wird uns, wie den Hellenen und den brahmanischen Indern, das innerliche Reich des Grenzenlosen aufgehen; streben wir dagegen äußerlich nach Unbegrenztem, nach irgendeinem Absoluten, Ewigen, so müssen wir auf der Grundlage eines eng begrenzten Innern bauen, sonst ist jeder Erfolg ausgeschlossen: das zeigt uns jedes große Imperium, das zeigt uns jedes sich als absolut und alleingültig gebende philosophische und religiöse System, das zeigt uns vor allem jener großartige Versuch einer universellen Weltdeutung und Weltregierung, die römisch-katholische Kirche.«[89] Gegen den Gedanken des Universalismus, der einen einzigen Menschheit, werden Griechen und brahmanische

Inder als mustergültige Referenzsysteme ethnisch-kultureller Begrenzung auf ihre jeweilige Volksindividualität (Chamberlain), ihren Volksgeist (Herder) oder ihre Seele (Gobineau) gesetzt. Für das völkische Denken ist daher nicht das multiethnische römische Vielvölkerimperium die Wiege des Abendlandes, sondern Griechenland.

Wie schon Gobineau und Herder, tritt auch Chamberlain den Kampf an gegen das Abstraktum »Menschheit« und plädiert in konservativer Tradition für das »konkret Historische«.[90] Dies umso engagierter, als nun Ende des 19. Jahrhunderts neben katholische Kirche und Aufklärungsuniversalismus eine dritte universalistische, äußerst bedrohliche Kraft getreten war: der Sozialismus. Während Chamberlain den Rassenzüchtungsgedanken vergleichsweise knapp erörtert, nimmt der Weltanschauungskampf zwischen Universalismus und Nationalismus die Dimension des alles entscheidenden Endkampfes an, eines manichäischen Kampfes »auf Leben und Tod«, den Hitler sich zur Lebensaufgabe machen wird.[91]

Eine Zusammenfassung erscheint an dieser Stelle nicht angebracht, da die zentralen Gedankengänge im Kapitel über den Ethnopluralismus, den heutigen, zeitgenössischen »Herderianismus«, aufgegriffen und resümiert werden. Stattdessen ein aktueller Bezug: Der amerikanische Politikwissenschaftler Samuel P. Huntington erteilt in seinem Aufsehen erregenden, viel diskutierten Buch »Kampf der Kulturen« der »Universalität« der westlichen Kultur eine radikale Absage. In einer Welt ethnischer Konflikte und kulturellen Kampfes kranke der Glaube daran an drei Problemen: er sei falsch, unmoralisch und gefährlich. In Abkehr vom universalistischen Denken greift Huntington auf die schon von Herder, später von Spengler und Toynbee vertretene Kulturkreistheorie zurück. Auch Herders Volksgeist, hier »Paideuma« oder »Kulturseele« genannt, erfährt eine Renaissance.

Kündigt sich hier eine Läuterung der amerikanischen Moralität an, die Erkenntnis, dass der von den USA vertretene universalistische »Kulturimperialismus« sich als Herrschafts- und Zwangsinstrument erwiesen hat? Ist dies das Signal für die von Herder propagierte wahre »Völkerfreiheit« und »Menschenfreundschaft«? In der sich verändernden Machtbalance zwischen Kulturkreisen und angesichts drohender »Bruchlinienkonflikte« stehe, so Huntington, der Westen vor wachsenden Schwierigkeiten. »Um seine Verluste in dieser Situation möglichst gering zu halten, muss der Westen seine wirtschaftlichen Ressourcen im Umgang mit anderen Gesellschaften geschickt als Zuckerbrot und Peitsche einsetzen, um seine Einheit zu stärken. Der Westen muss seine politischen Strategien koordinieren, damit es für andere Gesellschaften schwieriger wird, einen westlichen Staat gegen einen anderen auszuspielen, und er muss Differenzen zwischen nichtwestlichen Staaten fördern und ausnützen.«[92]

Die Suche nach Alternativen zum Universalismus kann also auch zu diesem Ergebnis führen: Rückkehr »ins Eigene«, nicht nur Anerkennung, sondern sogar Förderung der Differenz aus machtpolitischem Kalkül, Stärkung der Einheit des westlichen Kulturkreises unter Führung der USA durch Einsatz von Zuckerbrot und Peitsche nach außen. Systemische Selbsterhaltung und Selbsterweiterung durch Stärkung der eigenen Identität – und die Mittel dazu.

IV Rassismus und koloniale Praxis: Südafrika und Brasilien im Vergleich

Wie kommt es, fragen die britischen Autoren Back und Solomos, dass ausgerechnet »Rasse« zu einer Kategorie wurde, die soziale Beziehungen strukturiert? Der Versuch einer Antwort muss die soziale Dynamik in den Blick nehmen, die im späten 15. Jahrhundert begann und sich auf drei Ebenen abzeichnete: a) Die katholische Kirche büßt ihre religiöse Vormachtstellung ein. Damit verliert aber auch der von ihr vertretene Universalismus an Bedeutung, der als Ausschlusskriterium nur den Gegensatz gläubig-ungläubig kennt. Das damit gefällte Verdikt ist relativ und nicht absolut zu verstehen, denn der Einschluss in die bestehende Gesellschaft durch Bekehrung zur christlichen Religion ist jederzeit möglich. Die Vertreter dieser Position waren zwar jahrhundertelang intolerant bis zum Äußersten, aber sie waren und sind bis heute nicht rassistisch.

b) Die wachsende Bedeutung des Bürgertums und des Geldes als universalem Tauschmedium bringt den Adel in eine Defensivstellung, dem er durch ein absolutes, individuell nicht veränderbares Ausschlusskriterium begegnet, der »Reinheit des Blutes«. In einer Situation wie der in Spanien im 15. Jahrhundert, in der eine wirtschaftlich wichtige, sozial aufsteigende jüdische Minderheit nicht länger mit religiösen Begründungen ausgeschlossen werden kann, da sie zum Christentum konvertiert ist, wird zum einen die Ernsthaftigkeit ihrer Bekehrung in Frage gestellt und zum anderen nach einem neuen, definitiven und absoluten Ausschlusskriterium gesucht. Man findet es mit der Rassezugehörigkeit.

c) Die europäische Expansion nach Übersee und die Landnahme auf der Basis von Großgrundbesitz waren in einer Zeit, in der es auch in Europa noch keine freie Lohnarbeit gab, ohne

Sklavenhaltung nicht zu bewerkstelligen. Die Sklavenhaltung jedoch steht in engem Zusammenhang mit dem Kern des Rassismusbegriffs: Rassismus drängt auf einen kastenmäßigen Aufbau der Gesellschaft. Die niedrige Stellung der Schwarzen und Indianer im Wirtschaftsleben und der Ausschluss der Möglichkeit, diesem Leben durch Bildung und individuelle Leistung zu entkommen, zeigen deutlicher als im innerweißen Rassismus in Europa die eigentliche Funktion von Rassendiskriminierung. Rassismus ist der Versuch, eine mit Auf- und Abstieg verbundene soziale Dynamik durch eine ethnisch überformte Kastenbildung zum Stillstand zu bringen.

Wie bis heute in der indischen Kastengesellschaft die Unberührbaren die niedrigsten, schmutzigsten, gefährlichsten und am meisten verachteten Arbeiten verrichten, so tragen auch die Schwarzen vielerorts auch in der Gegenwart noch das Stigma ihrer ehemaligen Erniedrigung als Sklaven. »Als moderne Variante der universalen Institution Sklaverei und Sklavenhandel und zugleich als Spezialform der allgemeinen Expansion Europas nach Übersee sind der Transatlantische Sklavenhandel und die Sklaverei in der Neuen Welt aufs Engste mit der Geburt des modernen Rassismus verknüpft [...]. Seit Edward Long (1774) diente der kulturelle Tiefstand von Negersklaven in der Neuen Welt als Standardargument für die angebliche Minderwertigkeit der Schwarzen. So erklärt sich auch die Gleichsetzung von Schwarzen = Sklaven = Angehörige einer ›minderwertigen‹ Rasse gegenüber der weißen ›Herrenrasse‹.«[93]

Dennoch gab es auch in Kolonialgesellschaften erhebliche Unterschiede im Umgang mit ethnischer und kultureller Vielfalt. Brasilien und Südafrika stehen hier exemplarisch für zwei auf den ersten Blick diametral entgegengesetzte multiethnische Gesellschaften: offen, ohne Rassenvorurteile die erste, geschlossen auf Grund der Politik der Apartheid und der kastenmäßigen Trennung der Ethnien bis etwa 1990/1991 die zweite. Ob sich allerdings die positive Charakterisierung Brasiliens als Beispiel einer gelungenen ethnisch-kulturellen Vermischung auch nach einem zweiten, gründlicheren Blick halten lässt, wird zu fragen sein.

Südafrika

Die Legende will, dass Südafrika vor der Ansiedlung der ersten Weißen ein menschenleeres Gebiet war. Aber lange vor den Portugiesen und Holländern hatten hier Menschen gesiedelt, die Hottentotten (Khoikhoi) vor allem und die Buschmänner (San), die als Jäger und Sammler durch das Land zogen. Hinzu trat eine dritte Gruppe von Schwarzen, die Bantus, ihrerseits unterteilt in einzelne Stämme wie die Xhosa, die Zulus oder Basutu.

Im Jahre 1487 kamen die ersten Portugiesen nach Südafrika, ein Jahr später gelang es Bartholomeo Diaz, das Kap zu umschiffen. Danach dauerte es etwa hundert Jahre, bis die ersten Holländer auf dem Wege nach Java das Kap umsegelten, aber weder sie noch die Portugiesen waren an einer dauerhaften Ansiedlung in diesem Gebiet interessiert. Zunächst dachten sie nur daran, hier eine Zwischenstation für die Seefahrer zu errichten, die sich auf ihrem Weg nach Ostasien mit Gemüse und Frischwasser versorgen mussten. 1650 wurde das erste Fort an der Südspitze Afrikas errichtet.

Erst Ende des 17. Jahrhunderts siedelten sich unter der Schirmherrschaft der holländischen Ostindiengesellschaft die ersten Buren, freie Bürger aus Holland, am Kap an. Rasch verschmolzen sie mit den wenigen französischen Hugenotten, die in den achtziger Jahren des 17. Jahrhunderts ins Land gekommen waren. Die Buren nannten sich Afrikaaner und ihre auf das Holländische zurückgehende Sprache Afrikaans und machten damit deutlich, dass sie sich als die ersten und damit legitimen Siedler in einem vermeintlich menschenleeren Gebiet betrachteten. In diese Gruppe der Afrikaaner unter Vorherrschaft der Buren gingen schließlich auch deutsche Siedler ein, die als halbnomadische Treckburen hauptsächlich von der Viehzucht lebten.

Im Jahre 1657 wurde die Sklavenarbeit eingeführt, bei der man auf Menschen aus Java und Madagaskar zurückgriff. Nach 1662 kam es zum Sklavenimport in großem Maßstab, der bis etwa 1810 anhielt und endgültig erst mit der Sklavenbefreiung von 1834 endete. Viele Bauern und Grundbesitzer hatten neben importierten schwarzen Sklaven auch die eingesessenen Hottentotten (Khoikhoi) als Arbeitskräfte auf ihrem Hof. Die Anwesenheit weniger, vorwiegend männlicher Weißer führte rasch zur Vermischung mit Schwarzen, und es entstand eine neue Bevölkerungsgruppe, die Mischlinge, die sich als »Cape Coloured People« eher den Weißen als den Schwarzen zugehörig fühlten.

Ende des 18. Jahrhunderts umfasste die Kapkolonie bereits rund 15 000 Menschen. Während die Buschmänner und Hottentotten von den Buren auf deren Expansionszügen rasch besiegt und ins Hinterland vertrieben wurden, leisteten die den Bantus zugerechneten Stämme starken Widerstand. Die holländischen Siedler, die sich ohne Beteiligung des holländischen Staates angesiedelt hatten, waren meist Viehzüchter. Sie nahmen als weit voneinander getrennt lebende Grundbesitzer bald die gleichen nomadischen Lebensgewohnheiten an wie die Schwarzen um sie herum: unablässig auf der Suche nach neuen Weidegründen für ihr Vieh. Auch als neue Herren des Landes blieben sie Bauern, die nicht den Wunsch nach höherer Bildung oder aufwändiger Lebensführung hatten: ein karger, genügsamer Menschenschlag, der seine eigenen, äußerst traditionalistischen Vorstellungen von einem gottgefälligen Leben hatte. Hannah Arendt kommentiert: Die südafrikanische »ist die einzige uns aus der Geschichte bekannte Sklavenwirtschaft, die nicht daraus hinauslief, eine Herrenschicht für andere, ›höhere‹ Tätigkeiten freizusetzen, und die daher auch niemals die materielle Grundlage für eine wie immer geartete Kultur gebildet hat.«[94]

Entscheidend für die weitere Geschichte Südafrikas und die Entwicklung der bestehenden Konflikte war die Ansiedlung einer zweiten Gruppe von Weißen. 1795 fielen erstmals britische Truppen in die Kapkolonie ein; 1806 kam es zu einer zweiten Invasion. Vor dem Hintergrund der Französischen Revolution in Europa hatten sich die handelspolitischen Interessengegensätze zwischen England und Frankreich verschärft, und für die Briten galt es, das südafrikanische Gebiet noch vor den Franzosen zu besetzen. Um 1822 wurde Englisch offizielle Landessprache; die Kapkolonie wurde jetzt von Großbritannien aus regiert.

Im so genannten Kaffernkrieg von 1834, der durch Viehdiebstahl ausgelöst wurde, verschärften sich nicht nur die Spannungen zwischen den Buren und schwarzen Stämmen wie den Xhosa, auch die Konflikte zwischen den weißen Missionaren und den burischen Siedlern nahmen zu. Die Buren, die aus Holland ihr calvinistisches Christentum mitgebracht hatten, übertrugen Calvins Prädestinationslehre vom Individuum auf ihr Volk. Es fehlte nicht an entsprechenden Bibelauslegungen und religiösen Legenden wie der von den drei Söhnen Noahs, Japhet, Sem und Cham, die belegen sollten, dass die Schwarzen auf ewig von Gott verworfen und zu niedrigster Arbeit bestimmt seien. Die halbnomadischen Buren adaptierten die biblische Geschichte Israels für ihre eigene Daseinsweise, reklamierten die weiße Vorherrschaft für sich und standen jeder weiteren Christianisierung der Schwarzen ablehnend gegenüber. In der »Großen Kette des Seins« nehme jeder den ihm von Gott zugewiesenen Ort ein. Solange die Schwarzen ihren Platz als unmündige Kinder nicht in Frage stellten, behandelte man sie mitunter sogar mit väterlicher Fürsorge.

Die Buren, untereinander isoliert und ohne Hoffnung darauf, dass weitere Siedler aus den Niederlanden nachziehen würden, entwickelten eine innovationsfeindliche Selbstbezogenheit. Ihre Bildung war äußerst dürftig. Oft war die Bibel das einzige Buch, das sie auf ihren Trecks und Wanderzügen lasen. Das Alte Testament wurde ihnen zur weltanschaulichen Richtschnur und half ihnen, ihre abgesonderte Lebensweise als die einer weißen Herrenschicht – fern von modernen, als zerstörerisch empfundenen Kräften wie Industrie, Handel und städtischem Leben – zu legitimieren. Vor allem die Niederländische Reformierte Kirche[95] bestärkte die Buren in ihrer kulturellen Absonderung und ihrem Überlegenheitsgefühl. Sie garantierte die Einheit von Volk und Religion, und in Südafrika den ethnischen Zusammenhalt durch den Glauben an die göttliche Erwähltheit. Im 20. Jahrhundert lieferte sie dann die ideologische Grundlage für die Doktrin der Apartheid.[96]

Die Niederländische Reformierte Kirche pflegte und propagierte das Bewusstsein von der religiösen Auserwähltheit der Buren. Katholische Missionare, die Vertreter der Londoner Missionsgesellschaft oder die Mährischen Brüder traten dagegen für die Gleichbehandlung der Schwarzen ein. 1537 hatte Papst Paul III. eindringlich gemahnt, Indianer und alle anderen Völker, die in Zukunft der Christenheit bekannt würden, dürften weder ihrer Freiheit noch ihrer Güter beraubt werden, auch wenn sie keine Christen seien. Doch diese Ermahnungen wurden wie in den anderen Kolonialländern so auch in Südafrika rasch in den Wind geschlagen. Der Konflikt über die Behandlung der Einheimischen beschränkte sich nicht nur auf die Auseinandersetzung zwischen den Katholiken und den Protestanten, von denen die letzteren vor allem als Händler und Kolonisten ins Land gekommen waren, und nicht als missionierende Soldaten der Kirche. In ausschließlich katholischen Ländern entbrannte der Konflikt rasch auch zwischen den Grundherren und Plantagenbesitzern auf der einen und den Missionaren, häufig Jesuiten, auf der anderen Seite.

In Südafrika dagegen entwickelten sich weitaus kompliziertere Verhältnisse, denn hier standen sich nicht nur Weiße und Schwarze, Herren und Sklaven gegenüber, sondern zwei religiös, sprachlich und kulturell unterschiedliche Gruppen von Weißen rivalisierten miteinander um die Vorherrschaft. Die so genannte Rassenfrage wurde zusätzlich kompliziert durch jene Schwarzen, denen es gelang, eigene Königreiche zu errichten, wie beispielsweise die Zulus (1828–1906). Gleichzeitig importierte man zudem Sklaven aus anderen afrikanischen oder aus asiatischen Gebieten.

Ursprünglich hatte die Taufe die Freilassung aus der Sklaverei zur Folge gehabt. Da aber die Plantagenbesitzer und Viehzüchter auf diese Weise schnell ihrer Sklaven verlustig gingen, setzten sie gegen Ende des 18. Jahrhunderts durch, dass auch die getauften Sklaven in ihrem Besitz verblieben. Obwohl inzwischen christianisiert, wurden ihnen Freiheit und Bürgerrechte vorenthalten.

Die Beziehungen der weißen Gruppen untereinander verschlechterten sich zunehmend, und bald schon zogen die Buren die Konsequenzen. Sie wollten kulturell, sprachlich, ethnisch und religiös unter sich bleiben, und da sie ohnehin zu einem Wandervolk geworden waren, verließen sie 1836 die Kapkolonie und zogen auf dem »Großen Treck« nach Norden. Dieser Große Treck und dann vor allem der Anglo-Burenkrieg von 1899 bis 1902 bestärkte sie in ihrer Ideologie der Abschottung. Diese trug nicht nur anti-liberale und anti-modernistische Züge, sondern darüber hinaus verstanden die Buren sich auch, in Abwehr des britischen Einflusses, als anti-imperialistisch: Es war der Gegensatz zwischen Händlern und Bauern, Stadt und wenig besiedeltem Land, Liberalismus und erstarrtem Konservatismus, der hier aufbrach. »Dazu gesellte sich ein Gefühl der Unschuld und Selbstgerechtigkeit, das den

Irrtum nur aufseiten des britischen Imperialismus, des Kapitalismus, der Industrie und der rückständigen Eingeborenenbevölkerung sieht.«[97]

Der Große Treck von 1836, an dem 20 000 bis 30 000 Menschen teilnahmen und durch den die Bantu sprechenden afrikanischen Stämme ins Hinterland abgedrängt wurden, gilt als Geburtsstunde des Afrikaaner-Nationalismus.[98] Getrieben von der Gier nach Land wandten sich die Buren zugleich ab von den Veränderungen der Gesellschaft durch Industrialisierung und Verstädterung.

Im ersten Viertel des 19. Jahrhunderts kam es zu einem Prozess der Anglisierung. Zum einen strömten zahlreiche britische Siedler nach Südafrika, zum anderen wurde das englische Rechts- und Verwaltungssystem eingeführt. Den größten Konfliktstoff zwischen Briten und Buren lieferte jedoch die Sklavenbefreiung, die 1833 für das gesamte britische Empire proklamiert worden war, denn auf der Sklavenhaltung beruhte die burische Lebensweise. Um 1857 gab es acht europäisch regierte politische Einheiten in Südafrika, davon waren fünf Burenrepubliken und drei britische Kolonien: die Kapkolonie, die Provinz Natal und British Kaffraria.

Bis zum Ende des Jahrhunderts verschärften sich die Konflikte zwischen Buren und Engländern. Nach einigen mehr oder minder privat organisierten britischen Einfällen in Transvaal, vor allem dem Jameson Raid, brach 1899 der Anglo-Burenkrieg aus. Die Engländer errichteten Konzentrationslager, in denen rund 26 000 Buren, vor allem Frauen und Kinder, unter menschenunwürdigen Bedingungen leben mussten und umkamen, aber auch Schwarze gehörten zu den Opfern. Nach der Niederlage 1902 verloren die Burenrepubliken ihre Unabhängigkeit und wurden britische Kolonie: An einem Ort, der später Vereeniging (Vereinigung) genannt wurde, hatten den Briten mit einer Truppenstärke von einer viertel Million nur noch 15 000 Afrikaaner unter Waffen gegenübergestanden.[99]

Am 31. Mai 1910 wurde schließlich die Südafrikanische Union als Dominion des Empire gegründet: der Sieg der Briten, deren vergleichsweise liberale Politik in Zukunft für Südafrika bestimmend sein würde – so schien es. Aber das Gegenteil trat ein: Die Vereinigung brachte den Triumph der extremistischen Buren und ihrer exklusiven Rassenvorstellungen, den Sieg des Afrikaanertums und den schleichenden Beginn der Apartheid.[100] Die Briten opferten nicht nur ihre liberalen Grundsätze, sondern auch die Zusammenarbeit mit den Schwarzen, um die innerweiße Einheit aufrechtzuerhalten. Eine Allianz mit Schwarzen gegen andere Weiße wäre für sie undenkbar gewesen, zählte doch bei allen Unterschieden zu den Buren auch für sie letztlich die Hautfarbe. Bei der weißen Vorherrschaft ging man arbeitsteilig vor: den Buren wurde die Politik überlassen, die Briten sicherten sich die Kontrolle über Industrie und Hochfinanz.

In der Zwischenzeit hatte sich das Land ökonomisch sehr stark verändert. Nach 1867 hatten die Diamantenfunde in Kimberley zur stürmischen Entwicklung der Diamantenindustrie geführt. Hinzu kamen Goldfunde in Witwatersrand, die Südafrika fast über Nacht zu einem reichen Land machten. Dieser gewaltige Modernisierungsschub schuf aber zahlreiche neue soziale Probleme. Denn in den Gold- und Diamantenminen fühlten die weißen, mehrheitlich burischen Arbeiter sich von ihren schwarzen Kollegen zunehmend bedroht und drängten auf Schutzmaßnahmen. Diese komplizierte ethnische Überformung einer sozial einheitlichen Schicht von Industriearbeitern bei gleichzeitiger Spaltung und sprachlicher, kultureller und religiöser Trennung der Weißen untereinander schuf die sozialen Vorbedingungen für die Rassentrennungspolitik der Apartheid.

Um 1913 stellten die Weißen nur ein Fünftel der Bevölkerung, verfügten aber über 80 Prozent des Landes, und dieses Verhältnis verschlechterte sich im Laufe des 20. Jahrhunderts

weiter zu Ungunsten der Schwarzen. Gold- und Diamantenfunde, aber auch Kohlebergbau führten zur raschen Industrialisierung und zur Verstädterung der Gesellschaft. Während
Mischlinge (Coloured) und Inder sich schneller an urbane Verhältnisse anpassen konnten, weil sie in ihren Familienverbän-
den zusammenblieben, zogen schwarze Männer auf der Suche nach Arbeit oft allein in die Städte, was negative Folgen für
den Zusammenhalt in ihren Familien hatte. Im Zuge der
Industrialisierung waren die Schwarzen in Eingeborenenreservate abgedrängt worden, in denen sie keine Arbeit fanden. Als Wanderarbeiter in den Städten wiederum wurden sie
in Arbeitslagern kaserniert.

Schon vor dem Ersten Weltkrieg waren die Weichen für die
spätere Politik der Apartheid gestellt. Vor allem die Buren, obwohl auch untereinander gespalten, gaben sich betont natio-
nalistisch mit dem Ziel, ihre Sprache, das Afrikaans, durchzusetzen. Im Jahre 1913 wurde unter Führung von James B. M.
Hertzog, dem Vater des modernen Afrikaaner-Nationalismus,
die Nationale Partei gegründet. Hertzogs Ideal war die politische Einheit aller Weißen in einer einzigen, von den Briten
unabhängigen südafrikanischen Nation. Sein anglophiler burischer Kontrahent Jan Smuts plädierte dagegen für den Ver-
bleib Südafrikas im britischen Commenwealth und galt bei
der nationalistischen Burenfraktion als »English jingo«, als
Parteigänger des britischen Imperialismus. In ihrer Rassenpolitik aber waren sich die verschiedenen Burenfraktionen
sehr ähnlich. Schon 1919 hatte auch Smuts, damals Ministerpräsident, vom Ideal der »parallelen Institutionen« für Weiße
und Nicht-Weiße gesprochen, denn diese seien getrennt
(apart) zu halten.

1948 gelangte die Nationale Partei unter ihrem damaligen
Führer Daniel F. Malan schließlich an die Macht. Malan ver-
dankte seinen Sieg der Verschlechterung der sozialen Lage
vieler Buren, denn vor allem in dieser Gruppe gab es inzwi-

schen auch verarmte Weiße, die sich von den Engländern und den Schwarzen gleichermaßen bedroht fühlten. Bereits in den zwanziger Jahren hatte man ihre Zahl auf 200 000 bis 300 000 geschätzt, was etwa ein Achtel der weißen Gesamtbevölkerung ausmachte – für die Buren jedoch 30 Prozent bedeutete.[101] Die Ursache für dieses Problem war vor allem die fehlende Bildung der Buren und mangelnde Umschulungsmöglichkeiten. Die notorische Modernitätsfeindlichkeit der Buren hatte, gepaart mit Bildungsferne, einer abgeschotteten, ländlichen Lebensweise und einer ausgeprägten Lagermentalität, zu sozialem Abstieg geführt.

Die Verarmung der Buren hatte mit der Industrialisierung eingesetzt und beruhte im Wesentlichen darauf, dass ihre nomadische Lebensweise in einer Zeit, in der das Land bereits verteilt war, keine Zukunft mehr hatte. Sie beharrten auf ihrer Eigenart, fühlten sich von der modernen Welt schlechthin, von (britischem) Imperialismus und (jüdischer) Geldwirtschaft, von Verstädterung, Industrialisierung und dem Gleichstellungsverlangen der Schwarzen bedroht, blieben aber gleichzeitig auf die Vergangenheit fixiert und taten nichts für ihre Bildung. In den fünfziger Jahren kam als neue bedrohlich empfundene Kraft dann der Kommunismus hinzu, gegen den es im Namen des weißen Abendlandes Front zu machen galt.

Mitte des 20. Jahrhunderts bestand die weiße Bevölkerung zwar nur zu 58 Prozent aus Afrikaanern. Diese bildeten aber die politisch aktivste Gruppe, denn sie hatten das dringende Interesse, durch Zugriff auf staatliche Posten und Ämter die armen Weißen in den eigenen Reihen sozial nicht weiter absinken zu lassen. Sie beschworen die »swarte gevaar« (schwarze Gefahr) und forderten Schutz vor schwarzer Konkurrenz auf dem Arbeitsmarkt. Forcierter Nationalismus war das ideologische Schild, hinter dem es vor allem darum ging, arme Weiße in einer aufgeblähten Staatsbürokratie und bei der verstaatlichten Eisenbahn unterzubringen. Nationaler

Stolz sei christliche Tugend, proklamierte Malan im Namen eines calvinistischen Nationalismus, während die paramilitärische Bewegung »Ossewa Brandwag« (Ochsenwagen- und Feuerwagen-Bewegung) schon in den dreißiger Jahren offen mit Hitler sympathisierte, sich auf sozialdarwinistische Theorien berief und für einen Kriegseintritt Südafrikas an der Seite Deutschlands plädierte. Der spätere Ministerpräsident B. J. Vorster war einer der »Generäle« dieser Bewegung. Großen Einfluss auf die Nationale Partei hatte auch die seit den dreißiger Jahren bestehende Geheimorganisation des »Broederbond«, die als offen faschistisch galt. Sie organisierte zahlreiche burische Lehrer und calvinistische Pfarrer, und sogar drei Ministerpräsidenten (Malan, Strydom, Verwoerd) standen ihr nahe oder waren gar Mitglieder. Malan vor allem machte sich für eine »nordische Front« gegen Kommunisten, »Eingeborene« oder Juden stark und kämpfte gegen den vermeintlichen Einfluss von Freimaurern und den britischen Imperialismus.[102] Vor seiner politischen Karriere als Pfarrer in der Niederländischen Reformierten Kirche tätig, forcierte Malan als Premierminister die Politik der Apartheid, die zunächst auf Separation, nicht auf Segregation (territoriale Trennung) beruhte. Separate Entwicklung steht gegen Integration und hieß Trennung der Wohnviertel, der öffentlichen Einrichtungen, der Schulen und Verkehrsmittel, des gesamten öffentlichen Lebens durch parallele Institutionen für die verschiedenen Farbgruppen. Eine territoriale Trennung war aus ökonomischen Gründen nicht durchsetzbar, denn man war auf die schwarzen Arbeitskräfte angewiesen.[103]

Die Politik der Apartheid hatte, wie bereits angedeutet, eine längere Vorgeschichte. Schon 1913 gab es Ansätze, die Einwanderung von Farbigen zu stoppen. Im gleichen Jahr verfügte ein Gesetz zum Landerwerb (Land Act), dass Nicht-Weiße kein Land in den für Weiße reservierten Gebieten erwerben dürfen. 1911 wurde gesetzlich verboten, Schwarze in den Minen als Facharbeiter (skilled workers) zu beschäftigen. Diese Stellen sollten Weißen vorbehalten bleiben und die Schwarzen in die schlecht bezahlten Arbeiten als unqualifizierte Handlanger abgedrängt werden. 1923 wurde dann der »Native Urban Areas Act« verabschiedet, ein Gesetz, das die Zahl der Schwarzen, die in städtischen Gebieten wohnen durften, festlegte und kontrollierte. Diese Zuzugskontrolle in den Städten hatte schwer wiegende Auswirkungen vor allem für die Schwarzen, denen eigene Siedlungsgebiete zugewiesen wurden. Zwar benötigte man sie in den industriellen Ballungsgebieten als Arbeitskräfte, aber sie galten nur noch als zeitlich befristete Stadtbewohner ohne Rechte, als ausländische Gastarbeiter im eigenen Land. Diese rechtliche und geografische Ausgrenzung zwang sie zur Wanderarbeit mit negativen Folgen für den Familienzusammenhalt. Stammestraditionen zerbrachen, Prostitution und Kleinkriminalität breiteten sich aus.

Ein weiterer Schritt auf dem Weg zur Rassenseparation war der »Mines and Works Act« von 1926, der als »Farbschrankengesetz« (colour bar) bekannt wurde. Dabei handelte es sich um eine Aktualisierung des Gesetzes von 1911. Der Act verbot, den Schwarzen Zeugnisse zur Befähigung für bestimmte, höher qualifizierte Arbeiten in den Gruben und Fabriken auszustellen. Sie sollten durch staatliche Reglementierung des Arbeitsmarktes von besser bezahlten Arbeiten fern gehalten werden. Denn gerade auf burischer Seite galt es, Lösungen für das Problem der verarmten Weißen zu finden, die doch auch zur »Herrenrasse« gehörten und zudem eine wichtige Wählerklientel der Burenparteien waren. Von diesen diskriminierenden Einschränkungen waren aber nicht nur Schwarze betroffen, sondern auch andere Nicht-Weiße wie Inder, Japaner und Chinesen, die im Zuge der Industrialisierung ins Land gekommen waren. Sie alle unterlagen nun den gleichen Rassendiskriminierungen wie die Schwarzen. Für die industrielle Entwicklung waren diese Gesetze aber eher hinderlich und die

Produktivität war entsprechend niedrig: Weiße Arbeiter wurden ohne Konkurrenzdruck geschützt, während die Schwarzen als Wanderarbeiter ohne die geringsten Aufstiegschancen keinen Ehrgeiz entwickeln konnten.

Der »Group Areas Act« als eigentlicher Kern der Apartheidspolitik und der »Population Registration Act« von 1950 spezifizierten schließlich die Gebiete, in denen die nach Ethnien getrennten Gruppen leben durften. Seit 1927 war, festgelegt im »Immorality Act«, auch der Geschlechtsverkehr zwischen Menschen unterschiedlicher ethnischer Zugehörigkeit verboten; dieses Gesetz wurde 1949 durch das Verbot von Mischehen verschärft. Schrittweise war man auch zur Segregation übergegangen, die ab den sechziger Jahren zur Politik der Homelands führte. Die territoriale Ausgrenzung der Schwarzen erfolgte in drei Schritten. Zunächst wurden sie in Eingeborenenreservate abgedrängt, dann wurden so genannte Bantustans, kleine, scheinselbstständige Staaten, eingerichtet, aus denen schließlich die Homelands hervorgingen, lebensunfähige Enklaven von Beginn an. Das erste dieser Homelands, die Transkei, wurde 1963 für den Stamm der Xhosa gegründet, blieb aber, wie auch die weiteren Homelands, finanziell, wirtschaftlich und außenpolitisch von der Südafrikanischen Union abhängig.

Mit der Zuweisung zu einem Homeland, häufig mit brutaler Zwangsumsiedlung durchgesetzt, entzog man den Schwarzen die Staatsbürgerrechte. Da sie ja nun ein eigenes Land hätten, seien sie in der Südafrikanischen Union wie Ausländer mit entsprechenden Passkontrollen zu behandeln. Wäre die Politik der Homelands, von denen man zehn geplant hatte, konsequent zu Ende geführt worden, wäre die Union ein rein weißes Land geworden, in das Schwarze nur vorübergehend als unverzichtbare Gastarbeiter Einlass gefunden hätten.[104] Diese Politik der so genannten »Großen Apartheid«, seit den sechziger Jahren in der Ära Verwoerd (1958–1966) auch euphemistisch Politik der »getrennten Entwicklung« oder der Multi-nationalität genannt, fand, daran sei erinnert, auch in der da-maligen Bundesrepublik etliche Anhänger und Befürworter.

Es wurden nicht nur die Weißen von den Schwarzen getrennt, sondern nach der Devise »teile und herrsche« galt es auch, die Nicht-Weißen untereinander in sprachlich und ethnisch getrennte Gruppen aufzusplittern und gegeneinan-der auszuspielen, in der Hoffnung, die Zusammenarbeit vieler kleiner Bantustaaten mit der ausschließlich weißen südafri-kanischen Nation werde auf diese Weise leichter zu organisie-ren sein.

Die Südafrikanische Union bestand nun aus vier in sich wiederum heterogenen Gruppen, den Weißen, die sich nach der burischen »Zwei-Ströme-Theorie« gleichfalls getrennt entwickeln sollten, den Mischlingen, den Asiaten und den rest-lichen, nicht in Enklaven ausgegliederten Schwarzen. Be-sonders bei den Mischlingen zeigte sich die ganze Irrationalität der Rassentrennung. Sie fühlten sich den Weißen zugehörig, mussten sich aber nach dem Gesetz zur Bevölkerungsre-gistrierung von 1950 »rassisch« zuordnen lassen. Das führte dazu, dass Mitglieder ein und derselben Familie, je nach Tö-nung der Hautfarbe oder anderen subtilen Unterschieden, in unterschiedliche Kategorien eingeordnet und damit auch unterschiedlich diskriminiert wurden. Angesichts der oft will-kürlichen Kriterien »geriet die Zuordnung von Personen zu der einen oder anderen Rasse zu einem Roulette, mit guten oder verheerenden Konsequenzen für den Einzelnen«.[105]

Die Politik der Trennung, an deren Ausarbeitung und theo-logischen Begründung die Niederländische Reformierte Kir-che nachhaltig beteiligt war, beruhte auf dem Gedanken, dass jede Volksgruppe sich und ihren »Volksgeist« am besten ent-wickle, wenn sie von den anderen geschieden ihren eigenen Weg gehe. Die Lösung des Problems, wie die Vorherrschaft der Weißen aufrechterhalten werden könne, sah man in separater

Entwicklung, die beschönigend als Schutzmaßnahme für die einzelnen Ethnien dargestellt wurde. Statt gleicher Rechte solle es für alle gleiche Chancen und Entwicklungsmöglichkeiten geben.

Berufung, Bestimmung, Vorsehung und Auserwähltheit sind die theologischen Grundbegriffe der Doktrin der Apartheid, die von folgenden Überlegungen ausgeht: Alle Völker und Ethnien sind zwar gleichwertig vor Gott, aber dieser hat ihnen verschiedene Berufungen mit auf den Weg gegeben, eine je eigene und besondere »arteigene« Bestimmung, die sie am besten erfüllen, wenn sie gemäß ihrer eigenen Art leben. Der Schöpfer habe Unterschiede nicht nur gemacht, sondern wolle auch, dass sie unverändert bleiben. Jede Mischung der Rassen bedeute daher eine Missachtung des göttlichen Willens und verstoße gegen die göttliche Ordnung. Um ihre ureigenste Berufung zu erfüllen, müsse jede Ethnie durch Apartheid ihre besondere Identität bewahren. Nur so könne sie ihr eigenes Selbst, ihre gottgewollte historische Bestimmung entfalten und erfüllen. Zwar bilde die Menschheit als Ganzes eine Einheit, aber nur vor Gott in einer Sphäre des Jenseits. Hier auf Erden dagegen entspreche die Trennung nicht nur göttlichem Gebot, sondern sei auch zum Besten für jedes Volk eingerichtet. Es könne seine Identität bewahren, sich selbst treu bleiben, ohne von seinen Wurzeln abgeschnitten und sich selbst entfremdet zu werden. Diese Doktrin, die sich scheinbar so wohlmeinend um die Identität von ethnischen Gruppen und um die Bewahrung ihres kulturellen Erbes sorgt, beinhaltete aber auch, dass man Schwarze vor allem von Bildung, medizinischer Versorgung, besseren Berufschancen und sozialem Aufstieg fern hielt mit der Begründung, dass sie dies nur von ihren Stammestraditionen entfremden würde.

In dieses Denken fließt nicht nur der alte calvinistische Determinismus ein, sondern auch romantisches Ideengut in der Tradition Herders, das heute wieder von der französischen

Neuen Rechten aktualisiert wird. Wenn etwa deren Wortführer Alain de Benoist behauptet, er sei gegen den Rassismus und für das Recht auf Verschiedenheit, für die Rückkehr zu den Gemeinschaften, knüpft er nur an die Begründung für Apartheid und »eigen-artliche Entwicklung« (eiesoortige ontwikkeling) an. Auch der Gedanke, dass Völker überindividuelle Ganzheiten mit eigener Persönlichkeit seien, ist ein aus der Romantik bekannter Gedanke, auf den sich, wenn auch mit calvinistischen Untertönen, der burische Rassismus in Südafrika berufen konnte.[106] Während die calvinistische Doktrin spezifische historische Ursachen hat und auf andere Gesellschaften nicht übertragbar ist, spielt der Identitätsdiskurs im Zusammenhang mit der Wiederentdeckung von Gemeinschaftszugehörigkeit heute wieder eine zentrale Rolle. Es lohnt sich daher, daran zu erinnern, welche verhängnisvollen Auswirkungen er in einem der geschlossensten kastenartigen rassistischen Regime des 20. Jahrhunderts hatte.

Apartheid und Trennung der Ethnien ersetzte in Südafrika die ältere, paternalistische Bevormundung der Schwarzen als unmündige Kinder, für die man geradezu eine Aufsichtspflicht habe. Diese Argumentationsfigur war um 1950, als die Apartheid massiv in Kraft trat und das Land sich zu einem Polizeistaat entwickelte, überholt. Unter der Hand versuchte dieses staatsrassistische Regime, sich geradezu als »Emanzipationsbewegung« zu präsentieren. Ministerpräsident Verwoerd vor allem bemühte sich in den sechziger Jahren um eine kohärente Apartheidsdoktrin mit dem Grundkonzept der »separaten Freiheit« und dem Ziel eines »Commonwealth of states« in Südafrika. Aus seiner Sicht erfüllen die Weißen ihre Mission, indem sie als »Wächter« die nicht-weiße Bevölkerung zu ihrer Selbstverwirklichung (self-realisation) führen. »Getrennte Entwicklung« diene dem Erhalt der Identität und des kulturellen Erbes der Ethnien. Er richte sich damit gegen den in Südafrika von den Briten vertretenen Imperialismus, Kapitalismus und Liberalismus und die damit einhergehende Entfremdung und kulturelle Entwurzelung.

Neben den Theologen meldeten sich aber auch Sozialwissenschaftler zu Wort. Sie sprachen nicht von göttlicher Vorherbestimmung, sondern von Pluralismus. Einem offenen pluralistischen Modell stellten sie in Südafrika eine getrennte pluralistische Gesellschaft (divided plural society) entgegen, in der Rassenschranken mit Klassenschranken zusammenfallen. Die soziale Schichtzugehörigkeit ist deckungsgleich mit der ethnischen Zugehörigkeit. Da es in einer solchen Gesellschaft keinen Konsens im Grundsätzlichen gebe wie in einer pluralistischen Demokratie, müsse zum Schutz aller – faktisch aber nur der Weißen – an einer Trennung der Gruppen festgehalten werden. Während man 1910 für die Einheit des Landes gestimmt habe, müsse man nun angesichts der unüberwindbaren Konflikte und tiefen Spaltungen in der Gesellschaft gerade umgekehrt für eine Föderation getrennt sich entwickelnder politischer Einheiten eines »gegliederten Völkerorganismus« plädieren.

Nachdem in den späten fünfziger und frühen sechziger Jahren des letzten Jahrhunderts die Entkolonialisierung weltweit große Fortschritte gemacht hatte, geriet Südafrika zunehmend in die Isolation. Die liberalen Kräfte setzten auf den Selbstlauf der Ökonomie. Er werde die Apartheid allmählich untergraben, denn die staatliche Regulierung des Arbeitsmarktes behindere das Wirtschaftswachstum, und der wachsende politische Druck aus dem westlichen Ausland hemme den Außenhandel. Davon abgesehen wurde die Farbschranke verstärkt unterminiert, einmal, weil die Schwarzen als Arbeitskräfte immer unersetzlicher wurden und Verhandlungsmacht eroberten, zum anderen, weil sich allmählich auch eine nicht-weiße Mittelschicht mit wachsender Verbraucherkraft bildete. Aber es zeigt sich in der jüngsten Geschichte immer wieder, dass höhere Wachstumsraten und größerer Wohlstand nicht automatisch zu mehr Demokratie führen.

In der Endphase der Apartheidspolitik plädierten nur noch die Ultrakonservativen von der Nationalen Partei für ein uneingeschränktes Afrikaanertum, die »United Party« dagegen engagierte sich für eine Rassenföderation unter weißer Vorherrschaft, denn der alte Gegensatz zwischen Buren und Briten war inzwischen obsolet geworden. In der liberalen Demokratischen Partei trat man für eine allmähliche politische Assimilation der Mischlinge und Inder an die Weißen ein. Für die Schwarzen dagegen waren souveräne eigene Staaten oder autonome Stadtstaaten vorgesehen nach dem Modell eines Commonwealth, also weiterhin eine Ausgrenzung in Enklaven. Im Grunde knüpfte diese Vorstellung an die Politik der Homelands an, die bekanntlich arm, überbevölkert und ohne nennenswerte Ressourcen waren.[107]

Die Volkszählung von 1970 ergab folgendes Bild: Gesamteinwohnerzahl 21 448 000, davon 15 Millionen (70 Prozent) Schwarze, 3 750 000 Weiße (17,5 Prozent), 2 Millionen Mischlinge (9,4 Prozent) und 620 000 Asiaten (2,9 Prozent). Mitte der achtziger Jahre standen 4,8 Millionen Weiße aber schon 28 Millionen Menschen anderer Hautfarbe gegenüber, davon waren 24 Millionen Schwarze. Die faktische Ausbürgerung von 70 Prozent der Bevölkerung zu Gunsten einer kleinen Gruppe von Weißen, die weiterhin die politische Führung und die ökonomisch ertragreichsten Gebiete für sich beanspruchten – diese Zahl demonstriert nicht nur das Ausmaß der weißen Rassenvorherrschaft, sondern auch ihre politische Ausweglosigkeit. Erst 1990/91, als die drei zentralen Apartheids-Gesetze, das Gesetz zu den getrennten Wohngebieten, jenes über das Verbot des Landerwerbs für Schwarze und das zur Bevölkerungsregistrierung, aufgehoben wurden, zeichnete sich eine Wende ab. Gleichzeitig wurde der seit 1923 bestehende »African National Congress« (ANC), die bedeu-

tendste politische Organisation der Schwarzen, wieder zuge-
lassen, und Nelson Mandela, der zum Symbol des schwarzen
Widerstandes geworden war, kam nach siebenundzwanzig
Jahren Haft endlich frei.

Noch heute sind die Nachwirkungen der Apartheid in Südafrika zu spüren. Als »soziale Pornografie« bezeichnete eine
norwegische Parlamentsabgeordnete die Bilder, die sich ihr
im Herbst 2002 bei einer Rundfahrt durch Alexandra, einer
schwarzen Township in der Nähe von Johannesburg, boten.
Alexandra hat die höchste Kriminalitätsrate in ganz Südafrika,
und wer kann, meidet diese Gegend. Hier leben 350 000 Menschen in Wellblechhütten unter menschenunwürdigen Bedingungen, oft ohne Zugang zu Wasser oder Elektrizität. Infra-
strukturen sind nur für 70 000 Menschen vorgesehen, die
Arbeitslosigkeit ist eine der höchsten im Land. Alexandra ist
ein Symbol für die nach wie vor zweigeteilte südafrikanische
Gesellschaft. Der Slum findet sich gleich neben den Hochhäu-
sern und Einkaufszentren von Sandton City.[108]

Welches waren die Ursachen für diesen staatsrassistischen
Extremismus, unter dem Millionen von Menschen zu leiden
hatten? Harald R. Bilger nennt drei Gründe für die südafrikanische Rassenpolitik: den burischen Calvinismus, den Sozialdarwinismus und die Existenzangst der Weißen.[109] Auch
wenn die ethnischen Konflikte sich erst nach der Industrialisierung des Landes zuspitzten, lieferte die calvinistische Prädestinationslehre die Legitimation für die Rassentrennung.
Viele Sozialwissenschaftler sehen daher im »Afrikaanertum«
den Schlüssel zur Erklärung. Denn Rassenherrschaft sei im
Grunde in einer modernen, marktwirtschaftlich-kapitalisti-
schen Gesellschaft etwas Dysfunktionales, eine Anomalie gewissermaßen, die nur erklärt werden könne mit Blick auf die
besonderen ethnisch-kulturellen Verhältnisse in Südafrika. Es
habe sich ein Dualismus ausgebildet zwischen dem ökonomischen System mit seinen eigenen, farbenblinden Gesetzen,

seiner ökonomischen Marktrationalität und dem politischen System mit seinen Rassengesetzen, seiner juristischen Organisation und seiner Verwaltungsstruktur.

Dagegen argumentieren Marxisten, die rassistische Apartheid, das System der schwarzen Wander- und Kontraktarbeiter mit ihrer schlechten Stellung auf dem Arbeitsmarkt und ihrer staatsbürgerlichen Ausgrenzung, sei durchaus funktional in einer kapitalistischen Gesellschaft, in der die Weißen die ökonomisch und politisch herrschende Klasse bilden. Allerdings können sie nicht erklären, warum in einem Land, in dem Kultur, Finanzwelt und Wirtschaft nicht in burischer, sondern in der Hand des anglisierten Bürgertums waren, ausgerechnet die Buren, die Afrikaaner also, an die Macht gelangten. Auch Frederick A. Johnstone, der dem marxistischen Ansatz nahe steht, muss einräumen, es sei eine unhaltbare Position, alle Minderheitenprobleme allein mit Kapitalismus, Kolonialismus und Imperialismus erklären zu wollen.[110] Malans Nationale Partei hatte ihre traditionellen Wähler gerade nicht in der britisch beherrschten Industrie und im gehobenen, Englisch sprechenden Bürgertum. Es waren vor allem die wirtschaftlich bedrohten oder schon verarmten, in jedem Fall unter Druck stehenden weißen, mehrheitlich burischen Schichten, die sich in Zeiten der Krise am ehesten nach rechts orientierten. Auch in Europa kennt man, wie die Rechtsextremismusforschung zeigt, diese Anfälligkeit von potenziellen Modernisierungsverlierern für rechtes Gedankengut und rassistische Einstellungen. Auch hier tendieren nicht die am unteren Rand der Gesellschaft Lebenden, die Arbeitslosen oder die »neuen« Armen, nach rechts, sondern vorwiegend jene, die sich von Modernisierungsschüben bedroht fühlen und glauben, in absehbarer Zukunft zu ihren Opfern zu gehören.

In Südafrika waren Anhänger und Profiteure der Apartheid nicht zuletzt auch die weißen Arbeiter, die sozial aufstiegen. Gehörten im Jahre 1964 noch 75 Prozent der Afrikaaner zur

Unterschicht, so wurden Mitte der siebziger Jahre 70 Prozent schon zur Mittelschicht gezählt. Damit war der soziale Gegensatz zwischen Buren und Briten zwar entschärft, nicht aber beseitigt, denn nach wie vor waren die meisten weißen Arbeiter Afrikaaner, während Industrie und Hochfinanz in britischer Hand lagen. Dennoch verdienten Ende der sechziger Jahre weiße Goldminenarbeiter zwanzig Mal so viel wie schwarze. 1972 lag der Durchschnittsverdienst der Weißen insgesamt sieben Mal höher als der von Schwarzen.[111]

Zusammenfassend ist festzuhalten, dass die Apartheid der Versuch war, drei Probleme zu lösen: Generell galt es, die Vorherrschaft der Weißen zu sichern. Gleichzeitig ging es um die Bewahrung und Festigung der spezifisch burischen Identität gegen die angelsächsische Dominanz. Und schließlich sollten die Folgen einer rapiden Industrialisierung und Urbanisierung abgefangen werden zu Gunsten der »armen Weißen« und zulasten der schwarzen Wander- und Kontraktarbeiter. In Südafrika konnten die Buren auf eine theologische Doktrin zurückgreifen, die, angereichert um nationalistische und sozialdarwinistische Elemente, zur Ideologie des »Afrikaanertums« und zur Rechtfertigung für die Rassentrennung geriet. Das Zusammenspiel dieser beiden Faktoren war es schließlich, das die besondere Aggressivität dieses diktatorischen Regimes und seiner rassistischen Identitätspolitik ausmachte.

In Südafrika kam es zu einem innerweißen Klassenkompromiss, an dem auch die Briten ihren Anteil hatten. Die Politik der Apartheid diente nicht zuletzt dazu, die Weißen untereinander zu einigen. Sie war das Bindeglied, das vor allem die sozialen Gegensätze zwischen ihnen abschwächen sollte. Anfang der sechziger Jahre, zur gleichen Zeit, als die ersten Homelands eingerichtet wurden und die »schwarze Gefahr« durch strenge Segregation gebannt schien, gaben die Buren unter Ministerpräsident Verwoerd die »Zwei-Ströme-Theorie« – die Theorie von der getrennten Entwicklung von Buren und

Angelsachsen –auf zu Gunsten einer gemeinsam ausgeübten weißen Hegemonie. Rassenvorherrschaft, resümiert Anthony W. Marx, war in Südafrika nicht das Ergebnis eines einheitlichen Nationalstaats, sondern umgekehrt das Produkt und gleichzeitig das Bindemittel, um diese Einheit erst zu schaffen.[112]

Brasilien

Im Vergleich zu Südafrika erscheinen die ethnischen Beziehungen in Brasilien als »opposite extreme« (Little) und Brasilien geradezu als das gelobte Land multiethnischer Vielfalt und Vorurteilslosigkeit. Reiseschriftsteller des 19. Jahrhunderts berichten über den außerordentlich hohen Grad der Vermischung der Ethnien, über die Milde, mit der Sklaven behandelt würden, über das Fehlen von rassistischen Vorurteilen. Der Schriftsteller Stefan Zweig, der Österreich während des NS-Regimes aus »rassischen« Gründen hatte verlassen müssen und nach Brasilien emigriert war, zeichnet das Bild einer Gesellschaft, in der Schwarze, Weiße und Mischlinge in friedlicher Eintracht miteinander leben. Hautfarbe und ethnische Herkunft scheinen in dieser Gesellschaft, die es zu einer seltenen Harmonie im Zusammenleben von Menschen unterschiedlicher Hautfarbe gebracht habe, keine Rolle zu spielen. »Das Wort ›Mischling‹ ist hier kein Schimpfwort, sondern eine Feststellung, die nichts Entwertendes an sich hat: der Klassenhass und Rassenhass, diese Giftpflanze Europas, hat hier noch nicht Wurzel und Boden gefasst.«[113]

Der brasilianische Soziologe Gilberto Freyre, der in seinem viel beachteten Buch »Herrenhaus und Sklavenhütte« den Beitrag der afrikanischen Sklaven zur Herausbildung einer »lusotropischen« Mischkultur untersucht hat, schreibt: »Hybrid von Anfang an, ist von allen amerikanischen Gesellschaften die brasilianische diejenige, die sich, was die Beziehungen zwischen den Rassen angeht, am harmonischsten entwickelt hat. In einer Atmosphäre kultureller Wechselwirkung wurden die Werte und Erfahrungen der unterentwickelten Völker von den vorgeschrittenen aufs Beste ausgenützt. So entstand ein Zusammenwirken der fremden und der einheimischen Kultur, der Eroberer und der Eroberten.«[114] Schon die Sklavenherrschaft sei äußerst milde gewesen, geradezu human mit den liebevollen, mütterlichen Negerammen, die das weiße Herrenkind stillten, es mit afrikanischen Liedern in den Schlaf sangen, ihm von guten und bösen Geistern erzählten und die Märchen ihrer Heimat nahe brachten. Einträchtig sei das Leben zwischen Schwarz und Weiß im Herrenhaus gewesen, wo die schwarzen Haussklaven mit zur Familie gehörten.

Auch wenn Freyre die zahlreichen Sklavenaufstände, die Selbstmorde und Selbstverstümmelungen der schwarzen Sklaven nicht verschweigt,[115] auch nicht die sexuelle Ausbeutung vor allem von Mulattinnen, zeichnet er doch, getragen von aufrichtigem Antirassismus, ein Bild, das von multikulturellem Geben und Nehmen bestimmt ist, nicht von Ausbeutung und Diskriminierung. Züge eines »subtilen Kulturimperialismus« (Bitterli) kann man ihm daher nicht ganz absprechen, auch wenn das einigende Band der Religion die Farbschranken in Brasilien zweifellos durchlässiger machte als in Südafrika.

Brasilien erscheint als Musterbeispiel einer gelungenen Kulturverflechtung. Vorurteile der Portugiesen gegenüber den Schwarzen habe es nie gegeben, ja sie seien von allen europäischen Kolonisatoren die am wenigsten rassistischen gewesen. »Bei uns war die europäische Herrschaft im Allgemeinen milde und nachgiebig, gehorchte eher den Gesetzen der Natur als Regeln und Anordnungen. Das Leben scheint hier unvergleichlich viel toleranter gewesen zu sein und soziale, rassische und moralische Dissonanzen aufgefangen zu haben [...]. Hinzu kommt noch eine weitere sehr typische Seite ihres außergewöhnlichen sozialen Anpassungsvermögens: das vollkommene oder praktisch vollkommene Fehlen jedweden rassischen Stolzes; jenes beharrlichen, Kompromissen feindlich gesinnten Stolzes zumindest, der die Völker des Nordens charakterisiert. Diese Charaktereigenschaften, die die Portugiesen mit anderen Völkern lateinischen Ursprungs und, mehr noch, mit den Muslimen Afrikas teilen, erklärt sich aus der Tatsache, dass sie zum Teil [selbst] ein Volk von Mischlingen waren und dies schon zur Zeit der Entdeckung Brasiliens. So gesehen geschah in Brasilien nichts Neues. Die Vermischung mit Menschen anderer Hautfarbe hatte schon in umfangreichem Maße in der Hauptstadt des Mutterlandes begonnen.«[116] Brasilianer, so liest man häufig, seien stolz auf die multiethnische Bevölkerung ihres Landes, die Respektierung der Rassengleichheit sei Teil ihres Nationalstolzes. »Mehr als jedes andere Land in der westlichen Welt wird Brasilien als Beweis dafür anerkannt, zitiert und gelobt, dass eine Rassendemokratie funktionieren kann.«[117]

Aber es gibt auch Gegenstimmen, die von der Rassendemokratie als von einem Mythos sprechen und vor allem die soziale Diskriminierung der Farbigen hervorheben. Die »Demokratie der Rassen« sei ein Lieblingskind der Brasilianer, das besonders gern gehätschelt werde, wenn ausländische Freunde oder Soziologen zugegen seien, schreibt Rolf Reichert und fächert die Vorstellungen des gewöhnlichen weißen Brasilianers über die Schwarzen auf: Untüchtig seien sie, unsauber, unschön, leichtsinnig, faul, unbeständig, abergläubisch, unmoralisch; die Mulatten gelten überdies als aufsässig, falsch und verantwortungslos.[118] Auch in Brasilien gilt die Regel, je dunkler die Hautfarbe, desto niedriger die soziale Stellung, je heller die Hautfarbe, desto höher der Status. Charles Wagley berichtet, wie die Einwohner einer kleinen Stadt im Amazonas-Gebiet Schwarze oder Mischlinge subjektiv farblich aufwerten, wenn sie einen hohen sozialen Status haben. Die führende Dame der Stadt, eindeutig eine Mulattin, galt allen als weiß, während einem eindeutig weißen, stadtbekannten Trinker abgesprochen wurde, zu den Weißen zu gehören. »Wie kann er denn als Weißer ein Trunkenbold sein?«, hieß es. Ein Mischling mit angesehenem Beruf, hohem Einkommen, guten Manieren und den richtigen sozialen Kontakten hat keine Schwierigkeiten, als Weißer durchzugehen.[119] Und was die These von der vermeintlich so milden Form der Sklaverei angeht, die in den lusitanischen Ländern im Allgemeinen menschlicher gehandhabt worden sei, so ist Anthony W. Marx ganz anderer Ansicht: »Die Sklaverei in Brasilien hat [unter katholischem Einfluss] zweifellos andere Formen angenommen als anderswo, aber sie ›human‹ zu nennen, ist absurd.«[120]

Ein Land also mit einer bemerkenswert gelungenen ethnischen Verschmelzung oder nur eines, das mit einer Lebenslüge lebt? Verhindert die offizielle brasilianische Ideologie von der Nicht-Diskriminierung anderer Rassen nicht gerade eine kritische Auseinandersetzung mit der Realität und führt sie nicht, wenn auch ohne große Spannungen, zu ähnlichen Ergebnissen wie in offen rassistischen Gesellschaften? Ist die behauptete Kulturverflechtung also nur ein Mythos oder existiert sie trotz sozialer Diskriminierung der Schwarzen? War das Leben vor der Abolition tatsächlich so »harmonisch-beschaulich« (Reichert), die Schwarzen von Natur aus sanftmütig-fröhlich und in treuer Anhänglichkeit ihrem fürsorglichen und milden Herrn ergeben? Wie erklären sich dann die hohen Selbstmordraten unter den Sklaven, ihre häufigen Fluchtversuche, die zur Errichtung eigener schwarzer Gemeinden im Urwald, der »Quilombos« führten, den ersten selbst verwalteten schwarzen Staaten auf amerikanischem Boden, die alle Rassentheorien, alle Vorurteile über die vermeintliche Faulheit oder die niedrigere Intelligenz der Schwarzen Lügen strafen? Was ist in Brasilien anders verlaufen als in Südafrika? Was hat bewirkt, dass dieses Land zwar weit entfernt ist von einer Harmonie der Rassen, ebenso wenig aber auch gemein hat mit der Praxis der Apartheid oder selbst mit der Rassendiskriminierung, wie sie für die US-amerikanischen Verhältnisse typisch ist?

Einer der wesentlichen Unterschiede zu Südafrika und seinem komplizierten »getrennten Pluralismus« der sprachlich, religiös und kulturell getrennten und lange untereinander verfeindeten weißen Kolonisatoren ist die einfache Zweiteilung Brasiliens in eine rein weiße, rein katholische und portugiesisch-stämmige Oberschicht. Ihr stand eine schwarze, nicht autochthone, sondern importierte Sklavenschicht und später, nach der Abolition von 1888, eine schwarze Unterschicht gegenüber. Überdies wurde das Land nie, wie Südafrika im Anglo-Burenkrieg oder die USA im Krieg zwischen den Nord- und Südstaaten, durch innerweiße Bürgerkriege zerrissen.

Was das Verhältnis zur dritten, zahlenmäßig kleinsten ethnischen Gruppe, den Indianern, betrifft, liegen die Dinge nicht ganz so einfach. Auch hier kam es von Beginn an zu sexuellen Kontakten, die ersten Weißen rühmten geradezu die Freizügigkeit der Indianerinnen, die sich ohne Zwang willig den Eroberern hingegeben hätten. König und Kirche förderten Mischehen zwischen weißen Männern und Indianerinnen. Man legte Wert darauf, die vielen Konkubinate und irregulären Verhältnisse zu legalisieren, damit aber auch den Status der indianischen Frau als rechtmäßige Ehefrau und Mutter der Kinder zu heben. Die Nachkommen solcher Beziehungen, die Mestizen, sollten selbst von politischen Ämtern nicht ausgeschlossen werden, hieß es in einer Verfügung von 1775, und bei Strafe eines Gerichtsverfahrens sei es verboten, sie abschätzig Halbblut zu nennen.

So weit, so human, nur galt das Gleiche eben nicht für Schwarze oder Mulatten, denen in der Provinz Minas Gerais bis in die vierte Generation hinein verboten wurde, öffentliche Gemeindeämter auszuüben. Das Verbot wurde sogar auf weiße Männer ausgedehnt, die mit schwarzen Frauen verheiratet waren.[121] Ein Schwarzer war vor allem ein Sklave und damit für die von den Siedlern und Grundherren so verachtete niedrigste Handarbeit zuständig. Die beruflich und sozial niedrigste Kaste korrespondiert mit der Dunkelheit der Hautfarbe, was nie mit gleicher Schärfe und Ausschließlichkeit für die Indianer galt. Man betrachtete sie als ungezähmte »Wilde«, die mit ihrem Freiheitssinn, ihrer vermeintlichen Abneigung gegenüber produktiver Arbeit, dem ihnen nachgesagten Hang zu Müßiggang und ihrer ausschweifenden Lebensart fast schon den parasitären Grundherren ähnelten und sich zudem in die unerschlossenen Urwaldgebiete zurückzogen oder abgedrängt wurden. Ein »Wilder« wird mit anderer Optik wahrgenommen als ein Sklave. Den ersten kann man aus ökonomischer Gier ausrotten, aber auch zu einem »edlen Wilden« romantisieren. Umgekehrt würde man Sklaven aus ökonomischen Gründen nie ausrotten, denn sie kosten nicht nur Geld auf dem Markt, sondern sind zudem unersetzlich als Arbeitskräfte. Aus dem gleichen Grund aber wurden sie auch nicht romantisiert, denn sie waren nie etwas anderes als eine Ware, das schwarze Gold aus dem Senegal. Allenfalls wurden schwarze Frauen, häufiger noch Mulattinnen, die den sexuellen Vorlieben der Weißen eher entsprachen, als »schwarze Venus« romantisiert, faktisch aber als allzeit verfügbare Ware konsumiert.

Die Geschichte der Besiedlung Brasiliens durch die Europäer beginnt mit einem Zufall. Im Jahre 1500 entdeckte der Portugiese Alvarez Cabral die brasilianische Küste, und die Besiedlung begann fast ebenso wie in Südafrika als Initiative von Händlern. Nach dem päpstlichen Schiedsspruch von Tordesillas von 1494 hatten die Spanier und Portugiesen die außereuropäischen Gebiete unter sich aufgeteilt. Während aber die

Spanier in Mittelamerika auf die Hochkulturen der Azteken und Mayas stießen, fanden die Portugiesen in Brasilien vergleichsweise primitive Indianerstämme vor, die Tupí–Guaraní.

Zunächst ließen sich an der Küste Handelsfaktoreien nieder. Die wenigen weißen Männer, die hier Glück, Erfolg und schnellen Reichtum suchten, waren ein ungeordneter Haufen von Abenteurern. Zahlreiche Strafgefangene befanden sich darunter, die man nach Brasilien abgeschoben hatte, aber auch etliche zwangskonvertierte Juden, die Conversos. Als Neuchristen waren sie der Inquisition suspekt und flohen unter anderem auch in die Neue Welt. Hier engagierten sie sich in einer ersten Phase vor allem im Holzhandel, denn brasilianische Farbhölzer waren in Europa begehrt.

Fast ein halbes Jahrhundert verlief die Ansiedlung eher wildwüchsig. In Portugal hatte man zunächst wenig Interesse an diesem Gebiet, dessen Entwicklungsmöglichkeiten so gut wie unbekannt und dessen Schätze noch nicht gehoben waren. Erst 1534 führte die portugiesische Krone in Brasilien das feudalistische System der Landschenkungen ein und legte mit diesen »donatárias« den Grundstein für Siedlungskolonien mit geordneten Besitz- und Verwaltungsstrukturen. Der wirtschaftliche Schwerpunkt lag zunächst auf dem Zuckerrohranbau, und die Zuckerrohrplantagen begünstigten große landwirtschaftliche Güter, die Latifundien.

Zu Beginn des Jahres 1549 schickte der portugiesische König den ersten Generalgouverneur in die Überseekolonie, der in Begleitung von sechs Jesuiten brasilianischen Boden betrat. Ihr Leiter war Manuel de Nóbrega, ein zutiefst von seinem kirchlichen Missionsauftrag überzeugter Mann, der tatkräftig ans Werk ging und sich gegen die Versklavung aussprach: Etwa zur gleichen Zeit durfte jeder Besitzer einer Zuckerrohrplantage 120 Sklaven aus dem Kongo beziehen, da sich gezeigt hatte, dass die Indianer für die schwere Feldarbeit auf den Plantagen nicht geeignet waren. Überall in Süd- und Mittelamerika war die Begegnung der indigenen Bevölkerung mit den Weißen eine einzige Katastrophe. Schon bis 1520 hatte man die indianische Urbevölkerung in Mittelamerika teilweise so dezimiert, dass der Dominikanermönch Bartolomé de Las Casas (1484–1566) sich ernstlich um den Fortbestand der Indianer sorgte, gleichzeitig aber die Einfuhr von Sklaven aus Afrika empfahl. Schwarzafrikaner galten als robuster, belastungsfähiger und den klimatischen Bedingungen in den Tropen besser angepasst als die Weißen, die mit Fieberkrankheiten, Malaria oder Gelbfieber, zu kämpfen hatten.

Ab dem 16. Jahrhundert setzte der eigentliche transatlantische Sklavenhandel ein. Der Import von Schwarzen war die notwendige Voraussetzung zur weiteren Besiedlung des Landes, von ihrer Arbeitskraft hing die Zukunft der kolonialen Landnahme ab. Mit der millionenfachen Versklavung von Schwarzen, an der auch schwarze Häuptlinge beteiligt waren, begann das Bild von den »Negern« sich zu ändern, bis sie als minderwertige »Rasse« oder als Kindervolk galten, wie Hegel es nannte. »Sklave und Neger werden in der Folge zu Synonymen, womit auch die Grundlagen des Rassismus gelegt waren.«[122]

Der Jesuit José de Anchieta berichtet, schon im Jahre 1583 habe es in Brasilien 14 000 Sklaven aus Afrika gegeben. In der zweiten Hälfte des 17. Jahrhunderts waren es schon rund 150 000, und noch im 19. Jahrhundert war Rio de Janeiro fast ausschließlich afrikanisch. Die Schwarzen kamen vor allem aus drei afrikanischen Gebieten, aus Nigeria und Dahomey, aus Angola und dem Kongo-Gebiet, teilweise auch aus Malawi oder Moçambique. Zu Beginn des 19. Jahrhunderts berichtet der deutsche Reisende Johann Baptist von Spix: »Die meisten Negersclaven, welche gegenwärtig nach Rio de Janeiro gebracht werden, sind von Cabinda und Benguelo. Sie werden in ihrem Vaterlande auf Befehl der Häuptlinge eingefangen und im Tausche gegen europäische Waren verhandelt. Vor der

Ablieferung an die Sclavenhändler lässt ihnen der Gewaltha-
ber ein gewisses Zeichen im Rücken oder an der Stirne ein-
brennen.«[123] Allerdings wurden nach der Abschaffung der
Sklaverei (der Abolition) 1888 die Archivdokumente über den
Sklavenhandel und die Herkunftsgebiete dieser Menschen
verbrannt, angeblich, weil sich die Brasilianer nun dieses
Aspekts ihrer Vorgeschichte schämten und ihn nicht doku-
mentiert wissen wollten.

Die etwa tausend Männer, die zusammen mit dem ersten
portugiesischen Gouverneur ins Land gekommen waren, darunter vierhundert Häftlinge – Diebe, Banditen, Strolche, Mörder – hatten nur selten die hohen moralischen Standards der
wenigen Jesuiten, die als religiöse Ordnungshüter und Missionare eigene Ziele verfolgten. Vielmehr entwickelte diese erste
Generation der Eroberer, der Conquistadoren, eine ausge-
prägte Raubrittermentalität. Diese Männer glaubten, sich mithilfe der besseren Waffen nehmen zu können, was sie wollten:
Frauen, Sklaven und Land. Stefan Zweig nennt es »ungezügelte Vielweiberei«. Für Gilberto Freyre lebten diese ersten
Portugiesen in einer Zeit, da es kaum europäische Frauen im
Land gab, geradezu in einem wahren Rausch der Promis-
kuität. Ein Mann setzte mitunter hunderte von Kindern mit
verschiedenen farbigen Frauen in die Welt. Das Land musste
bevölkert werden, Mischlingskinder waren an der Tagesordnung und wuchsen zusammen mit den weißen Kindern auf
den Gütern auf.

Wer nur diesen Ausschnitt betrachtet, die gemeinsam mit-
einander spielenden farbigen und weißen Kinder oder die
Mischlinge, dem mochte sich wohl der Eindruck friedlicher
Harmonie und eines bemerkenswert unvoreingenommenen
Zusammenlebens aufdrängen. Gilberto Freyre zeigt dagegen,
dass durchaus Schranken vorhanden waren. Nur waren sie in
Brasilien von wesentlich subtilerer Art, nicht durch harte, für
jeden sichtbare und gesetzlich verordnete Einschränkungen

verfügt, sondern in psychischen Tiefenschichten verankert. Ungezügelte Vermischung, sexuelle Besessenheit, die allgemein verbreitete Syphilis und die ständige Verfügbarkeit von schwarzen Frauen oder Indianerinnen habe bei den Brasilianern eine Neigung zu sexuellem Sadismus ausgebildet. Die intimen Beziehungen von Herren und Sklaven seien von Sadismus bei den Weißen, Masochismus bei den Schwarzen geprägt gewesen, was bis heute nachwirke.

Zwar hatte der König die Freiheit der »Eingeborenen« bestätigt, aber das kümmerte die erste Siedlergeneration wenig. Als im Gebiet von Minas Gerais die ersten Gold- und Diamantenfunde gemacht wurden, setzte im Landesinneren eine wahre Jagd auf Sklaven ein. Dabei taten sich vor allem privat organisierte Sklavenjägerbanden (bandeirantes) hervor, die von São Paulo aus operierten und daher auch Paulistas genannt wurden. Sie finanzierten regelrechte Raubexpeditionen ins Landesinnere mit dem ungewollt positiven Nebeneffekt, dass diese Gebiete erschlossen wurden und das Urteil über diese Eindringlinge daher nicht ausschließlich negativ ausfiel.

Widerstand gegen diese Bandeiranten leisteten im Land selbst vor allem die Jesuiten, die bald schon in Opposition zu anderen Kolonisten gerieten. Während in Südafrika der Calvinismus der Buren die Einheit von Volk und Religion verfügte, standen die missionierenden Vertreter der katholischen Kirche in Brasilien bald im Gegensatz zu den Interessen von Siedlern, Sklavenhändlern, den Menschenräubern aus São Paulo und den Großgrundbesitzern. Die Jesuiten gründeten mit den so genannten »Reduktionen« eigene Ansiedlungen für Indianer, die auf der Grundlage von Agrarkollektivismus funktionierten. Ob die Jesuiten aber, wie Stefan Zweig meint, tatsächlich ein Glücksfall für Brasilien waren, sei dahingestellt, denn vor allem handelten sie nach ihrem eigenen Ordensprinzip: Disziplin durch unbedingten Gehorsam. Zwar missionierten sie, formten aus den Heiden fromme Christen in europäischer

Kleidung, leisteten Bildungs- und Entwicklungsarbeit, machten die Indianer sesshaft und unterwiesen sie in Handwerkstechniken, übten gleichwohl aber eine streng patriarchalische Herrschaft über diese Menschen aus. »Keine moderne Tyrannei, kein Theoretiker der Diktatur des Proletariats oder des totalitären Staates hat jemals auch nur von fern die Möglichkeiten erkannt, die dieses Wunderwerk einer streng durchstrukturierten Organisation bietet, das die Patres der Gesellschaft Jesu in ihren Missionen zu Stande gebracht haben.«[124] Ein zweischneidiges Lob für ein gesellschaftliches Experiment, das manche Züge einer Entwicklungsdiktatur trug. Im Laufe der Zeit spitzten sich die Konflikte zwischen Jesuiten und Siedlern zu. 1640 wurden die Mönche zum ersten Mal ausgewiesen, Mitte des 18. Jahrhunderts dann endgültig aus Brasilien vertrieben.

Mit der Entdeckung der Goldminen in Minas Gerais stieg, wie gesagt, die Nachfrage nach Sklaven enorm an. In der zweiten Hälfte des 18. Jahrhunderts soll es etwa 700 000 gegeben haben, um 1825 waren es fast zwei Millionen, dazu kamen etwa 700 000 Mulatten und Mestizen sowie 360 000 Indianer. Aber das Bild der vermeintlich milden, wohlwollenden Gewalt, die die Herren über ihre Sklaven ausgeübt hätten, wird durch zahlreiche Sklavenaufstände und Fluchtversuche in Frage gestellt. Brasilien hat eine lange Geschichte von Sklavenrevolten, die weitaus zahlreicher und intensiver waren als in den USA. Im Gebiet von Bahía kam es zwischen 1807 und 1835 zu einer ganzen Serie von Aufständen, die blutig niedergeschlagen wurden. Schon im 17. Jahrhundert flohen zahlreiche Sklaven ins Landesinnere und gründeten in einem Waldgebiet unter Führung des Schwarzen Zumbi die »Republik von Palmares«. Diese Siedlungen – Palmares war nur die bekannteste und größte – waren selbst verwaltete, selbstständig wirtschaftende Bauerngemeinschaften, die auf Brandrodungskultur basierten und in Anlehnung an die Bantusprache Quilombo,

Mocambo oder Palenque genannt wurden. Die meisten dieser Quilombos hatten nur kurzen Bestand. Von den elf größten in Brasilien existierten nur drei länger als zwei Jahre: Sie fielen Angriffen von Siedlern, Banden oder staatlichen Truppen zum Opfer.

Der Quilombo von Palmares allerdings, ein eigener kleiner afrikanischer Staat in der lusitanischen Überseekolonie, konnte sich von 1605 bis 1694 halten und zählte in seiner Hochphase etwa 15 000 bis 20 000 Menschen. 1691 schickten Bandeiranten ein Heer gegen die Republik von Palmares, mussten die Siedlung aber mit 7000 Mann fast drei Jahre lang belagern, ehe sie fiel.[125] Der Anführer Zumbi nahm sich zusammen mit einigen seiner Anhänger das Leben: Sie wollten lieber sterben als in Unfreiheit leben.

Unter dem Druck Napoleons floh der portugiesische König 1807 mit 10 000 Mitgliedern seines Hofstaates in seine brasilianische Überseekolonie. Die Präsenz des königlichen Hofes in Rio de Janeiro hob zwar das kulturelle Niveau der Stadt, aber dieser ungewöhnliche Zustand war nicht von Dauer. Nachdem er zwölf Jahre von Brasilien aus sein Land regiert hatte, kehrte König João VI. nach Lissabon zurück und hinterließ seinem Thronerben die Kolonie zur Verwaltung. Nur zwei Jahre nach der Abreise des Königs erklärte Brasilien seine Unabhängigkeit. Der Thronerbe Pedro II. wurde zum brasilianischen Kaiser ausgerufen und regierte das Land mehr als fünfzig Jahre.

1850 setzte Kaiser Pedro II. das Verbot des Sklavenhandels durch. Aber weder die Sklavenhändler noch die Plantagenbesitzer, deren landwirtschaftliche Produktion ausschließlich auf Sklavenarbeit beruhte, hielten sich zunächst daran. In den Jahren 1847 bis 1849 wurden jährlich 50 000 bis 60 000 Sklaven eingeführt. Erst 1850 sank die Zahl auf 23 000, schon 1852 kamen nur noch 700 Sklaven ins Land. Nicht nur die Gesetzgebung hatte dies bewirkt. Die zunehmende Bedeutung von städtischem Handelskapital spielte ebenso eine Rolle wie der internationale, von England ausgehende Druck, den Sklaven-handel endlich zu unterbinden. Neue technische Erfindungen hatten hier früher als in anderen Ländern zu der Einsicht ge-führt, dass die arbeitsintensive Sklavenwirtschaft im Zeitalter der industriellen Revolution und des Kapitalismus unrentabel geworden war. Maschinen arbeiteten schneller und kosten-günstiger als Sklaven, die man nur zur Aussaat und zur Ernte brauchte, aber das ganze Jahr über ernähren musste.

Obwohl Brasilien industriell weniger entwickelt war als die westeuropäischen Länder und sich der Feudalismus mit den um das Herrenhaus organisierten Latifundien länger hielt als in Europa, ging auch hier die Sklavenhalterwirtschaft allmäh-lich ihrem Ende entgegen. Aber erst 1888 beschloss das Parla-ment die sofortige und entschädigungslose Freilassung der Sklaven. Schon ein Jahr später, 1889, wurde in Brasilien die Republik ausgerufen. Als letztes Land der christlichen Welt und gleichzeitig als das mit der größten Zahl importierter afri-kanischer Sklaven hatte sich Brasilien einer Entwicklung angepasst, die unaufhaltsam war.

Millionen von Sklaven waren nun mit einem Schlag befreit, freigesetzt in eine Welt der Marktwirtschaft, auf die sie nicht vorbereitet waren. In rund dreihundert Jahren waren zwischen 3 und 4,5 Millionen Sklaven nach Brasilien importiert worden. Diese Zahlen beruhen allerdings nur auf Schätzungen, denn alle Dokumente, die genaueren Aufschluss geben könnten, wurden mit der Abolition vernichtet. Die Produktion des Lan-des hatte sich inzwischen diversifiziert. Im Landesinneren, in Manaus und Belém, profitierte man von der Gummigewin-nung, das Gebiet um São Paulo war bekannt für den Anbau von Kaffee, in Minas Gerais hatten die Bandeiranten mit ihrer Con-quistadorenmentalität, ihrer Gier nach Geld und Sklaven Gold-funde gemacht, die zahlreiche Menschen anzogen.

Mit der Freisetzung der Sklaven standen nun mehr als ge-nügend Arbeitskräfte für den industriellen Aufbau des Landes zur Verfügung, und ähnlich wie in Südafrika hätte es zu einer formellen Rassentrennung kommen können. Aber Brasilien ging einen anderen, informelleren Weg, den der »Ausbleichung« (branqueamento) der Gesellschaft. Zwischen 1840 und 1889 hatte sich der Schwerpunkt der Wirtschaft auf die Gegend um São Paulo verlagert, und das milde Klima zog europäische Einwanderer an, in dieser Zeitspanne etwa 800 000. Der Staat förderte die Einwanderung aus Europa, aber die eigentliche Immigrationswelle rollte erst nach der Sklavenbefreiung an und schuf eine ungeheure Konkurrenz auf dem Arbeitsmarkt. Zwischen 1890 und 1930 reisten fast fünf Millionen Weiße ein, Italiener vor allem, Deutsche, Spanier, Portugiesen, von denen man annahm, dass sie eine größere Arbeitsproduktivität als Schwarze hätten und folglich eher einen Beitrag zur Modernisierung des Landes leisten würden. Um 1920 waren 50 Prozent aller Industriearbeiter europäische Einwanderer aus dieser zweiten Immigrationswelle.

Der juristische Status der Sklaven hatte sich nach ihrer Befreiung zwar geändert, nicht aber ihr sozialer, denn der weiße Bewerber um eine Stelle war fast immer im Vorteil gegenüber dem Schwarzen. »Nicht im Mindesten auf einen Lebenskampf vorbereitet, ohne Geldmittel, ohne die nötigsten Bildungsgüter, konnte er [der ehemalige Sklave, K. P.] sich in der neuen ›Freiheit‹ nicht zurechtfinden; sie erwies sich als Trug. Was blieb ihm übrig? Der eine ging zu seinem Patron zurück, verdingte sich als Tagelöhner und arbeitete, solange man ihn brauchte; der andere zog in die Großstadt, in eine von den Tausenden jämmerlicher Lehm- und Schilfhütten der *favelas*, die wie Pestbeulen die Peripherien der Städte verunstalten. Er macht Gelegenheitsarbeiten, lungert herum. In der Not ist mancher auf die Bahn des Verbrechens geraten; die Hafenstädte wimmelten von farbigen Mädchen und Kindern, die ihre Jugend verkauften […]. Mit unsichtbaren Fesseln an die

Vergangenheit gekettet, war es ihm unmöglich, sich von seiner Hautfarbe, dem jedermann sichtbaren Zeichen seines ehemaligen Sklaventums zu befreien. Er blieb der Ex-Sklave, ein Gezeichneter.«[126]

Ebenso hinderlich wie die fehlende Bildung und der Mangel an finanziellen Mitteln war auch die psychologische Einstellung vieler Schwarzer zur Arbeit in der Stadt. Florestan Fernandes bemerkt, die befreiten Sklaven hätten sich an dem vorkapitalistischen Zustand orientiert, wie sie ihn vom Leben auf den Plantagen gewohnt waren. Sie wollten nicht andere über ihre Zeit und ihre Kräfte verfügen lassen und verweigerten bestimmte niedrige Arbeiten, die sie mit der Würde eines freien Menschen für unvereinbar hielten. Perioden der Arbeit wechselten mit solchen des Müßiggangs. Vor allem lehnten sie sich gegen direkte Kontrolle und organisierte Überwachung auf. Auch zeigten sie wenig Neigung zum Wettstreit mit Kollegen, was ihnen als Faulenzerei ausgelegt wurde. Es habe, so Fernandes, den Schwarzen an Selbstdisziplin und Verantwortungsgefühl gefehlt, Tugenden, die sie als Sklaven nie hätten einüben können. Sie seien nicht in der Lage gewesen, ihre neue Rolle zu begreifen: die des Lohnarbeiters, der nur seine Arbeitskraft verkauft, nicht aber seine ganze Person. Fernandes sieht darin ein Erbe der Sklaverei, das sich unter städtischen, kapitalistischen Bedingungen verheerend ausgewirkt habe. Die freien Schwarzen hatten eine emphatische Auffassung von Freiheit. Darunter verstanden sie vor allem Selbstbestimmung über den Arbeitstakt und eigene Verfügungsgewalt über die Zeitökonomie. »Von diesem Blickpunkt her ist es leicht zu erkennen, wie sich die Degradierung durch die Sklaverei, die soziale Anomie, die Verarmung und die unvollständige Integration verbanden, um ein Muster der wirtschaftlichen und sozio-kulturellen Isolierung des Negers und des Mulatten zu schaffen, das in einer auf Wettbewerb beruhenden, offenen und demokratischen Gesellschaft abwegig war.«[127]

Die Übergänge von der Sklaverei zur Befreiung, von der Kolonie in die Unabhängigkeit, vom Kaisertum in die Republik verliefen in Brasilien weitgehend spannungsfrei. Die Eliten handelten flexibel und wussten Konflikte schon im Vorfeld durch Kompromisse auszugleichen, nicht zuletzt auch auf Grund ihrer über Jahrhunderte erprobten Einheitlichkeit und ihres klientelistischen Zusammengehörigkeitsgefühls. »Die Abolition war so allmählich erfolgt, dass die Rassenordnung nicht erschüttert wurde. Schwarze wurden unfähig gehalten, mit Weißen zu konkurrieren, selbst bei Abwesenheit einer offiziellen Rassenvorherrschaft. Die Sklaverei hatte mit so geringer Erschütterung geendet, dass keine Farblinie gezogen werden musste, um die Weißen zu schützen.«[128] Anders als in Südafrika fühlten sich die weißen Brasilianer nicht von einer »schwarzen Gefahr« bedroht, da Farbige von vornherein keine Aufstiegschancen hatten. Weder bedrohten sie den exklusiven Lebensstil der Oberschicht noch die Herrschaftsstrukturen, und die Gefahr, dass sie zu Konkurrenten auf dem Arbeitsmarkt werden könnten, bestand nicht. »So widersprüchlich es klingen mag, war es die Unterlassung des Weißen und nicht sein Handeln, das zur Fortführung des Status quo ante führte.«[129]

Zwar gab es auch in Brasilien zur Zeit der Abolition Stimmen, die sich für eine Farbschranke, für den Rassendualismus, aussprachen, aber sie setzten sich nicht durch. Die brasilianische Strategie beruht nicht auf Trennung, sondern auf dem Mythos der Rassendemokratie, der bewussten Leugnung, dass es Diskriminierungen aus rassischen Gründen überhaupt gebe. Dieser Mythos, wenden Kritiker ein, habe aber nur dazu geführt, dass man untätig geblieben sei und den ehemaligen Sklaven keine Starthilfen gegeben habe für ein Leben in Freiheit, und das heißt vor allem auf dem freien Arbeitsmarkt. Obwohl die Hautfarbe auch in Brasilien bestimmend ist für den sozialen Status, besagt dieser Mythos,

Schwarze hätten in Brasilien keine Probleme und erführen keine Diskriminierung, obwohl jeder weiß, was es bedeutet, wenn etwa in einer Anzeige eine Verkäuferin »mit nettem Aussehen« gesucht wird: Eine Schwarze braucht sich gar nicht erst zu bewerben.

Der Mythos der brasilianischen Rassendemokratie hält daran fest, dass jedermann ohne Farbunterschied auf Status, Prestige, Reichtum oder Macht Zugriff habe, und wenn Schwarze die Leiter zum sozialen Aufstieg nicht nutzten, dann nur, weil sie mit ihren Lebensbedingungen im Grunde zufrieden seien. Elend, Desorganisation der Familien, Prostitution oder Landstreicherei in der farbigen Bevölkerung, das Leben in den Slums, den Favelas, seien allenfalls Relikte früherer Zeiten, unerfreuliche, aber behebbare Übergangserscheinungen. Dieser Mythos knüpft an den des »milden« Sklavenbesitzers an, des parasitären Großgrundbesitzers, der ohne jeden Rassenstolz aus Portugal gekommen sei und dem kolonialen Leben eine »verweichlichte, süßliche Sanftheit« (Buarque de Holanda), eine durch Klima, Sinnlichkeit und wohlwollenden Paternalismus geprägte menschliche Note verliehen habe. Rassendiskriminierung war in Brasilien lange Zeit kein Thema. Untersuchungen dazu wurden äußerst ungern gesehen, man betrachtete sie als eine Art subversive, staatsfeindliche Nestbeschmutzung. Zudem hat das Konzept der Rassendemokratie den zweifelhaften Vorteil, dass Schwarze nicht offiziell, aber psychologisch daran gehindert werden, Widerstand zu mobilisieren. Informelle Diskriminierung ist zwar auch in Brasilien offenkundig, aber offiziell gibt es Rassenherrschaft und Trennung nicht.

Wie aber lässt sich erklären, dass noch zu Beginn des 19. Jahrhunderts knapp drei Millionen Schwarze nur etwa 800 000 Weißen gegenüberstanden – die Gruppe der Mestizen und Indianer bleibt unberücksichtigt –, dass Brasilien heute aber eine entschieden »hellere« Gesellschaft ist? Zwar gab es zwischen 1850 und 1930 die massive, staatlich geförderte Einwanderung von Europäern, aber diese Italiener, Deutschen, Spanier oder Portugiesen allein können nicht das Phänomen erklären, das als »Bleichungsprozess« Brasiliens bekannt wurde. Mehr noch als die Einwanderung aus Europa ist es vor allem die ethnische Vermischung, die immer hellhäutigere Menschen hervorbringt. Ein junger, aufstiegswilliger Mulatte heiratet in der Regel eine um etliche Schattierungen hellere Frau, denn mit der Bleichung ist sozialer Aufstieg verbunden.

Offiziell wird die brasilianische Bevölkerung in vier Farbgruppen eingeteilt: weiß, schwarz, braun (pardo) und gelb. Die Volkszählung von 1950 ergab 61,6 Prozent Weiße, 11 Prozent Schwarze, 26,6 Prozent Braune, und 0,6 Prozent wurden in die Rubrik »gelb« eingeordnet. In nur zehn Jahren, zwischen 1940 und 1950, war die Gruppe der Schwarzen von 14,6 Prozent auf 11 Prozent gesunken, die der Braunen dagegen angewachsen. Im Jahre 1872 dagegen waren nur 38,1 Prozent der Brasilianer weiß, 19,7 Prozent schwarz und die Gruppe der Mischlinge (der Braunen) mit 42,2 Prozent noch wesentlich größer.[130] Dies bedeutet, dass die brasilianische Bevölkerung allmählich heller und einheitlicher wurde. Die Volkszählung von 1990 kam zu dem Ergebnis, dass sich nur noch 4,9 Prozent der Brasilianer als Schwarze einschätzen, 39,3 Prozent als Mischlinge. Die Zahl der »Braunen« hat gegenüber der Volkszählung von 1950 also deutlich zugenommen. Damit scheint der Wunsch des bekannten Soziologen Gilberto Freyre allmählich in Erfüllung zu gehen. Er sah die Zukunft der ethnischen Beziehungen in Brasilien in einer Verschmelzung der Bevölkerung zu einem einheitlichen Mischtypus, dem Euro-Amerikaner mit kaffeebrauner Hautfarbe. In einer Gesellschaft, in der, wie eine jüngere Untersuchung herausfand, mehr als 130 Farbabstufungen feststellbar sind,[131] verliert die Zuordnung von Menschen zu einer der vier Farbgruppen ihren Sinn. Immer größere Diversifizierung führt zu einer Population, in der alle mehr oder weniger Mischlinge sind und sich einem einheitlichen Typus nähern.

Jüngere kulturelle Tendenzen gehen aber eher in eine entgegengesetzte Richtung. Vor allem das Konzept der »Bleichung« oder »Weißwerdung« wird abgelehnt. Dahinter vermuten kritische Sozialwissenschaftler eine subtile rassistische Ideologie, die auf eine Höherbewertung der weißen Hautfarbe hinauslaufe, damit auf eine »Arisierung«. Das Konzept der Bleichung habe letztlich nur das Ziel verfolgt, die Schwarzen als Schwarze verschwinden zu lassen. Dabei übersehen sie allerdings, dass bei ethnischer Vermischung auch die Weißen zunehmend nicht mehr »reine« Weiße sind. Überdies gibt es auch in Brasilien die seit den achtziger Jahren des 20. Jahrhunderts allenthalben verbreitete Tendenz zur Aufwertung der eigenen ethnischen Identität. Weltweite Entkolonialisierungsprozesse stärkten das Selbstbewusstsein von Indios und Schwarzen. Hinzu kam die postmoderne Kritik an universalistischen Großideologien und vereinheitlichenden politischen Strategien. Dem wurde das Recht auf Differenz, auf Vielfalt und Anderssein entgegengestellt. Diese Aufwertung des Besonderen und Partikularen führte auch in Brasilien dazu, dass Weiße, Schwarze und Indios heute, auf der Suche nach ihren je besonderen ethnisch-kulturellen Wurzeln, mehr Abstand zueinander halten. Das Ziel, ein Land mit einer einheitlichen Mischbevölkerung zu werden, gilt als überholt. Viele sehen Brasilien inzwischen als eine vielrassige Nation, in der jede »Rasse« ihr imaginäres »Volkstum« pflegt und aufwertet. Die Zukunft wird zeigen, ob diese Tendenzen die Gefahr eines Rückfalls in Tribalismus oder in eine neue Spielart der Apartheid beinhalten, oder ob es sich nur um eine symbolische Aufwertung der eigenen Ethnizität handelt.

Für die zweite Vermutung spricht, dass heute in Brasilien Klassen- und Rassenzugehörigkeit nicht mehr vollständig deckungsgleich sind. Immer noch gilt zwar, dass man in den Reihen der Farbigen kaum Ärzte, Rechtsanwälte, Professoren oder Manager findet, dafür prozentual umso mehr schlecht bezahlte Schuhputzer, Lastträger, Hausangestellte, Dienstmädchen, Hafen- oder Hilfsarbeiter.[132]

Aber es gibt inzwischen auch eine farbige, häufig akademisch gebildete Mittelschicht. Gemessen an ihrem Durchschnittseinkommen, macht sie etwa ein Drittel der brasilianischen Mittelschicht insgesamt aus. Rund 8 Millionen Farbigen ist der soziale Aufstieg gelungen. Dagegen stehen aber 32 Millionen Menschen, mehrheitlich Farbige, die unterhalb der Armutsgrenze leben. In Brasilien sagt man zwar: es gibt keine schwarzen Schwarzen und keine weißen Weißen. Aber das Gesicht der Armut ist nach wie vor schwarz.

Fassen wir noch einmal Unterschiede und Gemeinsamkeiten dieser beiden ehemaligen Kolonialländer und die Entwicklung der ethnischen Beziehungen in ihnen zusammen. Auf den ersten Blick scheint das brasilianische Konzept der Rassendemokratie einen positiven, gelungenen Weg zu einer multiethnischen Gesellschaft ohne Rassendiskriminierungen zu verfolgen und geradezu den Gegenpol zur südafrikanischen Politik der Apartheid zu bilden. Zu fragen bleibt aber, ob es sich nicht nur um unterschiedliche Strategien handelt, deren Ergebnisse auffallend ähnlich sind. In beiden Gesellschaften herrscht nach wie vor ein soziales Gefälle, das weitgehend mit den Farbabstufungen zwischen weiß und schwarz korrespondiert. Gleichwohl ist die Entwicklung in Südafrika weitaus konfliktreicher, diskriminierender und blutiger verlaufen als in Brasilien. Die Gründe für die Herausbildung eines Staatsrassismus, der mit der ganzen Härte der Gesetzgebung Einfluss auf die ethnischen Beziehungen nahm, schienen dort vor allem von vier Faktoren bedingt: einer innerweißen Konkurrenz um die Vorherrschaft bis hin zum Bürgerkrieg, einer ausgeprägten Rassendoktrin religiösen Ursprungs, die sich aber flexibel moderneren Diskursen anpasste und sozialdarwinistische Züge annahm, einer einheimischen schwarzen Bevölkerung, die schon mit Beginn der Industrialisierung in den industriellen Arbeitsprozess einbezogen wurde, und schließlich dem Problem einer von sozialem Abstieg und schwarzer Konkurrenz bedrohten oder sich bedroht fühlenden weißen, aber von den Angelsachsen getrennten burischen Unterschicht.

Alle diese vier Faktoren waren in Brasilien nicht gegeben. Weder gab es eine in sich gespaltene Oberschicht weißer Kolonisatoren noch eine handlungsleitende Rassendoktrin. In diesem mehrheitlich katholischen Land trug die universalistische Religion dazu bei, dass sich eine religiös fundierte Weltanschauung, die auf einer Einheit von Ethnie bzw. Volk und Religion beharrt, nicht herausbilden konnte. Nicht zuletzt fehlte in Brasilien der Aspekt der »Bedrohung« durch eine schwarze Mehrheit. Der industrielle Aufbau des Landes setzte vielmehr auf europäische Einwanderer. In der »Ausbleichung« der brasilianischen Gesellschaft kann man zweierlei sehen: das Ergebnis einer gelungenen kulturellen und ethnischen Vermischung in einer vergleichsweise unvoreingenommenen Gesellschaft, allerdings auch eine subtile, informelle, letztlich aber doch rassistische Strategie, die Schwarzen zu diskriminieren, denn »Bleichung« ist nach wie vor ein Vehikel des sozialen Aufstiegs.

Mythen sind Formen des kollektiven Selbstverständnisses und bilden nie die Wirklichkeit ab. Aber mag das brasilianische Selbstverständnis als Rassendemokratie auch ein Mythos sein, der die Wirklichkeit beschönigt, so ist es doch ein qualitativer Unterschied, ob Menschen von Staats wegen oder »nur« durch offiziell nicht tolerierte Vorurteile diskriminiert werden.

V Antisemitismus Ende des 19. Jahrhunderts

Nach der Französischen Revolution standen zu Beginn des 19. Jahrhunderts auch die deutschen Länder vor dem Problem einer Emanzipation ihrer Juden. Schon 1781 hatte Christian Wilhelm Dohm, ein Vertreter des aufgeklärten preußischen Beamtentums, seine Schrift »Über die bürgerliche Verbesserung der Juden« publiziert und damit die Emanzipationsdebatte in Deutschland eröffnet. Aber anders als im revolutionären Frankreich, das den Juden schon 1791 die sofortige und uneingeschränkte Gleichstellung gewährt hatte, entschied man sich in Deutschland für einen abgestuften, allmählichen Prozess der Judenemanzipation. Es gelte zunächst, die Juden als künftige Staatsbürger zu »verbessern« und so auf die Assimilation an die deutsche Kultur vorzubereiten.[133] Am 11. 3. 1812 wurden die ersten allgemeinen Bestimmungen zu den Verhältnissen der Juden als Bürger im preußischen Staat erlassen. Aber bis in die sechziger Jahre galten zahlreiche Einschränkungen und Verbote. So waren Juden zu akademischen Lehr- und zu Schulämtern nicht zugelassen. 1831 folgte das Verbot der Ausübung des Amtes als Bürgermeister oder Oberbürgermeister. Erst im Juli 1869 hob der Norddeutsche Bund alle noch bestehenden, aus der Verschiedenheit des religiösen Bekenntnisses hergeleiteten Beschränkungen des bürgerlichen und staatsbürgerlichen Rechtes auf. Insbesondere die Befähigung zur Teilnahme an der Gemeinde- und Landesvertretung und zur Betreibung öffentlicher Ämter sollte vom religiösen Bekenntnis unabhängig sein. Dieses Emanzipationsgesetz, nicht von unten erkämpft, sondern von oben erlassen, behielt allerdings den Charakter eines Gnadenaktes. Juden blieben von fast allen öffentlichen Ämtern ausgeschlossen,

146

auch wenn ihnen in Politik, Kunst, Wissenschaft und Journalismus ein bemerkenswerter Aufstieg gelang. Unter Bismarck waren unter den Vertretern der Liberalen im Parlament auch zwei jüdische Abgeordnete, Ludwig Bamberger und Eduard Lasker.

Die Juden errangen diese Erfolge in einer Zeit des wirtschaftlichen und nationalen Aufschwungs. Die Hochkonjunktur schien die Behauptung zu rechtfertigen, ungehemmter wirtschaftlicher Liberalismus fördere die Interessen aller. In dieser »Gründerzeit« eröffneten sich ungeahnte wirtschaftliche Möglichkeiten. Umso überraschter sahen sich 1873 viele mit der Weltmarktkrise, eine Überproduktionskrise mit Absatzschwierigkeiten und Spekulationsskandalen, konfrontiert. Sie machte alle optimistischen Hoffnungen zunichte, nicht nur in Deutschland, hier aber stärker als anderswo: Der Schock war größer, weil auch die Erwartungen höher gewesen waren als in anderen Ländern.[134]

Diese »Große Depression«, die Phase des Konjunkturabschwungs, dauerte bis 1896, aber mehr noch als ökonomische hatte sie vor allem sozialpsychologische Auswirkungen. Ein depressiv gestimmtes Jammern, Stöhnen und Klagen (H. Rosenberg) über die große Flaute, die elenden Zustände, über geschäftliche Lähmung, die Notlage von Handwerk und Handel und die »unverschämten« Arbeiter ging durch das Land. In dem Maße wie die Konjunktur sank, stieg die antijüdische Agitation, denn hier konnten vielfältige Ursachen auf eine einzige reduziert, abstrakte Prozesse mit einem konkreten Namen benannt werden, hier fand sich eine einfache Erklärung für komplizierte Zusammenhänge: Der Börsenkrach, in den durchaus auch Konservative und sogar Hofkreise verwickelt waren, löste wachsende Kritik am Liberalismus aus. Die beiden liberalen Parteien, die Fortschrittspartei und die Nationalliberalen, wurden als »jüdisch« gebrannmarkt. Der Philosoph Eugen Dühring machte das Wort von der »Verjüdelung des

Parteiwesens« populär. Zu den größten Gegnern der Bismarck'schen Politik wurden die Altkonservativen und die Katholiken. Sie suchten Verbündete bei jenen gesellschaftlichen Kräften, die am stärksten unter dem Börsenkrach zu leiden hatten.

Einer der namhaftesten Wortführer dieser Unzufriedenen war Wilhelm Marr, der im »jüdischen Liberalismus« die Wurzeln allen Übels sah. Auf ihn wird heute allgemein der Begriff Antisemitismus, eine Wortneuschöpfung aus dem letzten Drittel des 19. Jahrhunderts, zurückgeführt.[135] Zu Beginn der Wirtschaftskrise veröffentlichte Marr eine Broschüre unter dem Titel »Der Sieg des Judenthums über das Germanenthum, vom nicht-confessionellen Standpunkt aus betrachtet«. Marr lehnt es ausdrücklich ab, die jüdische Religion anzugreifen und schreibt den Juden sogar außergewöhnliche Eigenschaften zu. Hoch begabt seien sie, stark, von staunenswerter Zähigkeit und Ausdauer. Herabsetzende Vorurteile weist er von sich. Vielmehr gehe es darum, ein völlig neues Bild von den Juden zu zeichnen. In Wirklichkeit seien sie nämlich gar keine schwache, diskriminierte Minderheit, sondern eine Weltmacht, nicht nur weitaus stärker als die Germanen, sondern auch deren gefährlichster Gegner. Die besonderen »Rassen«eigenschaften der Juden hätten sie dazu befähigt, »1800 Jahre lang der abendländischen Welt den siegreichsten Widerstand« zu leisten. Gegenwärtig, im ausgehenden 19. Jahrhundert, seien sie zur ersten Großmacht des Abendlandes aufgestiegen und schickten sich an, »der socialpolitische Dictator Deutschlands« zu werden.[136]

Die Juden, so Marr, seien und blieben ein fremdartiges Element, das nicht geändert werden könne. Friedlich an ihrer Seite zu leben, sei wegen ihrer Überlegenheit unmöglich. Resigniert glaubt Marr bereits, die Niederlage im Kampf mit dem Judentum prognostizieren zu müssen. »Zäher und ausdauernder als wir waret Ihr (Juden) die Sieger in diesem Völkerkrieg, den ihr ohne Schwertstreich geführt habt, während wir euch massakrierten und verbrannten, aber nicht die sittliche Kraft besaßen, euch auf euch selbst und den Verkehr unter euch anzuweisen.«[137]

Marr, der seinen geringen Erfolg als Journalist dem jüdischen Einfluss auf die Presse zuschrieb, formulierte den Protest all jener Gruppen und Schichten, die sich im Bismarck-Reich nicht zu Hause fühlten. Von anderen Gegnern der Bismarck'schen Politik, den Katholiken und den Sozialisten, hielt er sich fern. Marr war nur einer von vielen antisemitischen Publizisten. Die in den Mittelschichten populäre, auflagenstarke Zeitschrift »Die Gartenlaube« veröffentliche eine antisemitische Artikelserie, die den »Börsen- und Grundstücksschwindel« in Berlin anprangerte und sich zum Sprachrohr von Kleinunternehmern, Bauern, Handwerkern und Beamten machte. Jüdische Abgeordnete seien dafür verantwortlich, dass Handwerk und Landwirtschaft von Großunternehmen und der Börse in Schwierigkeiten gebracht würden. Der Großhändler verdränge den Kleinhändler, der Wirtschaftsliberalismus gefährde den Handwerkerstand, das besitzlose Kapital den Mittelstand.

Hier schon kam die Unterscheidung auf zwischen produktivem und unproduktivem, »raffendem« Kapital, das ohne harte Arbeit durch Spekulation an der Börse verdient wird. Nützliches, produktives Kapital, in Handwerk und Landwirtschaft investiert, galt als deutsch, unproduktives dagegen als jüdisch: Das kapitalistische Wirtschaftssystem wurde als eine eminent jüdische Bedrohung gesehen und das Kapital wurde zum Inbegriff eines abstrakten, daher unheimlichen und gefährlichen Systems. Auch nachdem der jüdische Abgeordnete Eduard Lasker 1873 im Reichstag die spekulativen Machenschaften einiger konservativer Abgeordneter offen gelegt hatte, änderte dies nichts an der Zuschreibung, es seien vorwiegend Juden, die sich als Spekulanten betätigten. In Frank-

reich sorgten die antisemitischen Schriften Edouard Dru-
monts für eine ähnliche Demagogie. Auch hier wurden Kapital
und Börsenschwindel Synonyme für den vermeintlich rassisch begründeten Geschäftsgeist der Juden. Die Pariser Juli-
revolution von 1830 hatte demokratische und liberale Ideen
gestärkt, und auch in Frankreich waren zahlreiche Juden im
liberalen Presse- und Zeitungswesen vertreten. Besonders
nach der Pariser Februarrevolution von 1848 zogen sich die
jüdischstämmigen, liberalen Politiker Crémieux und Gam-
betta den Hass der französischen Antisemiten zu. Drumont
benennt die Wurzeln des Übels: Dank der Prinzipien von 1789
werde Frankreich, auch mithilfe der Freimaurerei, von den
Juden ausgebeutet.[138]

Im Bismarck-Reich verbündeten sich das konservative und
das katholische Lager in der Anti-Kanzler-Liga und appellier-
ten an die Solidarität aller Christen, nicht bei Juden zu kaufen.
Bei den Wahlen von 1874 schnitten die Nationalliberalen, inzwischen als Partei Bismarcks und der Juden diffamiert, mit
152 von 397 Reichstagssitzen erstaunlich gut ab. Auch die
Fortschrittspartei erzielte Erfolge, vor allem aber verdoppelten
sich die Mandate der katholischen Zentrumspartei. Nach dem
Misserfolg der Konservativen war sie es vor allem, die die antijüdische Polemik forcierte. In Bismarcks Kulturkampf waren
die Katholiken als national unzuverlässig diskriminiert worden, da ihre Loyalität eher dem Papst als der Nation gelte. Die
Katholiken verglichen sich mit der anderen diskriminierten
Minderheitengruppe, den Juden, und befanden, Juden seien
in den Brennpunkt des öffentlichen Lebens aufgestiegen. Sie
dagegen fühlten sich verfolgt und von allen Seiten angegriffen.
Es seien vor allem die Juden, die ein Interesse an Bismarcks
Kulturkampf hätten, denn sie wünschten nichts sehnlicher als
die Zerstörung der Kirche als einem Bollwerk des Christentums. Während aber die antisemitische Agitation der Katholiken mit dem Ende des Kulturkampfes schwächer wurde, hielt

die der protestantischen Presse bis zur Machtergreifung der Nationalsozialisten an.

Ende der siebziger Jahre des 19. Jahrhunderts wurde die »soziale Frage« zu einem der großen Themen der Zeit. Das Elend der Massen in den industriellen Ballungszentren konnte nicht länger übersehen werden, vor allem nicht ihre wachsende Entfremdung von Staat und Kirche zu Gunsten der Sozialdemokratie. Zahlreiche Reformbewegungen entstanden, die es sich zur Aufgabe machten, das Vertrauen der Arbeiter in den Staat wieder herzustellen. Mit ihnen wuchs auch die Kritik an den liberalen Kräften und dem von ihnen, wie man vielfach unterstellte, entfesselten Kapitalismus.

Zwei Männer taten sich in der antijüdischen Polemik besonders hervor: Der Hofprediger Adolf Stöcker als Agitator und Parteigründer und der Historiker Heinrich von Treitschke als intellektueller Meinungsführer auf universitärer Ebene. Stöcker, selbst aus dem Arbeitermilieu stammend, aber inzwischen protestantischer Pfarrer und Hofprediger der Hohenzollern, versuchte, die unteren Volksschichten wieder an Thron und Altar heranzuführen und die Sozialdemokraten zu schwächen. In seinen Predigten bündelte er die Sorgen des Mittelstandes, die Furcht vor den Linken und den Hass auf das »jüdische« Kapital. Vor ihm hatte es bereits zahlreiche antisemitische Propagandisten gegeben, aber erst Stöcker machte den Antisemitismus hoffähig. 1878 hatte er die »Christlich-Soziale Arbeiterpartei« gegründet, die aber bei den Wahlen so schlecht abschnitt, dass Stöcker sich mittelständischen Schichten zuwandte und den Antisemitismus zum ideologischen Kitt seiner Bewegung machte: Nachdem er seine Partei umbenannt hatte in »Christlich-Soziale Partei«, wurde nun der »jüdische Liberalismus« zum erklärten Feind. Die von Stöcker geführte so genannte Berliner Bewegung sorgte in der Hauptstadt für Aufsehen. Seine antisemitischen Agitationen fanden vor allem bei Mittelständlern, Handwerkern, kleinen Geschäftsleuten, bei Studenten und Beamten große Resonanz. In seinen populären Reden verbreitete Stöcker die seit Marr übliche antisemitische These, die Juden – nicht als Religionsgemeinschaft, sondern als semitische »Rasse« – hätten eine blutsbedingte Affinität zur Welt des Geldes und des Handels, mit der die treuen, ehrlichen und gerade wegen dieser »germanischen« Werte weniger raffinierten Deutschen nicht mithalten könnten. Einer der ersten deutschen Soziologen, der Begründer der empirischen Familiensoziologie Wilhelm Heinrich Riehl, befand, nicht allein die Arbeitssphären trennten »Semiten und Arier«, sondern vielmehr die Idee von Arbeitsehre und Arbeitssittlichkeit, von der allein die Arier durchdrungen seien. Die Parole »Die Juden sind unser Unglück« wurde nicht erst von Hitler erfunden, sondern hat hier, in den achtziger Jahren des 19. Jahrhunderts, ihren Ursprung.

Aber nicht nur die Handwerker und kleinen Kaufleute klagten über die schlechten Zeiten und die jüdische Konkurrenz. Auch dem Bildungsbürgertum war die »unverhältnismäßig« hohe Zahl von Juden auf höheren Bildungsanstalten ein Dorn im Auge. Allein in Berlin lebten damals 45 000 Juden, und seit der Emanzipation galt der Ort geradezu als »Judenstadt«. Auch in bürgerlichen Kreisen sah man darin eine Bedrohung und unterstellte, alle wichtigen Geldadern und die Presse befänden sich in jüdischer Hand. Deutschland sei auf dem Wege, von den Juden völlig beherrscht zu werden. Der nationale Auflösungsprozess stehe nicht bevor, sondern sei bereits in vollem Gange. In Bismarck nahe stehenden Kreisen machte das Wort von der »jüdischen Journaille« die Runde, denn die Presse galt als liberal und autoritätsfeindlich. Im Herbst 1880 verfassten Führer der Berliner Bewegung eine an Bismarck gerichtete »Antisemitenpetition«. Darin wurde die Emanzipation des deutschen Volkes von der drohenden Fremdherrschaft gefordert: Juden seien daher in der Justiz, auf weiterführenden Schulen und Universitäten nur noch beschränkt zu akzeptieren.

1876 war schon die fünfte Auflage der wüsten Hetzbroschüre »Der Talmudjude« erschienen. Der Verfasser, der Prager Kanonikus August Rohling, hielt sich nicht mehr mit Zahlen und Statistiken auf, sondern glaubte, die Vorherrschaft der Juden bereits im Weltmaßstab zu erkennen. Obwohl klein an Zahl, seien sie »die erste Großmacht unter den Völkern, die Könige des Kapitals, die Fürsten des Handels, die Beherrscher der Presse geworden«.[139] Anhand von Talmudstellen versuchte Rohling zu beweisen, dass Juden durch ihre Religion dazu angehalten würden, Nicht-Juden zu betrügen und zu schädigen. Das Pamphlet erschien in mehreren Auflagen, wurde ins Englische, Französische und Ungarische übersetzt und zeigt, wie sehr die öffentliche Meinung die »jüdische Frage« schon zum Gegenstand ihrer Aufmerksamkeit gemacht hatte.

Als der österreichische Orientalist Adolf Wahrmund 1887 sein Werk »Das Gesetz des Nomadentums und die heutige Judenherrschaft« veröffentlichte, hob er hervor, die Juden als punisiertes, semitisch-nomadisches Volk seien zwar außerstande, aus eigener Kraft zu leben, aber »der Nomade ist durch natürliche Gesetze den fest Ansässigen gegenüber unter allen Umständen im Vorteil, und so ist es auch heute wieder unter uns«.[140] Wie seine antisemitischen Mitstreiter in Deutschland, machte Wahrmund für sein Land, die österreichisch-ungarische Monarchie, die Rechnung auf und unternahm es zu zeigen, wie stark die Juden selbst in Ungarn auf höhere Bildungseinrichtungen drängen. Zwischen 1867 und 1884 sei die Zahl der christlichen Schüler auf ungarischen Mittelschulen zurückgegangen, während die der jüdischen Schulkinder im gleichen Zeitraum um das Doppelte angestiegen sei; an der Budapester Universität betrage der Anteil jüdischer Studenten schon 32 Prozent, am dortigen Polytechnikum sogar 39,1 Prozent: »Diese Vermehrung der Söhne Israels erscheint uns noch weit bedenklicher als die auf materiellem Gebiet, denn durch die geistigen Berufe gelangt das Judentum zu den leitenden Posten im Staate, zu den einflussreichen Stellen in der Gesellschaft, und in Verbindung mit der Beherrschung der wirtschaftlichen Faktoren werden sie zu wahren Herren des Landes und Volkes.«[141]

Daher forderte Wahrmund nicht nur, Gesetze zum Schutz des Bauernstandes zu erlassen und Juden den Erwerb von Grundbesitz zu untersagen, sondern auch, sie aus dem Beamten- und Richterstand auszuschließen, vom öffentlichen Unterricht für Nichtjuden fern zu halten und die bereits zugelassenen jüdischen Schüler auf das ihrer Bevölkerungsziffer entsprechende Maß zu reduzieren. Weiterer Zuzug von Juden sei zu verhindern, vor allem aber gelte es, ihnen den Zugang zum Presseressort zu verwehren: »Kein Rassenjude darf Eigenthümer oder Pfandrechtsinhaber an einer Zeitung sein oder zum Redactionspersonal gehören.« Schließlich müsse auch die »Entjudung« gewisser Gewerbe und Berufsstände wie jener der Ärzte, Advokaten, Pfandleiher, Korn-, Mehl-, Brot-, Wein-, Bier- und Branntwein-Erzeuger und -Händler, Ausschänker, Victualienhändler und ähnlicher Zweige energisch vorangetrieben werden.[142]

Auch der Philosoph Eugen Dühring, der in die Geistesgeschichte vor allem als Kontrahent von Friedrich Engels einging, widmete sich dem Thema der Juden in Deutschland.[143] Wie Wahrmund sah Dühring überall die »Gärungsstoffe der Weltbürgerei und der nationalen Zersetzung« am Werk. In seinem Buch »Die Judenfrage als Frage der Racenschädlichkeit für Existenz, Sitte und Cultur der Völker« behandelte er den Unterdrückungs- und Ausbeutungskrieg, den seiner Meinung nach die Juden seit Jahrtausenden gegen andere Völker führten. Juden gelten Ende des 19. Jahrhunderts bereits allgemein als Angehörige der »semitischen Rasse«. Das Wort vom »Rassejuden« fand Eingang in die Publizistik und machte ältere Herleitungen vermeintlich jüdischer Eigenschaften aus der jüdischen Religion obsolet. Der Hang zum Schachern und Handeln ist für Dühring die Mitgift der jüdischen Rasse und eine von der Religion unabhängige Eigenschaft. Juden sind und bleiben »Parasitenmenschen«. Dühring trat Anfang der 1880er-Jahre nicht nur gegen die »Verjudung der Denkweise« auf. Das war inzwischen gängige Münze. Neu ist bei ihm der völkisch-antichristliche Unterton, die Gleichsetzung von Christentum und Judentum, die als orientalische Religionen beide mit der germanisch-arischen Identität unvereinbar seien. Als »asiatische Barbarei« seien sie schon in der Spätantike in Europa eingebrochen und hätten die Arier von ihren eigentlichen Ursprüngen entfremdet, ein Gedanke, der heute von der Neuen Rechten wieder aufgegriffen wird.

Judentum und Christentum stehen für Dühring zueinander wie direkter und indirekter Semitismus.[144] Die Germanen haben die Aufgabe, die »Emanzipation ihres Volksgeistes« zu vollziehen, und das könne nur durch »Entpuppung aus der christlichen Larve geschehen«. Begriffe wie »Völkerwesen« und »Rassennatur« werden bei Dühring synonym gebraucht, aber er versteht darunter keine somatischen Unterschiede, sondern unterschiedliche Wertvorstellungen, die als unauflösliches und nicht veränderbares bio-psycho-soziales Amalgam essentialistisch das »Wesen« eines Volkes und seiner einzelnen Glieder ausmachen. Daher kann der nicht-jüdische Aufklärungsphilosoph Lessing ohne weiteres zum »Judenmischling« erklärt werden, »der unter der Etiquette der Aufklärung schlechte Judenmoral und Judendenkweise serviert«. Lessing gehöre zum »Judenblut«[145] und sei als Aufklärer beteiligt an der »Ekel erregende[n] Judenkorruption«. Jüdisches Blut, aufklärerisch-liberales Denken und die Fremdbestimmung Europas durch das semitische Christentum verschmelzen nun zum antisemitischen Syndrom.

Methodisch aber geht Dühring einen anderen Weg als die Sozialdarwinisten, für die die Zugehörigkeit zu einer Rasse eine Naturtatsache ist, die mit naturwissenschaftlichen Methoden erforscht werden kann. Diesen Scheinobjektivismus entlarvt schon der Antisemit Dühring. Die positivistische Wissenschaftslehre ist in seinen Augen nur ein schlechter Religionsersatz. Wahre Religion lasse sich weder bei den großen Offenbarungsreligionen finden noch in Kunst, Poesie oder Musik, ja Dühring kritisiert sogar Wagners »reaktionäre« Auffassung, die Musik zum Religionssurrogat zu machen. Auch durch eine pantheistische Naturrreligion könne die Krise der Religion nicht überwunden werden, sondern allein durch Ausrichtung auf die Nation. Nationalismus wird zur religiösen Pflicht, kann aber seine Wirkung erst durch Entchristlichung und Entjudung entfalten. »Dühring erweitert den Antisemitismus zu einer Weltanschauung, die in der Stiftung einer ›Antireligion‹ kulminiert.«[146]

Auch der renommierte Wirtschafts- und Sozialhistoriker Werner Sombart fühlte sich 1912 veranlasst, sich als »Mensch und Zeitgenosse«, nicht als Wissenschaftler, in einer Bekenntnisschrift zur Judenfrage äußern zu müssen, da die liberale Presse, so Sombart, das Judenproblem verschweige. »Das Judenproblem« bedeutet auch für ihn vor allem Furcht vor dem sozialen Aufstieg der Juden. Die gleiche Angst hatte auch Wahrmund zur Feder greifen lassen. Im Gegensatz zu Osteuropa, wo Juden mehrheitlich als kleine Handwerker, Trödler, Hausierer, Krämer, Schankwirte oder Wucherer, oft sogar als »Luftmenschen« (Nordau) äußerst prekären Beschäftigungen nachgingen und schlecht bezahlte Lohndienste wechselnder Art leisteten, sei die Situation in Deutschland eine ganz andere. Hier besitzen die Juden nicht nur eine andere Bildung, sondern üben darüber hinaus bereits einen unübersehbaren geistigen und künstlerischen Einfluss aus. Wie aber gilt es darauf zu reagieren? Ist eine Assimilation der Juden möglich und überhaupt erstrebenswert? Sombart verneint dies, denn die verschiedenen Völker empfänden ihre »völkische« Eigenart mittlerweile deutlicher als noch vor fünfzig oder hundertfünfzig Jahren. Verachtung von Juden oder »Negern« habe es schon früher gegeben. Rassenhass aber entstehe erst, wenn diese begännen, gesellschaftlich aufzusteigen. Die Spannungen würden gerade dort wachsen, wo die Beschränkungen abnähmen und die Juden freien Zugang zu allen Ämtern und Würden hätten. »Wir sehen im Einzelnen viel mehr Eigenarten und gerade blutsmäßig begründete Eigenarten, als die Männer der Aufklärungszeit und auch noch als die Männer in der Paulskirche, die viel mehr mithilfe ideologischer Kategorien sich in der Welt orientierten als wir.«[147]

Sombart als typischer Vertreter eines differenzialistischen oder kulturalistischen Antisemitismus stellt zwei wichtige Zusammenhänge heraus: Die Korrelation von wachsendem Rassenhass und dem Aufstieg von Minderheiten, die zwecks Abwehr als rassisch andersartig definiert werden und denen daher die Möglichkeit der Assimilation abgesprochen wird. Weiter verweist Sombart auf den ideologischen Wandel vom Beginn des 19. Jahrhunderts bis zu seiner Gegenwart, den Prozess fortschreitender Biologisierung und Anthropologisierung sozialer Prozesse. Vehement spricht er sich gegen die »Verjudung« breiter Gebiete des öffentlichen Lebens aus. Zwar sollen die Juden nicht zur Auswanderung nach Palästina veranlasst werden, dafür sind sie wirtschaftlich zu wichtig. Aber die deutsche »Volksseele« müsse doch von der »Umklammerung durch den jüdischen Geist« befreit werden. Zulassung von Juden zu Staatsämtern? Keinesfalls, aber das sei eine Nichtigkeit, denn schließlich gebe es genug andere Möglichkeiten im Leben. Auch die Offizierslaufbahn müsse ihnen versperrt bleiben. Bei Universitätskarrieren wiederum liege es nur in ihrem eigenen Interesse, sich zu beschränken. »Die Juden selbst sollten nicht ganz unnützer Weise Dinge verlangen, die ihnen zu allererst schaden würden.«[148] Sie selbst müssten Wert darauf legen, nicht so viele Reibungsflächen zu schaffen.

Wie schon Treitschke, empfiehlt auch Sombart den Juden mehr Bescheidenheit und Zurückhaltung im Auftreten. Im Sinne der Erhaltung des »Artenreichtums« sollen die Juden Juden bleiben und sich nicht mit anderen Völkern vermischen. Für den Ästheten Sombart gehören sie zwar zu einer der wertvollsten Arten, aber jede Art verkümmere, wenn sie sich nicht rein entfalten kann.

Man glaubt, sich wieder im 15. Jahrhundert in Spanien zu befinden. Solange Juden oder andere Minderheiten ihren Platz in der Gesellschaft kennen, werden sie als wirtschaftlich nützlich toleriert. Die Toleranz verschwindet jedoch, wenn sie es wagen, nach höheren gesellschaftlichen Stellungen zu greifen. Dann weicht die immer vorhandene Verachtung offenem Hass. Sombart kehrt die Schuldfrage um: Die Juden selbst sind schuld an den wachsenden Spannungen, weil sie sich bis in die Zentren der Macht, in den Staats- und Militärsektor, vorarbeiten. Sombarts ästhetisierender Standpunkt ist bereits sehr modern, denn er befürwortet durchaus das Andere als Bereicherung, als Beitrag zur ästhetischen Vielfalt gegen die, wie er damals schon hervorhebt, von den USA ausgehende Nivellierung und Amerikanisierung. Jüdischer Frauenschönheit, den »rassigen Judiths und Mirjams« kann Sombart ästhetische und erotische Reize abgewinnen, aber diese Frauen müssen »rassig« sein und bleiben wollen. Schwarzblonden »Mischmasch« dagegen lehnt er ab. Sombarts »rassige Jüdin« entspricht der »schwarzen Venus« der Kolonialländer. Beide werden ästhetisch überhöht als Bereicherung der Farbpalette und erotisch begehrt, beide bleiben aber minderwertig und gelten als nicht dazugehörig. Gleichzeitig dient dieses sexuelle Stereotyp wiederum als Alibi dafür, dass man doch gar nicht rassistisch argumentiere.

1914 griff Karl Kautsky, der Theoretiker der sozialdemokratischen Arbeiterbewegung, die Frage des sozialen Aufstiegs der Juden auf. Während sie im frühen 19. Jahrhundert noch als Vorhut des Liberalismus und der Intelligenz galten, ist Ende des Jahrhunderts schon ein Überangebot an akademisch Gebildeten zu verzeichnen. Die Juden kommen im Konkurrenzkampf um höhere Bildung und bessere Berufe schneller voran und lösen die Angst aus, dass sie alle überflügeln könnten. »So entstehen seit den siebziger Jahren in Deutschland, Österreich, Frankreich wieder Bestrebungen weiterer Volkskreise nach politischer Zurückdrängung und gesetzlicher Einengung oder wenigstens doch gesellschaftlicher Boykottierung des Judentums, Bestrebungen, die sich mit dem Judenhass kirchlich borniert Kreise und der Judenverachtung feudaler Überhebung begegnen und ihnen erneute Kraft verleihen. [...] Gleichzeitig hat sich aber eine Kluft innerhalb der Judenschaft aufgetan: die wohlhabenden und gebildeten, nahezu assimilierten Juden des Westens empfinden den Zustrom ihrer armen, unwissenden ›jiddischen‹ Brüder aus dem Osten vielfach nicht gerade angenehm. Sie tragen ihm nicht selten Gefühle entgegen, die man als Antisemitismus innerhalb des Judentums bezeichnen könnte.«[149]

Die achtziger Jahre des 19. Jahrhunderts gelten als die Phase des europäischen Hochimperialismus. In diese Zeit fällt die Abkehr vom Konservatismus älterer, ständischer Prägung. Zahlreiche Anti-Bewegungen neueren Typs sprießen aus dem Boden, die die Frustrationen und Modernisierungsängste der bürgerlichen Mittelschichten aufgreifen. Akademische Außenseiter wie Julius Langbehn, Verfasser des kuriosen, weit verbreiteten Werkes »Rembrandt als Erzieher« oder der Orientalist Paul de Lagarde tragen bei zu einer Ressentimentkultur (Hübinger). Die moderne Welt erscheint vielen als diffuse Bedrohung. Die Sehnsucht nach Harmonie, Konfliktfreiheit, nationaler Solidarität gegen den Klassenkampf im Inneren und gegen die Weltmarktkonkurrenz von außen artikuliert sich in einem ideologischen Rundumschlag gegen Katholizismus, Liberalismus, Kapitalismus,

Semitismus, Urbanismus, Sozialismus und Wertepluralismus.

Im Bismarck'schen Deutschland begann es, schreibt der Sozialhistoriker Hans Rosenberg, nur so zu wimmeln von »Reichsverdrossenen«, »inneren Feinden«, Kirchen- und Katholikenverfolgern, Sozialdemokraten-, Polen-, Welfen- und Judenhassern. »Rom und Juda« wurden zum Inbegriff aller nationalkonservativen Ängste. Die Furcht vor einer internationalen Verschwörung von inneren und ausländischen Reichsfeinden wurde durch tausende von Pamphleten, Broschüren und Zeitungsartikeln geschürt. Die schwarze Internationale der Katholiken, die rote der Sozialisten und die gelbe der Weltmarktliberalen erschienen als höchste Bedrohung für Einheit und Reinheit. Hitler brauchte die Chiffren nur zu modernisieren und durch »Wallstreet« und »Moskau« zu ersetzen, beide wiederum eingebunden in das Theorem von der internationalen jüdischen »Weltverschwörung«.

Die Suche nach Schuldigen für die Krise wurde nach außen verlagert, auf Artfremde, Volksfremde, Religionsfremde, Landfremde, Blutsfremde, Rassenfremde. Bisweilen nahm sie aberwitzige Züge an. In der Phase des europäischen Hochimperialismus, in der große Teile Asiens und Afrikas bereits in der Hand europäischer Großmächte waren und auch Deutschland sich anschickte, seinen Platz unter den Kolonialmächten einzunehmen, konnte der damals bekannte Publizist Max Nordau schreiben: »Der europäische Fabrikarbeiter ist schon heute der Sklave des Schwarzen von Mittelafrika; er stillt seinen Hunger mit Kartoffeln und Schnaps, verbringt ein Leben ohne lichten Augenblick im Maschinenraum und stirbt an Tuberkulose, damit ein Wilder noch behaglicher leben könne, als er es ohnehin schon tut.«[150] Schwarze »Wilde« gab es in Deutschland selbst kaum: Der Kolonialrassismus war nur der allgemeine Hintergrund, vor dem sich der innerweiße Rassismus umso brisanter abhob.

Ende des 19. Jahrhunderts griff auch der parteipolitisch organisierte Konservatismus diese Ressentiments auf. 1892 bündelte die Deutschkonservative Partei in ihrem Tivoli-Programm diese Ängste und Stimmungen und gab ihnen als rechte Volkspartei Namen und Richtung. Jüdische Zersetzung, staatliche Auflösung, Dekomposition lauten die Schlagworte. Die Konservativen bekennen sich nun offen zum Kampf gegen den sich »vordrängenden« und »zersetzenden« jüdischen Einfluss auf das deutsche Volksleben. Der Historiker Treitschke stand für diese antisemitische Abkehr vom Konservatismus alter Art. Nicht alle Minderheiten eignen sich als Sündenböcke, Juden aber, gerade in dieser Zeit, besonders gut. In einer krisengeschüttelten Phase des Übergangs von einer agrarischen zu einer industriell produzierenden Gesellschaft standen sie in den Augen ihrer Gegner politisch und ökonomisch für die moderne Welt, auch wenn es sich nur um eine Zuschreibung handelte. Auch unter den Juden gab es äußerst traditionalistisch und konservativ eingestellte Menschen. Aber man sah nur, was man sehen wollte. Der Antisemit Theodor Fritsch klagte beispielsweise über die Juden: »Sie umspinnen uns mit ihren modernen Ideen [...].«[151] Das Verb »umspinnen« bringt die Ressentiments gut zum Ausdruck, denn es suggeriert, dass die Juden anders vorgehen als äußere Feinde. Wie ein Virus »zersetzen« sie von innen. Heimtückisch spinnen sie ihre Fäden, bilden Netzwerke, zu denen Deutsche keinen Zugang finden, und haben überall ihre Kontakte und Verbindungen.

»›Semitismus‹ war Synonym oder Ursache für den Kapitalismus, für die aus den Bindungen von Zünften, Ständen und Kirchen sich befreiende bürgerlich-liberale Gesellschaft, für ihre antagonistische und pluralistische Struktur, für die Auflösung der Tradition, für die Traditionskritik der Literaten, für die Macht der Presse, für linksliberale, aufklärerische und westlich-demokratische, ja auch schon für sozialistische

Ideen, für den ›Materialismus‹ und die ›Veräußerlichung‹ der Zivilisation, schließlich für den vermeintlichen Mangel an nationaler Integration, an wahrem Deutschtum im Reich von 1871.«[152]

Während Stöcker als Prediger und Propagandist für Breitenwirkung sorgte, gab Treitschke als renommierter Professor dem Antisemitismus die intellektuellen Weihen. Mit Stöcker wurde der Antisemitismus hoffähig, erst Treitschke machte ihn salonfähig. Im so genannten Berliner Antisemitismusstreit von 1879/80, ausgelöst durch einen Artikel Treitschkes in den »Preußischen Jahrbüchern«, öffnete der nationalkonservative Historiker dem Antisemitismus die Tore der Universitäten. Antisemitismus war nicht mehr nur eine Sache von Marktschreiern, Demagogen, Volkstribunen, sondern zog ein in die Salons der gebildeten Stände.

Der Unterschied ist deutlich: Stöcker und andere Führer antisemitischer Parteien sprechen die gewerbetreibende Mittelschicht an und drängen auf den Ausschluss jüdischer Konkurrenz durch Rückkehr zu voremanzipatorischen Zuständen. Treitschke dagegen appelliert an ein akademisch gebildetes, bürgerliches Publikum und macht die »Judenfrage« zu einer Frage vermeintlich nur kultureller Unterschiede. Nicht die westlichen, spanischen Juden (die Sepharden) seien das Problem. Ihnen bescheinigt Treitschke höchste Tugenden und kulturelle Assimilationsfähigkeit. Die ashkenazischen Ostjuden dagegen, vor allem die polnischen Juden, die im Zuge der deutschen Nationalstaatsbildung teilweise deutsche Staatsbürger geworden waren oder als Nicht-Deutsche ins Deutsche Reich einwanderten, seien dem germanischen Wesen fremd, und daher sei eine deutsch-jüdische Mischkultur zu vermeiden.[153] Aber Treitschke wirft den assimilierten Juden nicht nur schnöden Materialismus vor. Für weitaus gefährlicher hält er ihren Einfluss in der Tagespresse, denn diese intellektuellen Juden sind als Journalisten und Publizisten Parteigänger des Liberalismus.

Treitschkes Antisemitismus ist schon post-emanzipatorisch, geht es ihm doch nicht mehr darum, die Emanzipation der Juden rückgängig zu machen. Er bekämpft sie vor allem als Liberale, als Inbegriff der Moderne schlechthin, die auch auf anderen Gebieten Anlass zur Sorge gebe. Die wachsenden Bildungschancen der Unterschichten beispielsweise führen zur »Verwilderung der Massen« durch die Verbreitung der »Geheimkünste« des Lesens und Schreibens. Diese unter Konservativen damals verbreitete Furcht, die Fähigkeit des Lesens und Schreibens mache die unteren Schichten aufrührerisch, aufsässig, unzufrieden mit ihrem Schicksal und insgesamt zu kritisch, gehört mit zum Bedrohungsszenario, zur großen Furcht, wie sie seit 1789 vor allen Emanzipationsbewegungen herrschte, denn sie holten nicht nur die Juden aus ihren Gettos heraus und befreiten sie von ihren Beschränkungen, sondern erlösten auch die ländlichen Unterschichten von ihrer Hörigkeit.

Treitschke geht nicht so weit, diese vor-emanzipatorischen Zustände wieder herstellen zu wollen, sondern gibt den Juden nur einige Empfehlungen und Ratschläge. Sie mögen ihre »Selbstüberschätzung«, ihre »Vielgeschäftigkeit«, ihre »Vordringlichkeit« zügeln, mit anderen Worten, diskret im Hintergrund bleiben, ihren Platz als geduldete Minderheit in der deutschen Gesellschaft kennen und nicht danach streben, ihn durch sozialen Aufstieg und politische Wirksamkeit verändern zu wollen. »[…] Unbestreitbar hat das Semitenthum an dem Lug und Trug, an der frechen Gier des Gründer-Unwesens einen großen Anteil, eine schwere Mitschuld an jenem schnöden Materialismus unserer Tage, der jede Arbeit nur noch als Geschäft betrachtet und die alte gemüthliche Arbeitsfreudigkeit unseres Volkes zu ersticken droht; in tausenden deutscher Dörfer sitzt der Jude, der seine Nachbarn wuchernd auskauft.«[154] Dieser »Antisemitismusstreit« zeigt, dass es keineswegs nur gegen die Juden ging. Sozialismus und Aufklärung, Emanzipation und Materialismus, größere Bildungschancen für die Unterschichten und Liberalismus gehören mit zu den inneren Kräften, denen man »Zersetzung« der alten Werte und der gewachsenen Sozialordnung unterstellte und die es zu bekämpfen galt.

Anfang der achtziger Jahre erlebte der Hofprediger Stöcker seine größten Triumphe, aber es gelang ihm nicht, einen nachhaltigen Machtzuwachs seiner Partei zu erreichen. Weder war er seinem ursprünglichen Ziel näher gekommen, die Arbeiterschaft dem Einfluss der Sozialdemokratie zu entreißen, noch seinem zweiten, den Antisemitismus zur Waffe des Mittelstandes zu machen. Stöckers konservativ-protestantischer Antisemitismus trat in den Hintergrund, als der Antisemitismus in den neunziger Jahren zunehmend eine völkische Richtung einschlug. Die Völkischen verstanden sich nicht mehr als konservativ und rückwärts gewandt, sondern als progressiv, aufgeklärt und geradezu als revolutionär. In Berlin waren Parteigründungen wie die der »Sozialen Reichspartei« von 1880 von eher marginaler Bedeutung. Weitaus größere Erfolge erzielte der völkische Antisemitismus in den Provinzen. Geführt von Otto Boeckel und publizistisch begleitet von dem Leipziger Ingenieur und Herausgeber des antisemitischen Blattes »Der Hammer«, Theodor Fritsch, kam es 1886 zur Gründung der »Antisemitischen Vereinigung«. Sie distanzierte sich von Stöcker und trat für die Aufhebung der Emanzipationsgesetze ein.[155]

Als Boeckel 1887 in den Reichstag einziehen konnte, war er der erste antisemitische Abgeordnete, der sich nicht den Konservativen anschloss. Gegen Juden und Junker, lautete seine Devise. Boeckel trat als Populist auf und verstand sich als Anwalt der »kleinen Leute«, deren Groll sich ebenso gegen die alten, landbesitzenden Eliten richtete wie gegen die neuen städtischen, vor allem jene, die im Finanzsektor tätig waren und mit den Juden gleichgesetzt wurden. Boeckels zugkräftige Agitationsformel sollte Volksnähe suggerieren. Hoch zu Ross ritt er als eine Art Bauernkönig und Volkstribun über die Dörfer: Einer, der endlich das auszusprechen wagte, was in der Tiefe der deutschen Volksseele brodelte, vor allem in jener der ländlichen Bevölkerung seiner hessischen Heimat. Wie jeder Populist, war Boeckel generell gegen »die da oben«: gegen das Establishment der Junker und gegen die Macht des (jüdischen) Geldes. Boeckel vertrat die Ansicht, dass in Deutschland zwei verschiedene Nationen lebten, die eine als Herrin des Landes, die andere als Gast mit den Rechten, die ein Gast nach den Regeln der Gastfreundschaft genießt. Dieser Gast sei daher strikt vom Zugang zur Herrschaft auszuschließen. Daher sei die Aufhebung der Emanzipationsgesetze unumgänglich notwendig.

Stand zu Beginn des Jahrhunderts noch die Emanzipation der Juden auf der Tagesordnung, so ging es inzwischen längst um die Emanzipation von den Juden (Rürup), um die »Entjudung« der Gesellschaft. Boeckel kombinierte erstmalig Judenhass mit Antikonservatismus und trat sogar für Pressefreiheit und für die Ausdehnung des Wahlrechts ein. Seine »Wahren Antisemiten«, wie sie sich nannten, konnten kurzfristig große Wahlerfolge verbuchen. Dabei zeigte sich, dass es sich bei den Anhängern dieser Antisemitenparteien keineswegs mehr um christliche Eiferer handelte. Sie kamen überwiegend aus den Städten und gehörten zu den gebildeteren Schichten, in denen der Einfluss der Religion schon merklich nachgelassen hatte. Gerade diese städtischen Schichten waren es jedoch, die den wachsenden Anteil von Juden an Gymnasiasten, Studenten, Ärzten und Rechtsanwälten beklagten. Die Konkurrenz war in diesen Bereichen direkter als auf dem Land, wo Juden als Händler und Kreditgeber traditionell zwar als »notwendiges Übel« galten, nicht aber als direkte Konkurrenten der landbesitzenden bäuerlichen Bevölkerung.

Während der letzten Jahrzehnte des 19. Jahrhunderts gewann der völkische Antisemitismus weiter an Boden. Als der Publizist Theodor Fritsch 1893 seinen »Antisemiten-Katechismus« aufstellte, waren »Antiliberalismus« und »Antikapitalismus« bereits gleichbedeutend mit »Antisemitismus«:[156] Man konnte von der »sozialen Frage« ablenken, indem man sie zur Judenfrage erklärte. Die Juden allein seien verantwortlich für die »Auswucherung« von Bauern, Gewerbetreibenden, Beamten und Offizieren. Mithilfe »ihrer« Presse hätten sie bei dem Börsenschwindel der siebziger Jahre tausende von Millionen aus dem Volk an sich gerafft. Alles machten sie käuflich, Ämter, Titel, Namen, Ehre, ja sogar die Liebe, ein Vorwurf, der im 19. Jahrhundert auch schon gegen die Amerikaner gerichtet worden war. Wenn ein an sich »minderwertiges« Volk wie die Juden auf so vielen Gebieten Außerordentliches leiste, dann müsse das an ihren journalistischen Netzwerken liegen, die einem ebenso befähigten Deutschen keine Chance ließen.

Nationalismus und Antisemitismus waren im letzten Drittel des 19. Jahrhunderts eng miteinander verbunden, und dies keineswegs nur in Deutschland. Auch in Frankreich und in osteuropäischen Ländern fiel der Antisemitismus auf fruchtbaren Boden. Aber nur in Deutschland entwickelte er sich mit ungewöhnlicher Vehemenz: Im Gegensatz zu Frankreich und England existierte in Deutschland ein asymmetrisches Verhältnis zwischen Industrialisierung einerseits und noch vorbürgerlichen politischen Strukturen andererseits. In der »Großen Depression« und durch sie ausgelöst, ging es um eine grundlegende Reform der deutschen Gesellschaft, um den Umbau der Gesellschafts- und Wirtschaftsordnung, vor allem um die Parlamentarisierung des Regierungssystems, die Einbeziehung der Arbeiter in den Staat durch Einführung des allgemeinen Wahlrechts, um die Schaffung erster Ansätze eines Sozialstaats und die Bildung moderner Volksparteien.

Der Liberalismus hatte nach seinen Niederlagen Mitte des 19. Jahrhunderts nicht zur führenden politischen Kraft werden können. Der liberale Gedanke wurde nicht richtungweisend für die politische Kultur Deutschlands. Das aber erleichterte es allen Opfern oder Gegnern von Industrialisierung und Modernisierung, den Liberalismus als Import aus Frankreich und als Ableger der Revolution von 1789 als etwas Undeutsches, Ausländisches zu diskreditieren und schließlich mit dem Judentum in Verbindung zu bringen. Die Schuld für wirtschaftliche und soziale Krisen wurde auf einen äußeren Feind projiziert. Als sich nach 1892 die Konservativen zur Volkspartei entwickelten, mussten sie in verstärktem Maße auch diese Ängste, Interessen, Vorurteile, Instinkte und Erwartungen ihrer Wählerklientel berücksichtigen und griffen zu demagogischen Mitteln: Der Antisemitismus wurde ein zentraler Baustein ihres politischen Selbstverständnisses.

Blutreinheit galt als Garantie für das Überleben der Nation in feindlicher Umgebung, zugleich auch schon als schicksalhafte Garantie für die Weltherrschaft. 1890 beschwor Hermann Ahlwardt, ein obskurer, halbkrimineller Karrierist, den »Verzweiflungskampf« der arischen Völker. Dasjenige Volk, das sich zuerst am gründlichsten seiner Juden entledige und dadurch die Bahn für seine naturgemäße Kulturentwicklung frei mache, sei zum Kulturträger und folgerichtig auch zum Beherrscher der Welt berufen.

Die eigentlichen antisemitischen Parteien der achtziger und neunziger Jahre hatten nur geringen Zulauf und schnitten bei Wahlen schlecht ab. Daraus aber auf eine nur marginale Verbreitung des Antisemitismus zu schließen, ist falsch. Denn seit den frühen neunziger Jahren »hatten die antisemitischen Parteien als interessenpolitische Bewegung Konkurrenz von drei der großen Reichstagsparteien erhalten, nämlich der

Deutschkonservativen, der Zentrums- und der Nationalliberalen Partei. Diese Parteien nahmen sich zumindest deklamatorisch der wirtschaftlichen und sozialen Sorgen der Kleinbauern und des kleinen selbstständigen Mittelstandes an.«[157] Unabhängig von der Parteienebene war der Antisemitismus inzwischen in allen Schichten, bei Bauern, Handwerkern, Gewerbetreibenden bis in die akademisch gebildeten Kreise hinein verbreitet und hatte sich von einer Ansammlung diffuser Affekte und Anti-Stimmungen zur Weltanschauung verdichtet. Hinzu kamen zahlreiche Vereine, am bedeutendsten der Alldeutsche Verband, der Verein Deutscher Studenten, der Bund der Landwirte und der Deutschnationale Handelsgehilfenverband, die sich den Antisemitismus auf ihre Fahnen geschrieben hatten. Der Antisemit Theodor Fritsch kann daher 1938 auf eine beträchtliche Reihe von Vorläufern zurückblicken, auch wenn sein Tableau allzu großzügig und einseitig gerät: »Eine antisemitische Strömung war im ganzen vorigen Jahrhundert in den gebildeten Schichten Deutschlands latent. Es lässt sich das an der Hand der Schriften und Reden von Fichte, Arndt, Dingelstedt, Hoffmann von Fallersleben, Ludwig Feuerbach, Grillparzer, Schopenhauer, Richard Wagner, Franz Liszt, Wolfgang Menzel, auch von Bismarck und Moltke, genau verfolgen. Die Strömung wurde vorübergehend besonders stark, als Börne und Heine wirkten und sich und ihren Ideen Anhänger – und Gegner schufen. Die Abneigung verstärkte sich, als sich die Folgen der Judenemanzipation mehr und mehr zeigten.«[158]

All dies zusammengefasst, kann man zu der Schlussfolgerung kommen, dass bei der Entwicklung des Antisemitismus in Deutschland zwischen 1873 und dem Ersten Weltkrieg ein geradezu exemplarischer Zusammenhang zwischen der ökonomischen Krise und dem Anstieg diffuser Anti-Stimmungen bestand. Man suchte nach einem Sündenbock – die Juden – und nach einer Lösung des Problems, die mehr und mehr in der »Entjudung« gesehen wurde. Die Juden galten zunehmend auch in akademischen Kreisen als Konkurrenz. Ihre Nähe zum Liberalismus stigmatisierte sie gleichermaßen als Feinde der Nation und als Repräsentanten eines »entfesselten« Kapitalismus.

Aber weder strategisch noch inhaltlich waren sich die Antisemiten in Parteien, Vereinen, nordisch-völkischen Sekten und der Publizistik einig. Die Radikalen unter ihnen forderten, die Emanzipation gesetzlich rückgängig zu machen und die Juden in den vor-emanzipatorischen Zustand zurückzudrängen. Gemäßigtere, meist auch intellektuellere Stimmen (Treitschke, Sombart u. a.) plädierten dagegen für jüdische Selbstbeschränkung, ja sogar für eine Anerkennung des Anderen als ästhetische Bereicherung der »Artenvielfalt«, lehnten aber Vermischung und Assimilation der Arten ab. Die alte Religionsfeindschaft war einem rassenbiologischen Gegensatz gewichen. Begriffe wie Semiten, Arier, Rassejude, Rassennatur beherrschten die Debatten. Biologische Andersartigkeit führe zu unabänderlich divergierenden Wertvorstellungen. Kultur und Natur wurden symbiotisch miteinander verschmolzen und den Deutschen »völkische«, genuin germanische Werte zugeschrieben wie Treue zur Nation, Freiheitssinn und Ehre, inzwischen verbürgerlicht zu Ehrbarkeit. Dagegen stand das Judentum für Hinterlist, Materialismus, Selbstsucht, Gewinnstreben und Kosmopolitismus. Die »Ressentimentkultur« der achtziger Jahre war ein guter Humus für diverse sektiererische Zirkel und Bünde, die den Antisemitismus in eine völkische Richtung drängten und ihn zum Fokus einer neuheidnisch-nationalistischen Weltanschauung machten.

Antisemitismus, das zeigt die Untersuchung dieser Phase deutlich, ist kein für sich stehendes Ideologem, sondern nur eine besonders geeignete Projektionsfläche für den antimodernistischen Kampf gegen Liberalismus, Aufklärung, Sozialismus und den »raffenden« Kapitalismus. Die Konjunkturen und Hochphasen des Antisemitismus verlaufen fast spiegelbildlich zu denen im ökonomisch-sozialen Sektor. In Phasen der Prosperität tritt der Antisemitismus zurück, nur um bei der nächsten Krise wieder mobilisiert zu werden.

Nach 1890 flachte der Antisemitismus als Mittel der Panik- und Stimmungsmache ab und wich der imperialistischen Propaganda, aber im kollektiven Gedächtnis wurde er gespeichert und konnte zur Zeit der Weimarer Republik wieder aktiviert werden. Obwohl der Antisemitismus auch in anderen europäischen Ländern weit verbreitet war und in Frankreich in den neunziger Jahren die Dreyfus-Krise das Land fast zu spalten drohte, waren die Bedingungen für seine Verbreitung in Deutschland aus drei Gründen günstiger: Einmal war die Emanzipation selbst mit zwiespältigeren Gefühlen und zögerlicher durchgesetzt worden als in anderen Ländern. Zum Zweiten traf, wie erörtert, die »Große Depression« Deutschland härter, der Schock war größer und hatte vor allem Auswirkungen auf den Mittelstand. Weiterhin führte das Überangebot an Universitätsabsolventen im letzten Drittel des Jahrhunderts zu einer akuten Konkurrenz auf dem akademischen Arbeitsmarkt. Nicht zuletzt wurde auch die Zuwanderung von Ostjuden aus Polen vielfach als Bedrohung wahrgenommen.

Dies alles zusammengenommen schuf zwar einen günstigen Nährboden für den Antisemitismus. Dennoch spricht nichts dafür, dass der deutsche Antisemitismus von Beginn an »eliminatorisch« (Goldhagen) war und zwangsläufig in den Holocaust münden musste. Gegen solche eindimensionalen Herleitungen, die von einer spezifisch deutschen, völkerpsychologisch verankerten Prädisposition für den Antisemitismus ausgehen und damit selbst in gefährliche Nähe zu rassistischem Denken geraten, betont der Soziologe Zygmunt Bauman, der Antisemitismus sei in Deutschland zu Beginn des 20. Jahrhunderts eher schwächer ausgeprägt gewesen als in vielen anderen europäischen Ländern. Es habe in Deutschland mehr jüdische Akademiker und Freiberufler gegeben als in Großbritannien, Frankreich oder den USA.[159] Vor allem bei den Ostjuden galt Deutschland vielfach als gelobtes Land. Antisemitismus war und ist ein Teilaspekt konservativer oder reaktionärer Gesellschaftsentwürfe: brisanter und gefährlicher zwar, aber doch nur ein Baustein neben anderen in einer insgesamt antimodernistischen, antidemokratischen und antiliberalen Weltanschauung. Sie aber existierte in Deutschland schon im 19. Jahrhundert, wurde dann verstärkt durch die Niederlage im Ersten Weltkrieg und bildete das Fundament, das den Nationalsozialismus möglich machte.

VI Der Hass auf das Abstrakte: antijüdische Stereotypen

Die traditionellen, im Mittelalter verbreiteten christlichen Vorurteile gegenüber Juden hatten einen religiösen Hintergrund. Die Juden galten als Christusmörder, Hostienschänder, Ritualmörder und in den Zeiten der großen mittelalterlichen Epidemien als Brunnenvergifter. Erinnert man sich aber an die Ausführungen des Chronisten des spanischen Königspaares, Andrés Bernáldez, so kommt mit Beginn der frühen Neuzeit eine sozialgeschichtliche Unterscheidung hinzu: Die harte körperliche Arbeit auf dem Land (Bauern/Christen) steht gegen den leicht erwerbbaren Reichtum in den Städten (Städter/Juden). Weitaus bedeutsamer und folgenreicher war aber das mittelalterliche christliche Zinsnahmeverbot. Die Geschichte des Antisemitismus ist ohne diesen Hintergrund nicht zu verstehen. Denn im Zusammenhang mit dem für Christen geltenden Verbot, Zinsen zu nehmen, entstand das Stereotyp vom Juden als Wucherer, der durch Bereicherungssucht und Materialismus charakterisiert ist, und der Mythos von der besonderen Nähe der Juden zum Geld.

Die Geschichte des Geldes ist nicht nur die des Begehrens, ja der Gier nach Geld und Gold, sondern der Glanz des Goldes wurde immer schon begleitet vom Schatten der Verachtung. Denn Geld ist das reinste und abstrakteste Symbol der Moderne und als solches Heilige und Hure zugleich. In einem jahrhundertelangen, schon in der Antike beginnenden Prozess fortschreitender Naturbeherrschung wird das Sinnlich-Konkrete und für das alltägliche Leben der Menschen unmittelbar Nützliche zunehmend überlagert und verdeckt von Abstraktion und Zweckrationalität. Die alten Götter fallen, und mit ihnen Maß und Mitte, jede Mäßigung und Begrenzung. Die landbesitzenden, naturalwirtschaftlich produzierenden Schichten treten in Konkurrenz zu städtischen, auf Handel, Wandel und Tauschbeziehungen ausgerichteten Aufsteigern. Der Widerstand gegen sie artikuliert sich in der Kritik des Geldes. Schon in der *Antigone* des Sophokles heißt es: »Denn unter allem, was Brauch ist unter den Menschen/Erwuchs so schlimm nichts wie das Geld! Dieses zerstört/Selbst Städte, dieses treibt Männer von den Häusern.«

Das Bewusstsein für die kulturellen Wurzeln, für Bräuche, Traditionen und althergebrachte Gottesfurcht stehen im Kampf gegen ein neues, mit Macht vordringendes Medium der Vergesellschaftung, das Geld. Es wird zum »sichtbaren Gott«, zum »Gott dieser Welt« (Luther) und leistet damit der Gottlosigkeit Vorschub.

Geld löste schon immer sehr zwiespältige Reaktionen aus. Nicht erst im alten Hellas gehörte es zur Sphäre des Sakralen, denn die Beziehung von Geld und Gott, von Profanem und Heiligem, hatte ihren Ursprung in den Opferkulten. Die altbabylonische Lehre, Geld sei der Kot der Hölle oder die aztekische Bezeichnung des Goldes als Götterdreck zeigen den ambivalenten Blick auf das Geld, der zwischen Vergöttlichung und Dämonisierung schwankt. Das hat sich auch im 20. Jahrhundert nicht geändert. Der amerikanische Erfolgsautor Norman O. Brown schrieb in den sechziger Jahren des letzten Jahrhunderts, die Beziehung zum Geld habe die Struktur der Religion bzw. deren Verneinung, also die des Dämonischen. Geld sei das Teuflische, der Geldkomplex nichts anderes als Ersatz des Religiösen, der Versuch, Gott in den Dingen zu finden.

Aristoteles hatte im vierten Jahrhundert v. Chr. in seiner »Politik« dargelegt, der wahre Reichtum bestehe im Vorrat an Dingen, die für das Leben des Einzelnen, für die Haus- und Polisgemeinschaft nützlich sind. Der Besitz von Geld hingegen ist schrankenlos und kennt weder Maß noch Grenze. Kapitalgewinn und das Zinsnehmen seien ein Verstoß gegen die Natur, die vor jeden Gewinn Leistung setze.[160] In vormodernen Gesellschaften gilt der Mensch mit seinem Bedarf an konkreten Gütern als das Maß aller Dinge, auch wenn er durchaus Maßlosigkeit an den Tag legen kann. Aristoteles betont, dass Gelderwerb über den naturalen Bedarf hinaus nicht eigentlich zur Wirtschaftstätigkeit gehöre. Der Reichtum an barem Geld diene nicht wirtschaftlichen, sondern »unsittlichen« Zwecken.

Die Lehrmeinung der Kirche wurde jahrhundertelang von dieser philosophischen, im Mittelalter durch Thomas von Aquin wieder aufgenommenen Tradition geprägt. Die Vertreibung der Wechsler aus dem Tempel, die zahlreichen Zinsverbote des Mittelalters, die in den Kardinaltugenden vermittelten Wertvorstellungen, insbesondere die der Mäßigung, sind nur einige Stationen des langen Kampfes gegen Geld und Gelderwerb. Dabei wurde stets betont, dass es zwei Arten des Erwerbs gebe, die maßvolle, an Nützlichkeit und Bedarf orientierte und die auf maßlosen Gelderwerb gerichtete Chrematistik. Der Konservatismus einer überwiegend agrarisch produzierenden Welt war der natürliche Gegner der schnellen, auf Innovation und Wandel drängenden Geldwirtschaft.

Geldsucht ist bis weit ins hohe Mittelalter vor allem Goldsucht. Das Metall als solches unabhängig von seiner Eigenschaft als Tauschmittel wird geschätzt. Die Reichen und Mächtigen der Welt horteten in ihren Schatzkammern goldene und silberne Geräte, Gefäße und Münzen als sinnlich greifbare Zeichen von Reichtum und Macht. Aber diese Schätze flossen nicht in den Wirtschaftskreislauf ein.

Dies ändert sich etwa ab dem 12. Jahrhundert – und ab dieser Zeit vermehren sich auch die Angriffe auf die Juden. Neben die wägbaren Haufen von Gold und Silber tritt nun verstärkt das Geld als allgemeines Warenäquivalent, als Tausch- und Zahlungsmittel. Zahlreich sind die Klagen über die negativen Folgen des Wandels. Dante wettert im 14. Jahrhundert gegen das Gewinnfieber seiner Zeitgenossen. »Es brennt ein ewiges Verlangen nach Besitz wie ein Feuer in ihnen.« Andere klagen, alle seien nur noch dem Gelde untertan. Es blende den Verstand, lösche das Gewissen aus, trübe das Gedächtnis, missleite den Willen, kenne keinen Freund, liebe keine Verwandten, fürchte nicht Gott und habe vor den Menschen keine Scham mehr. Der Dichter Hans Sachs schreibt: »Gelt ist auff erden der irdisch' got.«

Schon die Kirchenväter hatten vor allem die Zinsnahme bekämpft und den Gewinn bringenden Handel für heilsgefährdend erklärt. Zwar wurde mitunter nur der Wucher, also überzogene Zinsnahme, angeprangert, aber die Geschichte des Mittelalters ist doch durchzogen von Aversionen gegen den Kaufmann.[161] Auch wenn im Mittelalter durchaus nicht nur Juden im Geldverleih tätig waren, sondern auch Norditaliener, die Lombarden oder Genuesen, und Christen durch im Voraus geforderte Risikoprämien das Zinsnahmeverbot umgingen, hatten die Juden eine Marktlücke für sich entdeckt, denn Landerwerb war ihnen vielfach nicht gestattet, der Zugang zu den Zünften versperrt. Zwar war auch für Juden im Verkehr untereinander das biblische Zinsnahmeverbot bindend, nicht aber bei Geschäften mit Andersgläubigen. Da für Juden als Nicht-Christen das kanonische Recht nicht galt, nahmen auch Könige sie aus ihren Antiwuchergesetzen aus, denn vom einfachen Volk bis zum Adel war man auf Pfandleiher und Kreditgeber angewiesen. Fuhrmann zeigt, dass die Pogrome und Judenvertreibungen ab dem 12. Jahrhundert »zu guten Teilen auch Bereicherungsaktionen« waren, um die Schuldscheine zu vernichten.[162]

Der Abstraktionsprozess vom Schatz als gegenständlichem Besitz zum Geld als Tauschmittel erreichte mit der Einführung des Papiergeldes eine neue Stufe. Schon im 13. Jahrhundert hatte Marco Polo vom sagenhaften Papiergeld im Tatarenreich berichtet. Früher als in Europa war hier das Geld zu einem Symbol geworden und funktionierte unabhängig von seinem Eigenwert nur noch als Zeichen seiner selbst, das seine objektive gesellschaftliche Gültigkeit durch den Zwangskurs erhielt. Goethe schildert im zweiten Teil seines »Faust« diese Metamorphose des Geldes zu einem Symbol. Allerdings erkennt der deutsche Kaiser nicht die Möglichkeiten der Geldwirtschaft, wittert gar Frevel und Verrat und muss von Mephisto und Faust erst über die Vorzüge des Papiergeldes aufgeklärt werden. Aber der Kaiser bleibt skeptisch: »Und meinen Leuten gilts für gutes Gold / Dem Heer, dem Hofe gnügts zu vollem Sold? So sehr michs wundert, muss ichs gelten lassen.« Faust aber, der Inbegriff des bürgerlichen »homo oeconomicus«, hat die wirtschaftliche Bedeutung des Papiergeldes erkannt: »Das Übermaß der Schätze, das, erstarrt,/ In deinen Landen tief im Boden harrt,/Liegt ungenützt [...] Doch fassen Geister, würdig, tief zu schauen,/Zum Grenzenlosen grenzenlos Vertrauen.«

Goethe formuliert am Beginn des Kapitalismus in Deutschland schon zwei wesentliche Merkmale des Geldes als abstraktes Symbol: Geld beruht auf Vertrauen und Geld schafft Freiheit. Es wird zum Träger unpersönlicher zwischenmenschlicher Beziehungen und garantiert dadurch individuelle Freiheit. Aber es bewirkt auch eine größere Distanz unter den Menschen. Persönliche Beziehungen werden zunehmend durch versachlichte abgelöst.

Benjamin Franklin gibt 1748 in seiner Schrift »Advice to a Young Tradesman« dem jungen Kaufmann den Rat: Zeit ist Geld. Wer nicht arbeitet, verschwendet das Geld, das er nicht verdient. Kredit ist Geld. Wer sein Geld nicht einfordert, verschenkt es. Und weiter formuliert er die von der Kirche bekämpfte Vorstellung, dass Geld sich durch Zinsen selbst vermehre. Franklin schärft seinem Leser ein: Geld erzeugt Geld. Es ist fruchtbar und mehrt sich. Geld ist nicht mehr nur ein

Vehikel im Dienst von Tauschvorgängen, sondern entfaltet ein aktives Eigenleben, es arbeitet. Wie viele im 18. Jahrhundert denkt Franklin utilitaristisch. Bestimmte Tugenden sind nützlich für den wirtschaftlichen Erfolg, und nur deswegen sind sie Tugenden. Fleiß und maßvolle Lebensführung, aber auch Pünktlichkeit und Ehrlichkeit sind solche erstrebenswerten Eigenschaften, denn sie dienen dem Gelderwerb.

Für den Soziologen Max Weber hat dieser Wandel der Motive zum Gelderwerb vom Genuss zur (innerweltlichen) Askese einen religiösen Hintergrund. In der Prädestinationslehre des Calvinismus und dem Prinzip der Gnadenwahl sah er die religiöse Quelle für das, was er den »Geist des Kapitalismus« nannte, und die USA waren aus historischen Gründen das ideale Land seiner Verbreitung. Je mehr sich der Kapitalismus festigte, desto deutlicher traten diese religiösen Stützen aber in den Hintergrund.

Geld spielt, wie alle Erscheinungen der Moderne, eine Doppelrolle. Neben Freiheitsgewinn steht Bindungsverlust, neben größerer Selbstbestimmung durch das abstrakte Medium Geld steht die Kälte des Marktes. Markt und Geld schaffen eine Kultur, in der das Persönliche, Individuelle und Besondere aus dem Marktgeschehen und dem Rechtssystem ausgeklammert werden. Aber dies bedeutet nicht nur Verlust, sondern ist Risiko und Chance zugleich. Wie kaum ein anderer hat der Soziologe Georg Simmel die Ambivalenz der Moderne gesehen, wenn er einerseits von der »isolierenden Wirkung«, der »ganzen Herzlosigkeit« des Geldes spricht, gleichzeitig aber auch von seinen befreienden Folgen. Der zunehmende Mangel an Dienstboten um die Wende vom 19. zum 20. Jahrhundert hatte auch damit zu tun, dass junge Frauen es vorzogen, eher in der Fabrik zu arbeiten, als sich in persönliche Abhängigkeitsverhältnisse zu begeben.

Geld löst traditionale Sozialbeziehungen auf, was aus kulturpessimistischer Sicht als Sinnentleerung, Entfremdung,

Versachlichung oder Verdinglichung erscheint. Es sollte aber nicht vergessen werden, dass personale Beziehungen immer auch asymmetrische Machtbeziehungen sind. Die Sklaven im patriarchalen Familienverband der Antike, die Frondienst leistenden Hörigen des Mittelalters, von Frauen in patriarchalischer Gesellschaft gar nicht zu reden, haben dies erfahren müssen. Stadtluft macht frei, hieß es im Mittelalter. Damit gemeint waren aber auch Geldwirtschaft und Markt, und es waren nicht wenige, die mit diesem Ruf auf den Lippen ihren Grundherren davonliefen. Geld ist im neutralen Sinne »charakterlos« (Simmel), denn es abstrahiert von den konkreten Lebensbedingungen. Aber nicht das Geld begründet gesellschaftliche Gegensätze und Widersprüche, sondern diese sind es, die erst die »scheinbar transzendentale Macht des Geldes« (Marx) hervorbringen.

Im 19. Jahrhundert verstärkte sich, deutlich auch in der Romanliteratur, die Kritik am »Kult des Geldes«. Hintergrund dieser Kritik war, dass man nun im Zeitalter der großen Industrie nicht mehr nur die instrumentelle Funktion des Geldes im Blick hatte, sondern auch dessen Eigendynamik. Mehr noch als in früheren Zeiten wurde jetzt sichtbar, was Simmel über die soziologische Funktion des Geldes schreibt: Es treibt einen Keil zwischen Person und Sache, es zerreißt personell-konkrete Verbindungen. Geld als abstraktestes Mittel aller Mittel fördert einen Lebensstil, der auf Distanz, Dynamik und Tempo beruht. Es fördert Intellektualisierung, Berechnung, Objektivierung, Distanzierung und individuelle Vereinzelung, aber es relativiert auch zwischenmenschliche Machtbeziehungen.

Die Juden galten schon im Mittelalter als Vertreter der von der Kirche als unsittlich und heilsgefährdend bekämpften Geldwirtschaft. Ebenfalls schon im Mittelalter entstand aber auch ein weiteres antijüdisches Stereotyp: Das Bild vom »ewig« wandernden Juden, dargestellt in der Figur des Ahasver, dem Symbol für Ruhelosigkeit, Dynamik und Mobilität. In

Legenden tritt der ewige Wanderer schon im 7. Jahrhundert auf, wurde damals aber noch auf den römischen Soldaten Malchus bezogen, der Christus geschlagen hatte und daher zu ewiger Ruhelosigkeit verdammt war. Erst ab dem 13. Jahrhundert nehmen Juden diese Rolle ein.[163]

Die Figur des Ahasver, im 19. Jahrhundert wieder aufgenommen in den antisemitischen Stichen Gustave Dorés, wurde zum Inbegriff des wandernden Juden, allerdings nicht als personifizierte Darstellung der jüdischen Diaspora, sondern als die des Fluchs und der Verdammnis der Juden als Christusmörder. Auch wenn diese Zuschreibung historisch falsch ist, da Christus bekanntlich durch die römischen Besatzer unter Pontius Pilatus hingerichtet wurde, erklärte sie doch im Mittelalter den einfachen Menschen die Tatsache der jüdischen Zerstreuung als Fluch Gottes. In einer Zeit, in der Landbesitz und bäuerliche Sesshaftigkeit vorherrschten, galt Wurzellosigkeit als das Andere schlechthin, als Zeichen der Verworfenheit auf Erden.

Als Ende des 15. Jahrhunderts der transatlantische Sklavenhandel in großem Maßstab einsetzte, zeigten europäische Kolonisatoren allerdings keinerlei Skrupel, Millionen von Schwarzen ihrer afrikanischen Heimat zu entfremden und zu entwurzeln, denn Schwarze waren von vornherein auf den Status einer Ware reduziert: Das Zur-Ware-Werden des ganzen Menschen, nicht nur seiner Arbeitskraft, war Grundlage von Sklavenhandel und Sklavenhaltung. Bei den Juden jedoch war das Problem anders gelagert. Sie waren keine Ware, sondern als Kaufleute und Geldverleiher selbst im Warenhandel tätig, auch wenn sie im Mittelalter als Besitz des Königs, als königliche Kammerknechte galten. Damit spielten sie eine weitaus ambivalentere Rolle als die Schwarzen.

Die industrielle Revolution führte nicht nur zu einer rapiden Verstädterung, sondern auch zu erhöhtem Kapitalbedarf. Banken und Börsen sorgten durch Devisen- und Aktienhandel für vermehrte Kapitalzirkulation. Aber die Industrie produzierte materiell greifbare, konkrete Güter und erschien daher nicht als qualitativer Bruch mit der agrarischen oder handwerklichen Produktionsweise der vormodernen Welt. In den Fabrikhallen wurde nur schneller, maschineller und rationaler das produziert, was seit alters her als Wert galt: das nützliche, zum Gebrauch bestimmte Produkt. Im Finanzsektor dagegen ging es wesentlich abstrakter zu. Hier vermehrte sich Geld ohne den Einsatz von Leistung allein durch den Faktor Zeit. Viele Menschen empfanden diesen Prozess als undurchschaubar, unheimlich und bedrohlich. Er erschien ihnen nicht nur als unsolide »Zahlenzauberei« (A. Rosenberg), sondern sie empfanden die Tatsache, dass an der Börse scheinbar so viel leichter Geld zu verdienen war, im Vergleich zu den Mühen und Plagen körperlicher Arbeit auch als ungerecht. Ihr Vertrauen in die Wirtschaft beschränkte sich auf konkret-nützliche Tätigkeiten, auf überschaubare Arbeit auf dem Hof oder in der Werkstatt. Aktienhandel dagegen, Börsen- und Bankengeschehen beruhen auf einem abstrakten Vertrauen in weiträumige Wirtschaftsabläufe, die man ohne spezifische Informationen und Kenntnisse nicht überblicken kann.

Noch im 17. und 18. Jahrhundert sahen kulturkritische Philosophen wie Mably und Rousseau in der mit dem Merkantilismus vordringenden Geldwirtschaft eine Verfallserscheinung. Sie bringe das Doppellaster von Geiz und Verschwendungssucht hervor. Ihnen traten frühliberale Theoretiker entgegen. Weder David Hume noch Adam Smith mochten im Geld etwas Verwerfliches sehen. Vielmehr sei es ein durchaus nützliches Instrument, ein Schmieröl gewissermaßen, das die Bewegung der Wirtschaftsräder »more smooth and easy« (Hume) mache. Zudem bringe der Siegeszug des neuen »sichtbaren Gottes« nicht nur Gier und Verschwendungssucht mit sich, die es immer gegeben habe, sondern auch Freiheit, Toleranz und Individualisierung.

In Ansätzen schon im 18. Jahrhundert, verstärkt dann im 19. Jahrhundert, kamen konservativ-antikapitalistische Strömungen und Tendenzen auf, die sich auf drei Ebenen gegen die wachsende Abstraktion wandten. Auf staatlicher Ebene trat man gegen die Idee allgemeiner Staatsbürgerrechte unabhängig von Stand, Herkunft oder der Höhe des Steuersatzes ein. Das allgemeine Wahlrecht abstrahiert von den empirischen Besonderheiten und gilt für alle, gleich ob Mann oder Frau, Arbeiter oder Gutsbesitzer, Jude oder Christ. Gegen das abstrakte Vertragsdenken setzten konservative Theoretiker die Vorstellung von der organisch gewachsenen Vielfalt und vom Eigenwert der Traditionen. Gewachsenes wurde gegen das nur Gemachte gestellt. Organisches stand gegen das bloß Mechanische. Auch auf wissenschaftlicher Ebene nahm die Kritik am abstrakten Rationalismus und Universalismus der Aufklärungszeit zu. Nicht aus abstrakten Prinzipien ließen sich aus der Sicht der konservativen Aufklärungskritiker wie Edmund Burke politische Forderungen ableiten, sondern nur aus der je besonderen historischen Tradition. Und schließlich wuchs auch in wirtschaftlicher Hinsicht die Kritik am Geld: Als »sich selbst verwertender Wert« (Marx) war das abstrakte Tauschmedium für viele unfassbar und unbegreifbar geworden.

Diese Kritik ist aber, im Gegensatz zu der von marxistisch-sozialistischer Seite, nicht grundsätzlich antikapitalistisch, denn an den Besitzverhältnissen sollte nicht gerührt werden. Sie ist auch nicht technikfeindlich, denn Technik und neue Technologien gehören zum Bereich des Materiell-Konkreten und Dinglich-Nützlichen. Wo die moderne Welt sich mit rauchenden Fabrikschloten ankündigte, war sie willkommen, politische Emanzipationsbestrebungen dagegen galten als Störung der gewachsenen Ordnung. Kurzum, man teilte den Kapitalismus auf in zwei polare Sphären: Als positiv gilt der Industriekapitalismus: Er ist national, gebrauchswertorientiert und konkret. Negativ bewertet wird dagegen der Finanzkapitalismus: Er ist international, undurchschaubar, jüdisch und abstrakt. Dieser romantische Antikapitalismus, im 19. Jahrhundert theoretisch von Pierre-Joseph Proudhon untermauert, spaltete zwei unauflöslich miteinander verbundene Sphären auf und richtete seine Kritik nur gegen das Abstraktum Geld. Denn in dieser Sphäre konnte sich auch ohne Einsatz von Muskelkraft und Arbeitstugenden das Abstraktum Geld bzw. Kapital auf schier diabolische Weise aus sich selbst heraus vermehren. Hier mussten also international kooperierende, mit ungeheurer Macht ausgestattete Agenten geheimnisvoll ihre Fäden ziehen, um Kurse steigen oder fallen zu lassen. Hier musste, so wurde gemutmaßt und unterstellt, eine internationale Verschwörung im Gange sein. In einer Zeit des wachsenden Nationalismus waren Juden mit ihrem Kosmopolitismus nicht nur als Reichsfeinde verdächtig. Aber im Finanzsektor waren sie geradezu prädestiniert, alle Vorurteile auf sich zu ziehen, denn das alte Bild vom Juden als Wucherer war im kollektiven Gedächtnis gespeichert und wurde in der antisemitischen Propaganda immer wieder aktualisiert. Nichts lag also näher, die Juden als Drahtzieher hinter Prozessen zu vermuten, die als Verschwörung oder als Anschlag auf die nationale Volkswirtschaft gedeutet wurden. In der Tat gab es auch jüdische Bankiers, in Deutschland beispielsweise Bismarcks Hausbankier Bleichröder, oder das international verzweigte Bankhaus der Familie Rothschild, und diese kleine Minderheit prägte Pars pro toto das Bild von den Juden insgesamt. Man suchte nach einem konkreten Bild, einer sinnlich greifbaren Gestalt und konnte sich den abstrakten Prozess der Kapitalbildung und -vermehrung nicht anders als durch jüdische Machenschaften erklären.

Auf dieser Gleichsetzung von Geldwirtschaft mit kapitalistischer Produktionsweise beruhte die Demagogie des Faschismus. Sein Kampf gegen das »raffende« Kapital erfasste nur die abstrakte Seite der Medaille: Man gab vor, mit den Juden als Exponenten der Geldwirtschaft auch die »Zinsknechtschaft« brechen zu können. Die Nationalsozialisten schufen ideologisch nichts Neues. Vielmehr spitzten sie die beiden mit den Juden assoziierten Stereotypen zu und modernisierten sie. Aus Wurzellosigkeit und Nomadentum wird Kosmopolitismus, die mittelalterlichen Wucherer finden sich wieder als Börsenmakler. Schon seit Ende des 19. Jahrhunderts kursierten überdies antisemitische Verschwörungstheorien. Seit der zweiten Hälfte des 19. Jahrhunderts waren in Deutschland und Frankreich diverse, zum Teil schauerromantische Texte im Umlauf, die den Einfluss einer kleinen, aber allmächtigen Verschwörergruppe auf den Gang von Politik und Wirtschaft propagierte. Zu den folgenreichsten und international verbreitetsten zählten die »Protokolle der Weisen von Zion«.

Der eigentliche Text der »Protokolle«, verfasst von einem gewissen Sergej Nilus, erschien zuerst 1903 in einer russischen Zeitschrift. Vermutlich war er schon zwischen 1894 und 1899 während der Dreyfus-Krise in Frankreich mithilfe der russischen Geheimpolizei gefälscht worden.[164] Darin wird behauptet, der geheime Text sei von Theodor Herzl, einem der Begründer des Zionismus, auf dem ersten Zionistischen Kongress in Basel im Jahre 1897 vorgetragen worden. 1923 wurden die »Protokolle«, versehen mit einem Kommentar von Alfred Rosenberg, in die NS-Ideologie einbezogen und kursieren auch heute noch in den Schriften des populärsten Verschwörungstheoretikers im deutschsprachigen Raum, des rechten Erfolgsautors Jan van Helsing alias Jan Udo Holey. In einem Sammelsurium aus New-Age-Esoterik, Science-Fiction, Gestalten aus der Schauerromantik wie Bram Stokers Dracula und Versatzstücken der NS-Ideologie verbreitet van Helsing weiter die Legende von einer seit Urzeiten andauernden Weltverschwörung. Juden, Illuminaten und geheime Freimaurerlogen hätten die wichtigsten Positionen in Regierung und

Wirtschaft unterwandert. Ihr Ziel sei es, eine »Neue Weltordnung« und die »Eine-Welt-Regierung« durchzusetzen.

Im Text der »Protokolle« wird der jüdischen Verschwörergruppe einmal mehr die Beherrschung der Finanzwelt angedichtet und eine Nähe zur Freimaurerbewegung unterstellt. Die Parolen der Französischen Revolution, »Freiheit, Gleichheit, Brüderlichkeit«, werden als jüdisches Täuschungsmanöver zur Manipulation der Volksmassen dargestellt. »Auf den Trümmern des alten Bluts- und Geschlechtsadels haben wir [die jüdischen Verschwörer, K. P.] den Adel unserer Gebildeten und an seine Spitze den Geldadel gesetzt. Der Maßstab dieses neuen Adels liegt im Reichtum [...]. Der aufs Äußerste angespannte Kampf um die Vorherrschaft im Wirtschaftsleben hat mit seinen Ellbogen-Stößen eine enttäuschte, kalte und herzlose Gesellschaft hervorgerufen, die immer neue Zuläufer haben wird. Ihr einziger Lebenszweck wird die Habsucht, also das Gold, sein.«[165]

Aufschlussreich ist aber, dass dieser fiktiven Gruppe von jüdischen Weltverschwörern all das unterschoben und zugeschrieben wird, was schon seit dem 19. Jahrhundert an antidemokratischem Gedankengut im Umlauf war und in die faschistischen Doktrinen einging: das Recht des Stärkeren, das Führerprinzip, Sozialdarwinismus, Herrschaft über Presse und Justiz, Gleichschaltung der Verwaltung, Hetzpropaganda, Gewaltherrschaft und Rassenvorurteile.[166] Die Börse aber, der Inbegriff der unverstandenen modernen Welt, erscheint als rein jüdische Erfindung zum Zweck der Destabilisierung der »nordischen« Volkswirtschaften. Das dort ablaufende Geschehen erscheint als raffinierte Strategie, mit der die Weltverschwörung ins Werk gesetzt wird, ist aber selbst aus der Sicht der vermeintlichen Verschwörer reines Teufelswerk und werde daher in einem künftigen Judenstaat nicht zugelassen werden.[167]

Schon 1921 waren die »Protokolle« von Journalisten der

englischen »Times« als Fälschung entlarvt worden, eigneten sich aber vorzüglich als Propagandamittel der Nationalsozialisten, denn sie sind das klassische Beispiel einer Projektion: Auf die vermeintlichen jüdischen Geheimbündler wird all das projiziert, was die Nationalsozialisten selbst zu tun im Begriff waren. Vor dem Hintergrund einer Weltverschwörung musste daher ihre eigene Praxis als Defensivstrategie erscheinen, als leider notwendige Imitation der Methoden eines weltweit agierenden Gegners zum Zweck der Selbstverteidigung. Die zahlreichen Anspielungen auf die jüdische Mystik, auf Zahlensymbolik, Allegorien und geheime Zeichen, die Faszination durch ein magisches Geheimwissen, rückten die Juden in die Sphäre einer Gegenreligion, eines polar entgegengesetzten weltanschaulichen Prinzips, denn das Weltbild Hitlers und seiner Anhänger war manichäisch, zweigeteilt in ein Reich des Bösen und ein Reich des Guten. Der NS-Ideologe Alfred Rosenberg hebt diesen Dualismus auf eine ontologische Ebene und spricht von der »Polarität aller Erscheinungen«, die sich unvermittelt und konträr als in sich abgeschlossene Entitäten gegenüberstehen. Zu diesem polaren Denken gehört auch eine biologistische Geschlechtertypologie, die jeder Form der Frauenemanzipation eine Absage erteilt.

Im völkischen Denken gehören nicht nur die Arier zum Reich des Guten, sondern auch der mit ihrem Fleiß, ihrer »Arbeitssittlichkeit« (Riehl) aufgebaute Industriekapitalismus. Zur Welt des Bösen aber gehört der Finanzkapitalismus als internationaler »Grenzverwischer«. Die Wallstreet wird zur Chiffre für die internationale Plutokratie. Uncle Sam und John Bull sind ihre Verkörperungen, hinter denen aber immer »der jüdische Geist« agiert. Werner Sombart konnte daher die USA als »Judenland« bezeichnen: nicht im vordergründigen Sinne eines Landes mit vielen jüdischen Einwohnern, sondern im Sinne einer Gesellschaft, die in ihrer ganzen Denk- und Lebensweise zutiefst von jüdischem Geist durchdrungen sei.

Religionsgeschichtlich spielt hier der Calvinismus eine Rolle, der erstmalig in der Geschichte des Christentums die Zinsnahme positiv bewertet und Gelderwerb, Kaufmannstätigkeit und materiellen Erfolg als Zeichen göttlicher Auserwähltheit verstanden hatte.

Zum Reich des Bösen gehört aber auch der Gegenpol, der Bolschewismus, die Sowjetunion, die kommunistische Arbeiterbewegung, und dieses Reich hat seinen Sitz in Moskau. Dieser Widerspruch will erklärt werden. Warum gehören aus nationalsozialistisch-völkischer Sicht zwei diametral entgegengesetzte Kräfte zum Reich des Bösen? Das Lebensraumkonzept, der Drang nach Osten spielte außenpolitisch gewiss eine Rolle, liegt aber im Rahmen imperialistischer Praxis und erklärt nicht, wieso auch der Bolschewismus mit den Juden in Verbindung gebracht wurde.

Da es im Manichäismus nur ein Reich des Lichts und eines der Finsternis gibt, ist für einen Pluralismus der Wertsphären und Weltanschauungen kein Platz. Die Lösung des Widerspruchs, warum völlig konträre politisch-ökonomische Systeme zusammen gedacht werden konnten, lieferten wiederum die Juden. Aus nationalsozialistischer Sicht sind sie keine Minderheit, die sich sozialpsychologisch zum Sündenbock eignet, sondern weitaus mehr: die Verkörperung eines Gegenprinzips. Sie sind, was sich schon bei Wilhelm Marr ankündigte: eine riesige, gewaltige, geheime, über den ganzen Erdball verstreute Macht. Etwa zur gleichen Zeit wie Marr schrieb Vacher de Lapouge in Frankreich: »In dem Maße, wie das System der Geldherrschaft – welches so unglücklich mit Demokratie bezeichnet wird – sich in Europa entwickelt, kann man auch der Entfaltung einer mächtigen jüdischen Feudalherrschaft entgegensehen.«[168] Die Juden seien ein ernst zu nehmender Mitbewerber des Ariers bei der Eroberung der Welt. Aber sie sind eine Macht ohne Territorium, also eine abstrakte Macht, die gerade deswegen wiederum umso bedrohlicher erscheinen muss: Sie greift nicht von außen an, sondern »zersetzt« von innen. Daher kann man ihr nicht in offener Feldschlacht begegnen, sondern muss sie zunächst zu Parasiten am gesunden Volkskörper erklären, um sie dann vernichten, vertilgen, ausrotten, ausmerzen zu können. Die moderne Börse vor allem ist der Ort ihres diabolischen Wirkens:

»Die ›Börsen- und Finanzwissenschaft‹ ist gegenwärtig ein Spiel mit vorgetäuschten (fiktiven) Werten, eine Zahlenzauberei, eine von gewissen Kreisen systematisch durchgeführte Störung zwischen der Umschaltung von der Erzeugung zum Absatz geworden. Die Herren der heutigen Börse [...] peitschen bewusst alle pathologischen Triebe hoch und aus einer natürlichen Vermittlungstätigkeit im Wirtschaftsgetriebe ist Willkür, Weltzersetzung geworden. Diese ›Finanzwissenschaft‹ ist nun auch nicht international, sondern ist rein jüdisch und die Wirtschaftskrankheit aller nordisch bestimmten Völker kommt daher, dass sie sich bemühen, diese syrische, naturwidrige, aus Schmarotzerinstinkten stammende Willkür in ihr Lebenssystem einzufügen [...] Hier zeigt sich auch das Wesen des jüdischen Marxismus, der gegen ›den Kapitalismus‹ kämpft, das Zentrum dieses Kapitalismus aber, die Börsen-Finanz, unberührt lässt.«[169]

Die Tatsache, dass Juden nicht nur als Bankiers und Börsenmakler tätig waren, sondern sich auch auf der Gegenseite, in der sozialistischen Arbeiterbewegung, engagierten, ist aus völkisch-antisemitischer Sicht kein Widerspruch, sondern gerade die Bestätigung einer internationalen Weltverschwörung. Diese ist umso gefährlicher, als im Reich des Bösen verschiedene, nur an der Oberfläche sich widersprechende Strategien, Konzepte und Vorgehensweisen ausgeklügelt und geplant werden. Beide nämlich, die sozialistisch-marxistische Arbeiterbewegung und das Finanzkapital, sind international, beide sind »wurzellos« oder »vaterlandslos«, beide agieren global. Beide sind auf nicht greifbare Weise abstrakt und gelten als materialistisch. Abstrahiert das Kapital vom konkreten Gebrauchswert, vom greifbaren, nützlichen Produkt, so abstrahiert der Sozialismus von der konkreten Lebenswelt, von Heimat, Herkommen, Tradition und Religion. Beide verfolgen wiederum abstrakte Ziele, das kosmopolitische Weltbürgertum oder die klassenlose Gesellschaft.[170] »Der rasselose Gedanke des Internationalismus hat [...] seinen Höhepunkt erreicht: Bolschewismus und Welttrusts sind seine Zeichen.«[171]

Bei den Juden ging es nie um somatische Merkmale, sondern um ein weltanschauliches Prinzip, den angstbesetzten »jüdischen Geist«. Der Hauptrassentheoretiker des NS-Regimes, Hans F. K. Günther, fragt daher: »Durfte man von einer ›jüdischen Rasse‹ reden, wo es doch große und kleine, schlanke und untersetzte, helle und dunkle, schmalgesichtige und breitgesichtige Juden gibt, Juden mit ›Judennase‹ und ohne ›Judennase‹, um von den Verschiedenheiten im seelischen Verhalten der einzelnen Juden ganz zu schweigen?«[172] Es sei völlig falsch, die so genannte Judenfrage als einen Religionsgegensatz aufzufassen, und ebenso falsch sei es, sie als eine wirtschaftliche Frage begreifen zu wollen. »Es ist der durch wirtschaftliche Übermacht erreichte seelische Einfluss eines Volkes außereuropäischer Rassenherkunft, der eigentlich eine Judenfrage geschaffen hat. Die Judenfrage ist eine völker- und rassenkundliche Frage.«[173] Den Widerspruch zwischen dieser These und der Feststellung, Juden besäßen gar keine äußeren Merkmale, die sie von Ariern unterschieden, löst Günther und mit ihm der Nationalsozialismus, indem er von einem leib-seelischen Bild spricht, von seelischem Einfluss, denn Rassengeschichte wird verstanden als Naturgeschichte und Seelenmystik zugleich (A. Rosenberg).

Worin aber besteht dieser seelische Einfluss? Was verbirgt sich hinter dem immer wieder beschworenen »jüdischen Geist«? Beim Versuch, diese ominöse Bedrohung dingfest zu machen, zeigt sich schnell, dass es im Grunde gar nicht um die

Juden ging, sondern um den Geist der Moderne selbst, allerdings einer halbierten Moderne, denn moderne Technik akzeptierte man uneingeschränkt. Die Juden verkörpern diesen Geist nur am sinnfälligsten. Sie sind das Bild, das man dem Volk vorhalten konnte, um dem Weltanschauungskampf eine konkrete Richtung zu geben. Das Abstrakte wird konkretisiert durch Stigmatisierung einer Minderheit, die sich dafür besonders eignete, weil man auf ältere Stereotypen zurückgreifen konnte.

Auf der untersten, polemisch-agitatorischen Ebene wird als Geist des Judentums dessen Glaubenshochmut angesehen, es sei das von Gott auserwählte Volk. Daneben schreibt man ihm etwas Lauerhaftes zu, Schachergeist, Prellsucht und Wuchersinn, Gewinnstreben durch Überlistung und Übervorteilung.[174] Darüber schiebt sich das Stereotyp des Juden als Städter, wie es in Spanien schon im 15. Jahrhundert aufgetaucht war und sich ungebrochen bis ins 20. Jahrhundert hielt. 1879 unterstrich Wilhelm Marr, »dass das Judentum sich in die Städte warf und der Arbeit des Landbaues und der Kolonisation sich noch abholder zeigte als in Palästina und noch früher in Ägypten. Nicht die Axt und der Pflug: die List und Verschlagenheit des Schachergeistes waren die Waffen, mit welchen die Juden das Abendland eroberten [...].«[175] Eng verbunden mit dem Bild des Städters ist das Stereotyp des jüdischen Intellektualismus, der »bohrenden Verstandestätigkeit« der Juden, die vielen als spitzfindige Rabulistik oder als Dialektik erschien: Der Faschismus ist aus Prinzip intellektuellenfeindlich, denn seine Devise lautet »Glauben, Gehorchen, Kämpfen« (Mussolini).

Zum Bild der Juden als Städter und Intellektuelle tritt das dritte antijüdische Stereotyp: ihr Kosmopolitismus, ihre »Wurzellosigkeit«. Schon in der Antike sei das Judentum ein »wirksames Ferment des Kosmopolitismus und der nationalen Dekomposition« (Th. Mommsen) gewesen. Was spricht gegen

die Juden, fragte Paul de Lagarde im Jahre 1887? Ihre Internationalität, ihre Netzwerke untereinander und ihr Wucher, im
weiteren, moderneren Sinne verstanden.[176]

Auf einer quasi-religiösen Ebene können sich diese drei
Stereotypen der Juden nun zu den Merkmalen einer »Gegenrasse« verdichten, die für Atomismus, Mechanismus, Individualismus und Universalismus steht. Als Gegensatz dazu
postuliert man den Partikularismus der mit sich identischen
völkischen Gemeinschaft. Zwar verändert auch sie ihre Identität, aber nur immanent durch Wachsen und Werden. Gesellschaftlicher Wandel geschieht nicht durch Assimilation, Verschmelzung und wechselseitige kulturelle Befruchtung,
sondern als immanent-organischer Vorgang. Nur im so ver-
standenen permanenten Werden kann, wie der NS-Ideologe
Rosenberg im Anschluss an Herder betont, die Volksgemeinschaft sich selbst treu bleiben. Im Denken der Nationalsozialisten steht schematisch, scholastisch, logisch und mecha-
nisch gegen »wuchshaft«, organisch, naturecht, blutnah.[177]
Während Universalisten davon ausgehen, dass es ein dem Einzelnen vorausgehendes Allgemeines gibt, halten sich ihre
Gegner an die Konkretion, den unmittelbaren Augenschein. Er
beweise, dass es nicht »den Menschen« gebe, sondern nur
konkrete, untereinander ungleiche Menschen. Daraus folgt,
dass man das Naturrecht, die schon von der antiken Stoa vertretene Lehre, dass es ein höheres und allgemeineres Recht als
das des Staates gebe, bekämpfen müsse. Der Kampf gegen das
Abstrakte äußert sich auch im nationalsozialistischen Staatsverständnis. »Das Staatsdenken des Nationalsozialismus ist
konkret, existenziell, biologisch, da es seinen Gegenstand als
urständiges, individuelles Leben voraussetzt.«[178] Ähnlich
auch der NS-Staatstheoretiker Carl Schmitt: Der liberale Individualismus habe nur den »Menschen« allgemein im Sinn,
nicht aber das konkrete deutsche Volk, um Artgleiches und
Artfremdes nicht unterscheiden zu müssen.[179] Gegen das »Ge-

spenst der Menschheit« hatte schon H. St. Chamberlain das »konkret Historische« gestellt.[180]

Vor diesem Hintergrund können die Juden mit anderen Formen des politischen Internationalismus in Verbindung gebracht werden, die von unterschiedlichen Richtungen her das mit sich identische Volk bedrohen: katholisches Christentum, Liberalismus (einschließlich der Freimaurerei) und Bolschewismus. Sie alle haben eines gemeinsam: ihren Universalismus. Mögen Freimaurer auch gegen die Kirche kämpfen, diese gegen den Bolschewismus und der wiederum gegen den Liberalismus, so sind das nur Scheingefechte oder Täuschungsmanöver, denn dahinter steht ein gemeinsames oberstes Prinzip, das sich lediglich in verschiedene Richtungen aufgefächert hat. Da Pluralität als Keim der Zersetzung, Mischung und Ambivalenz in diesem Denken nicht zugelassen wird, müssen auch konträre politisch-weltanschauliche Strömungen unter einem Generalnenner zusammengefasst werden: jüdischer Geist. Er hat sich gewissermaßen nur »verkleidet«, sich Masken aufgesetzt und spricht mit unterschiedlichen Zungen. Der Antisemit Theodor Fritsch kann daher zusammenfassen: »Wir haben gesehen, wie der jüdische Geist als Grundlage verschiedenen Denkens in den Leib der Völker eindringt: als Judentum an sich, als Freimaurerei, als Bolschewismus, als Jesuitismus und als Christentum.« Als Ferment wuchert und arbeitet dieser Geist auch in Dingen, die scheinbar weit ab vom Judentum liegen, dennoch aber seinem Geist entsprungen sind: in der Französischen Revolution von 1789, im Liberalismus, in der Geldwirtschaft, der Großfinanz, im »Demokratischen«, im Marxismus und Bolschewismus. »Die Internationalität aller dieser Triebe und Nebentriebe des jüdischen Geistes ist es, die auf das schärfste und eindeutigste dem sich entgegenstellen muss, das im Nationalismus, im völkischen Freisein des Menschen die geradezu göttliche, weil naturgesetzliche Erscheinung lebendig erhalten will.«[181]

Der Antisemitismus greift ältere, konservative Traditionen auf, denen unter den Bedingungen des 20. Jahrhunderts einige pseudo-revolutionäre Zutaten beigemischt werden, ohne grundlegend etwas an der Frontstellung zu ändern. Sie zeichnet sich seit dem 18. Jahrhundert ab, vor allem seit der Französischen Revolution. Gegen den individuellen liberalen Freiheitsbegriff, verstanden als Freiheit von staatlicher oder religiöser Bevormundung, steht die völkisch-identitäre Auffassung von Freiheit, die an Herder anschließt. Er versteht Freiheit als Zu-sich-selbst-Kommen, als naturgesetzliches Wachsen nach einem inneren Bauplan, als Treue zu sich selbst. »Einem mathematischen Schematismus des logisch aufgefassten unwandelbaren Seins wurde die Erkenntnis des Werdens eines geheimnisvoll sich ausgestaltenden Seins abgerungen: der Wert dieses Werdens liegt danach gerade im Bewusstsein der möglichen Vervollkommnung durch Selbstverwirklichung. Die durch Atomismus, Mechanismus, Individualismus und Universalismus geforderte Lösung einer gestellten Schulaufgabe des Daseins wird verneint und umgewandelt in eine vorwärts strebende Annäherung – zu sich selbst. Dadurch wird aber eine neue Sittlichkeit begründet: die Seele holt sich keine abstrakten Regeln von außen, sie bewegt sich auch nicht auf ein äußeres, hingestelltes Ziel zu [...]. Diese wuchshafte (organische) Erscheinung ist innerlich durch Werte bedingt, aber auch durch Schranken gekennzeichnet [...], man muss sie als Ganzes bejahen oder verneinen: der Zwang eines Abstraktums würde die Gestalt, damit auch die fruchtzeugende Fähigkeit vernichten.«[182]

Zu diesem »Zwang eines Abstraktums« gehört auch die Idee der Volkssouveränität. Grundlage der modernen Demokratie ist der Gedanke eines Staatsbürgers, dem jenseits seiner sozialen Stellung oder wirtschaftlichen Tätigkeit, das heißt abstrakt als Individuum, bestimmte Rechte und Pflichten zukommen. Schon der Konservatismus des 19. Jahrhunderts kämpfte gegen diese Abstraktion, weil sie die traditionellen, patriarchalen Machtbeziehungen in Frage stellte. Sein Ziel war eine modernisierte, ethnisch überformte Ständegesellschaft nicht nur im Inneren, sondern auch nach außen: Ganze Nationen übernehmen nun im 20. Jahrhundert die Rolle des Adels, andere dagegen die des vierten Standes oder des Proletariats.

Der Kampf gegen die Juden wurde zu einem Weltanschauungskampf, der weit über das hinaus geht, was an Sozialneid oder Konkurrenzängsten im späten 19. Jahrhundert bereits vorhanden war. Daher richtete er sich auch nicht nur auf einer sozialen Ebene gegen besonders reiche und erfolgreiche Juden, gegen die Wertheims, Ballins oder Rathenaus. Der Gegner war vielmehr ein abstraktes Prinzip, das als »Gegenrasse« konkrete Gestalt annahm und daher als Ganze bekämpft werden musste. Die alte aristokratische Standesehre müsse zur Nationalehre erhoben werden, fordert Rosenberg. Dies sei aber nur dann möglich, »wenn alle wirklich Arbeitenden des deutschen Volkes eine Front gegen alle an Wirtschaft, Profit und Börse Verkauften bilden, gleich, ob diese Tatsache mit dem Mantel der Demokratie, des Christentums, des Internationalismus, der Humanität verdeckt wird«.[183]

Angesichts einer fast zweitausendjährigen Geschichte jüdischer Verfolgung und Diskriminierung konnte es nicht ausbleiben, dass sich bei einigen Juden eine Art jüdischer Selbsthass entwickelte. Ende des 19. Jahrhunderts muss man dieses Phänomen gleichzeitig vor dem Hintergrund einer kulturellen Kluft zwischen den orthodoxen Ostjuden und den assimilierten Westjuden betrachten. Otto Weininger, eine tragische Gestalt, die schon in jungen Jahren durch Selbstmord endete, gehörte zu den Menschen jüdischer Abstammung, die sich antijüdische Stereotypen zu Eigen machten. Als die völkischantisemitischen Kreise darangingen, den aristokratischen Wert der Ehre durch Zuschreibung eines »Rassenadels« auf die ganze Nation auszudehnen, konstatierte Weininger: »Der Jude ist der Gegenpol des Aristokraten; das Prinzip des Aristokratismus ist strengste Wahrung aller Grenzen zwischen den Menschen.«[184] Der Jude aber sei ein »Grenzverwischer«, ein seelenloser materialistischer Freigeist. Innerliche Vieldeutigkeit sei das absolut Jüdische, Einfalt das absolut Antijüdische.

Wie schon andere Antisemiten vor ihm verband Weininger das Judentum nicht mit Blut und Genen, sondern mit einer Geistesrichtung, einer psychischen Disposition, die grundsätzlich für alle Menschen eine Option darstelle. Im historischen Judentum habe sie allerdings ihre grandioseste Verwirklichung gefunden.[185] Ambiguitätstoleranz, das Aushalten von Mehrdeutigkeit, eine in Demokratien unverzichtbare Fähigkeit, gilt im rechten Diskurs als äußerste Bedrohung nationaler oder völkischer Identität. »Einfalt«, das simple Schwarz-Weiß-Denken, die Polarisierung der Welt in Gut und Böse, ist ihre Antwort darauf – eine manichäische Philosophie, die im Vorfeld des Nationalsozialismus auch auf die kriegerisch-militaristische Tradition mit ihrem Freund-Feind-Denken zurückgeht.

Versuchen wir zusammenzufassen: Schon im 19. Jahrhundert artikulierte sich ein Antikapitalismus, der andere Wurzeln und andere Ziele hatte als der marxistische. Vor dem Hintergrund zunehmender Abstraktion in Politik (Gesellschaftsvertrag, universale Menschenrechte), in Wirtschaft (Transformation des Geldes als Tauschmedium zum sich selbst verwertenden Kapital) und in der Gesellschaft (Verstädterung, Anonymisierung, Auflösung von gewachsenen zwischenmenschlichen Beziehungen und Traditionen) geht es seit der Romantik um eine Revolte gegen das Abstrakte, um die Rückgewinnung des Konkreten. Daher wird der Kapitalismus aufgespalten in einen positiv besetzten Industriekapitalismus, der konkrete, materielle Güter schafft, und einen negativ bewerteten Finanzkapitalismus als abstrakte Sphäre von Geldzirkulation und Kapitalvermehrung.

Diese Abstraktion muss, um bekämpft werden zu können, im völkischen und nationalsozialistischen Denken konkret und sinnlich-greifbar gemacht werden. Sie muss ein Gesicht erhalten. Die Juden, seit alters her mit Wurzellosigkeit und einer besonderen Affinität zu Geldgeschäften in Verbindung gebracht, eignen sich als Gegner besonders gut. Sie sind nicht mehr nur die Sündenböcke für temporäre Übel wie Wirtschaftskrisen oder Börsenkrachs, sondern werden zur Personifikation eines viel umfassenderen Prinzips, des so genannten jüdischen Geistes. In ihnen wird das Abstrakte wieder konkret, die vermeintliche Bedrohung durch eine halbierte Moderne erhält einen Namen. Jüdischer Geist kann verschiedene, nur scheinbar sich widersprechende Tarnungen annehmen oder, in den Worten Alfred Rosenbergs, sich unterschiedliche Mäntel umlegen, und tritt auf als Liberalismus, Bolschewismus, katholische Kirche, Humanismus, Freimaurerei, Weltbürgertum. Dahinter aber, so die These von der jüdischen Weltverschwörung, stehen gemeinsame, von der »Gegenrasse« verkörperte Prinzipien: Abstraktheit, Unfassbarkeit, Internationalismus, Mobilität, Universalität.

Bei der Entwicklung der antijüdischen Stereotypen stehen sich in aufsteigender Linie gegenüber: Bauer/Christ gegen Städter/Juden, materiell-konkrete »authentische« Arbeit gegen die »unechte« in Handel und Kaufmannstätigkeit, Produktion gegen Zirkulation. Im 19. Jahrhundert treten hinzu: territorialer Nationalstaat/Volk gegen »wurzellose« Juden und »vaterlandslose Gesellen« (Sozialisten). Organisches Wachsen steht gegen mechanische Konstruktion, mystische Schau eines ganzheitlichen Werdens gegen atomistisch-zergliedernde (»zersetzende«) Analyse. Im 20. Jahrhundert spitzten die Nationalsozialisten diese Polaritäten zu einer manichäischen Weltanschauung zu: schaffendes (deutsches) gegen raffendes (jüdisches) Kapital. Konkret, dinghaft, materiell (Arier) steht gegen abstrakt-intellektualistisch (Juden).

Schließlich werden alle Polaritäten überwölbt vom Gegensatz zwischen dem Reich des Guten (das mit sich identische Volk und seine konkreten Attribute Blut, Boden, aber auch Technik) und dem Reich des Bösen (die internationale, in vieldeutigen Verkleidungen und Tarnungen sich zeigende jüdische Weltverschwörung).

Die unsichtbar lenkende Hand des Judentums erscheint als Zerrbild des Liberalismus. Hatte der frühliberale Theoretiker Adam Smith von der »invisible hand« gesprochen, die das Marktgeschehen nach Angebot und Nachfrage zum Wohle aller reguliere, so ist der Antisemitismus auch eine Antwort auf die Krise der liberalen Wirtschaftsordnung, allerdings eine, mittels derer die Ursachen dafür auf eine Minderheit abgewälzt werden. Aus der im positiven Sinne regulierenden unsichtbaren Hand des frühen Liberalismus wird in Zeiten der Krise die destruktiv agierende, der mit den Juden ein konkreter Körper zugeordnet wird. Mit dieser Rückführung eines abstrakten Gegners auf etwas Konkretes lässt sich auch seine Vernichtung einleiten. Zu Recht kann Rudolf Burger daher formulieren: »Das Abstrakte verbindet die Menschen, nicht das Konkrete!«[186]

VII Sozialdarwinismus und Sozialanthropologie

Jede Rassentheorie operiert mit eigenen Gliederungen und Untergliederungen, und je nach politischer Opportunität trieb gerade der innerweiße Rassismus die seltsamsten Blüten. Hatte Houston Stewart Chamberlain, der Schwiegersohn Wagners und im späten 19. Jahrhundert einer der populärsten Rassentheoretiker, die Gemeinsamkeiten einer keltisch-slawisch-germanischen Urrasse betont, so wurden im Zuge des deutsch-französischen Krieges 1870 die politische Feindschaft zwischen den beiden Nationen mühelos rassistisch umgedeutet. Nun besannen sich Franzosen auf ihre keltischen Wurzeln und spielten sie gegen die Germanen aus. Da diese aber seit dem 18. Jahrhundert vom Germanenmythos profitierten, musste ihnen dieses rassische Adelsprädikat abgesprochen werden. Eigentlich, so argumentierten die Franzosen, seien die Preußen, die eben erst die Hegemonie im deutschen Nationalstaat errungen hatten, gar keine Germanen, sondern Slawen – was einer Rassendegradierung gleichkam. Was hier »Rasse« war, was Ethnie, was Sprachgemeinschaft, Volk oder Nation, blieb diffus und war gerade deswegen so gut für unterschiedliche Interessen einsetzbar.

Ende des 19. Jahrhunderts standen sich drei Richtungen von Rassendoktrinen gegenüber: Die älteste, sich auf Gobineau berufende Linie, deren Urheber aber eigentlich Boulainvilliers war. Ihre Verfechter argumentierten rückwärts gewandt, geschichtspessimistisch und aristokratisch. Sodann die zukunftsgewandte, von Chamberlain vertretene Richtung, die sich methodisch eher auf Intuition als auf naturwissenschaftliche Beweisführung stützte. Chamberlain, ein gern mit seinem Laienwissen kokettierender Publizist, hatte zumindest die richtige Einsicht, dass jeder Versuch einer wissenschaftlichen Begründung von Rassendoktrinen zum Scheitern verurteilt ist und erhob erst gar keinen Anspruch auf Wissenschaftlichkeit im naturwissenschaftlichen Sinne. Die Gegenposition nahmen, drittens, im Zuge der im 19. Jahrhundert weit verbreiteten Wissenschaftsgläubigkeit die Anhänger des Positivismus ein, jener Wissenschaftstheorie, die nach einer Einheitswissenschaft und einer an den Naturwissenschaften orientierten Einheitsmethode strebt. Alle empirisch beobachtbaren Phänomene werden daher monistisch auf ein einziges Bewegungsprinzip zurückgeführt, über das allein die Biologie als Leitwissenschaft Aufschluss geben könne. Ludwig Schemann, der die Verbindung zwischen Gobineau und dem Bayreuther Wagner-Kreis herstellte, schrieb anerkennend: »[…] Die Ergänzung von der naturwissenschaftlichen Seite, der Anschluss an die Entwicklungslehre, war ja der entscheidende Schritt über Gobineau hinaus, der im Übrigen in seinen Hauptlehren – feste Rassen in der Geschichte, reine Rassen zu Anfang, Degeneration im Verlauf – wieder voll zur Geltung gebracht wurde.«[187]

Diese naturwissenschaftliche Richtung berief sich auf Darwins Evolutionstheorie und beschritt ihrerseits zwei Wege, den der so genannten Sozialanthropologie, in Frankreich auch Anthroposoziologie genannt, und den der Eugenik. Eugenik wurde in Deutschland mit Rassenhygiene übersetzt, bevor die Nationalsozialisten im Zuge ihres deutschtümelnden Kampfes gegen Fremdwörter auf »Erbgesundheitslehre« umschwenkten. Für die erste Richtung fühlte sich die noch junge Soziologie in Verbindung mit der Anthropologie zuständig, die Eugenik war das Feld von Biologen und Medizinern. Von ihr wird im nächsten Kapitel die Rede sein. Hier geht es zunächst um den Einfluss Darwins auf die Sozialwissenschaften, im engeren Sinne um die unter dem Begriff des Sozialdarwinismus zusammengefasste Übertragung seiner Evolutionstheorie auf die Gesellschaft.

Das wirkungsmächtige Bindeglied zwischen Gobineaus Aristokratismus und dem Darwinismus war die Philosophie Friedrich Nietzsches. Der bis heute umstrittene, immer wieder neu interpretierte Denker und Dichter durchlief verschiedene Phasen, bevor er sich in seinem Spätwerk »Also sprach Zarathustra« als Prophet eines höheren Menschentums verstand. Ob Nietzsche sich mit dem Begriff des Übermenschen zur Notwendigkeit einer Höherzüchtung der menschlichen Gattung bekannte oder nicht eher das romantische, auch von Carlyle, Emerson und Gobineau propagierte Heldenideal vertrat, der Sehnsucht nach den großen Ausnahmegestalten der Renaissance, war schon zu Anfang des 20. Jahrhunderts Gegenstand der Kontroverse und ist es bis heute geblieben. Jedenfalls formulierte Nietzsche, der Darwin selbst nicht rezipiert hatte, dem Prinzip der natürlichen Auslese aber nahe stand, einige Grundgedanken, die durchaus in den Kontext des Sozialdarwinismus gehören. Die Forderung nach einer »Umwertung der Werte«, die Zuordnung der Herrenmoral zu den Starken, der Sklavenmoral zu den Schwachen, der Kampf gegen das Christentum mit seiner Philosophie des Mitleids, die Bewunderung für vornehme und edle Rassen, für das »prachtvolle Raubtier«, »die nach Beute und Sieg lüstern schweifende blonde Bestie«, all das fand bei den sozialdarwinistischen Populisatoren Aufnahme und Gehör. Der Mensch müsse ein anderer, größerer, vollkommenerer werden, ein Übermensch. Denn der Mensch sei etwas, das überwunden werden müsse. Nietzsche sang das hohe Lied auf alles Große, Starke, Gesunde und Herrenmenschliche. Auch wenn er keine kollektivistischen Konsequenzen für eine bestimmte Ethnie zog, sondern ein individualistisch-aristokratisches Ideal vertrat und seine Schwärmerei für den Übermenschen mehrdeutig blieb, konnte er in der Hochphase des Imperialismus Ende des 19. Jahrhunderts durchaus sozialdarwinistisch-biologistisch verstanden und vereinnahmt werden. Er war es auch, der mit seiner Lehre von der »ewigen Wiederkehr« und seiner Vision vom »großen Mittag« dem zyklischen Geschichtsverständnis zuarbeitete. Nietzsches Ideal war an der Antike orientiert und bildete die Absage an das teleologische Geschichtsverständnis der drei großen Gegner aller Rassisten, die auch Nietzsches Gegner waren: Christentum, Aufklärung und Sozialismus. Sie galten ihm als gleichmacherisch, idealistisch und »humanitätsduselig«. Ludwig Schemann, einer der rührigsten Publizisten und Organisatoren im Umkreis des Bayreuther Wagner-Kreises, sprach von den »französischen Wahngebilden von der Freiheit, Gleichheit und Brüderlichkeit aller Menschen«, den »Schaumblasen der Fantasie des Aufklärungsjahrhunderts«.[188]

Einer der geistigen Väter des Sozialdarwinismus im engeren Sinne war der britische Soziologe Herbert Spencer (1820 bis 1903), der 1863 den Begriff »Kampf ums Dasein« (struggle for life) prägte. Der Grundgedanke von Spencers Soziologie ist, wie schon bei Herder, dass die Gesellschaft als Organismus aufgefasst wird. Nach Art eines Naturphänomens ist sie »geworden«, nicht etwas von Menschenhand Gemachtes. Soziale Entwicklung vollzieht sich daher nach den gleichen Gesetzen wie die Entwicklung der übrigen Natur: Spencer versteht Gesellschaft als ein organisches Aggregat. Die Grundprinzipien der gesellschaftlichen Organisation sind die gleichen wie bei einem lebenden Körper, denn beide bilden Strukturen und Funktionen aus. Beide, organische und soziale Aggregate, sind gekennzeichnet durch fortschreitende Differenzierung der Strukturen, die mit einer entsprechenden Differenzierung der Funktionen einhergeht. Alle Teile des Aggregats unterstützten sich gegenseitig, sind aber auch voneinander abhängig. Sie leben durch und füreinander, und das Aggregat ist nach dem gleichen allgemeinen Grundsatz aufgebaut wie ein einzelner Organismus. Allerdings behauptet Spencer nicht die vollkommene Übereinstimmung zwischen der Gesellschaft und einem physischen Organismus, sondern nur ihre Analogie. Nietzsche, jedem Systemdenken abhold, aphoristisch, widersprüchlich, blieb ein Steinbruch, aus dem nach Belieben Schlagworte herausgebrochen werden konnten. Spencers evolutionistische Soziologie dagegen bereitet den Weg für das organologische Denken, auf das sich auch heutige Rassentheoretiker berufen.

Am Beginn jeder Gesellschaftslehre steht die Frage, was denn zuerst da war, die Individuen, die durch ihr absichtsvolles Handeln die Gesellschaft erst schufen oder umgekehrt die Gesellschaft als Aggregat, die jedem Individuum eine bereits vorhandene Funktion zuweist. Gegen jede funktionalistische Soziologie, die mit Spencer beginnt, setzen ihre Kritiker die These: Die gesellschaftlichen Beziehungen der Individuen sind von diesen selbst geschaffen und normiert worden. Gesellschaftliche Phänomene sind die Ergebnisse zweckgerichteten menschlichen Handelns. Individuen handeln nicht nach dem Kausalitätsprinzip, sondern nach dem Gesichtspunkt von Zweck und Mitteln. Auf eine Ursache folgt nicht automatisch eine Wirkung, sondern Menschen sind, im Gegensatz zu anderen natürlichen Organismen, mit Bewusstsein begabt. Daraus folgt, dass sie Zwecke verfolgen, für die sie Mittel suchen. Zwecke verfolgen heißt aber, dass etwas bewirkt werden soll, und dieser normative Aspekt schließt den Gedanken aus, dass etwas von selbst, und zwar mit Naturnotwendigkeit, eintritt.

Äußere Regeln wie Konventionen oder das Rechtssystem sind nicht organisch gewachsen und daher nicht in Analogie zu Organismen zu denken, sondern wurden von Menschen gemacht unter dem Aspekt der Erreichung bestimmter Zwecke mit bestimmten Mitteln. Gilt für einen Organismus das Kausalitätsprinzip, wonach auf eine Ursache mit Notwendigkeit eine bestimmte Wirkung folgt, so gilt dies für Gesellschaften gerade nicht. Die Beziehungen zwischen Individuum und Gesellschaft können nicht nach dem gleichen Prinzip aufgefasst werden wie die zwischen den Bestandteilen eines Organismus. Mit Bewusstsein begabte Menschen unterhalten also untereinander Beziehungen nach Maßgabe dessen, was sein soll und suchen sich für die Erreichung dieser normativen Zwecke die geeigneten Mittel. Sie selbst sind die Urheber der gesellschaftlichen Beziehungen, unter denen sie leben und nicht natürliche Glieder einer Kausalitätskette.

Spencer leugnet diesen Unterschied zwischen dem naturhaften Sein als Gegenstand der Biologie, und dem Sollen, für das Ethik und Geschichtsphilosophie zuständig sind. Er trennt die Geschichtsphilosophie kategorisch von der Soziologie, die allein auf der Biologie fußen solle. Soziologie ist für ihn nichts anderes als die Biologie einer kollektiven Gesamtpersönlichkeit, die als überindividueller Organismus ein eigenes Leben führt. Spencer überträgt die biologische Evolutionstheorie auf die Gesellschaft: Je differenzierter eine Gesellschaft, desto höher entwickelt ist sie. »Damit wird in einer gleichsam automatisch sich vollziehenden, aufsteigenden Evolution das Grundgesetz gesehen, welches Naturgeschehen wie Gesellschaftsprozess gleichermaßen regiert, sodass der Konkurrenzkampf der Individuen den immer währenden zivilisatorischen und sittlichen Fortschritt verbürgt. Indem er zum Motor des humanitären Fortschritts wird, verblasst er zu einem agonalen Bewegungsprinzip.«[189]

Aber auch ein zweiter Aspekt der Darwin'schen Biologie ließ sich für die These der Ungleichheit und Ungleichwertigkeit der Menschen heranziehen: der Selektionismus, die Lehre von der Entstehung der Arten durch natürliche Zuchtwahl. Der evolutionistische und der selektionistische Gedanke wurden als einander ergänzend verstanden. Nach außen, im Verhältnis zu anderen Völkern, Stämmen oder Ethnien galt der evolutionistische Ansatz, also die These von der Höherwertigkeit des »homo europaeus«, nach innen trat der selektionistische Aspekt, die Auslese der Tüchtigsten oder Besten im gesellschaftlichen Konkurrenzkampf in den Vordergrund.[190] Allerdings war man in Deutschland schnell bei der Hand, den englischen Terminus »survival of the fittest« einseitig zu übersetzen. Unter »fit« verstanden Spencer und Darwin den am zweckmäßigsten an seine Umwelt Angepassten und nicht, wie die deutschen Sozialdarwinisten, den ökonomisch Tüchtigsten oder gar den moralisch Besten.

In Verbindung mit der Darwin'schen Deszendenztheorie fand die Formel vom »Kampf ums Dasein« Eingang in die Gesellschaftslehre und wurde zum Grundgesetz nicht nur natürlicher, sondern auch gesellschaftlicher Ausleseprozesse erhoben: »Aus der Addition von Spencers Sozialphilosophie und Darwins Biologie ergab sich die Summe, genannt Sozialdarwinismus.«[191] Mit dieser Naturalisierung des sozialen Denkens im letzten Drittel des 19. Jahrhunderts avancierten Selektion und Auslese zu sozialen Schlüsselbegriffen. Sie lieferten die Rechtfertigung für einen philosophischen Determinismus, nach dem alle menschlichen Handlungen als durch Natur und Umwelt festgelegt und vorher bestimmt galten. In Frankreich schrieb der Sozialanthropologe Vacher de Lapouge: »Wenn man die Abhängigkeit vom Willkürlichen und Mystischen verwirft, wie es die Naturwissenschaft zur Erklärung ihrer Erscheinungen tut, dann muss man anerkennen, dass alles, was in der Zukunft geschehen wird, auf eine unwandelbare Art vorausbestimmt ist.«[192]

Vor allem in den angelsächsischen Ländern ließ sich diese Sicht gut verbinden mit der calvinistischen Lehre von der göttlichen Auserwähltheit. Das Göttliche verschmolz pantheistisch mit dem Naturganzen; Moral- und Naturlehre wurden, wie schon bei Herder, ununterscheidbar. Organische Differenzierung konnte daher gleichgesetzt werden mit gesellschaftlicher Höherentwicklung. Der zivilisatorische Fortschritt erscheint als naturnotwendiger Prozess, der die Überlegenheit der europäischen Zivilisation demonstrieren und die Vorherrschaft der Weißen rechtfertigen konnte. Gleichzeitig lieferte Darwins These von der Artumbildung durch Auslese variierender Nachkommenschaft, einmal auf die Gesellschaft übertragen, die Rechtfertigung für einen schrankenlosen laissez-faire-Kapitalismus. Die biologische Theorie vom Überleben der Zweckmäßigsten wurde simplifiziert zu einer vom Überleben der Besten und Tüchtigsten, verstanden als Wirtschaftssubjekte.

Stand dahinter zunächst noch die vom aufklärerischen Frühliberalismus vertretene Annahme einer prästabilierten Harmonie zwischen Einzelinteresse und Gesamtwohl, so schwand dieser Glaube nach der Großen Depression in den siebziger Jahren des 19. Jahrhunderts zunehmend dahin. Die bio-organismische Weltsicht des Sozialdarwinismus diente nun zur Rechtfertigung brutaler, skrupelloser Durchsetzung eigener Interessen. Dies galt sowohl für den Einzelnen als auch für Nationen. Das Bild einer sich von selbst einstellenden gesellschaftlichen Harmonie wich einer Weltsicht, in der nur noch der permanente Kampf aller gegen alle herrschte. Das Konzept der biologischen Auslese mutierte zu dem eines gesellschaftlichen Rassenkampfes nach außen und zu dem des Kampfes der Tüchtigen gegen die Schwachen im Inneren. Als vermeintlich unumstößliche wissenschaftliche Tatsache lieferte es zugleich die Rechtfertigung für das kapitalistische Wirtschaftssystem, denn der wirtschaftliche Konkurrenzkampf belohnt die Erfolgreichen und bestraft die Erfolglosen. Da hier aber nur »natürliche« Ausleseprozesse stattfanden, glaubte man, moralischer Verantwortung enthoben zu sein. In Deutschland konnte man sich überdies auf die Staatstheoretiker der Romantik berufen, die zwischen Volksgeistlehren und naturalistischem Monismus die Brücke bildeten. Schon

Adam Müller und Franz von Baader hatten um 1810 betont, Ethik und Physik, Moral und Naturlehre seien ein und dasselbe.

In seinen späten Jahren erkannte Spencer zwar die verhängnisvollen Konsequenzen dieser Gleichsetzung von Biologie und Soziologie und verurteilte die rohen Formen des Kampfes ums Dasein. Überleben der Zweckmäßigsten heiße nicht immer, dass auch die Besten überlebten. Spencer wandte sich gegen den Burenkrieg in Südafrika und schrieb: »Ich habe immer geglaubt, Adel der Gesinnung zeige sich darin, die zart zu behandeln, die relativ schwach sind, und selbst um ihretwillen etwas zu opfern, worauf man gerechten Anspruch hat [...].«[193] Aber diese moralischen Bedenken ließen sich mit Spencers Theorie nicht begründen. Seine Anhänger und Nachfolger, im deutschsprachigen Raum vor allem die Österreicher Ludwig Gumplowicz und Gustav Ratzenhofer, und die Deutschen Albert Schäffle und Paul von Lilienfeld, hatten solche Bedenken nicht: »War man einmal an der Arbeit, das Leben der Gesellschaften biologisch zu behandeln, so konnte es bei dem großen Einflusse der Darwin'schen Theorie auf die Naturwissenschaft und Biologie nicht fehlen, dass man auch den Versuch anstellte, seine Theorie vom Kampf ums Dasein auf die soziale Entwicklung anzuwenden.«[194]

Damit war der Übergang vom Klassenkampf zum Rassenkampf eingeleitet. Ludwig Gumplowicz (1838–1909) vor allem steht für Propagierung des Rassenkampfes zum Motor der Geschichte. In der Einleitung zu seinem Hauptwerk »Der Rassenkampf« von 1883 geht er auf die Veränderung des geistigen Klimas ein. Noch ein Menschenalter zuvor wäre der Titel seines Buches auf heftige Kritik gestoßen. Von Rassen zu schreiben, hätte als unschicklich gegolten. »Wie ist das heute anders geworden!« heißt es in der Einleitung zur zweiten Auflage von 1909. Der Monogenetismus werde nur noch mit Rücksicht auf die Bibel und religiöse Skrupel vertreten. Dabei sei in den

Sprachwissenschaften der Polygenetismus längst anerkannt, nur in der Anthropologie wolle man nichts davon wissen. Zehn Jahre vorher hatte Houston Stewart Chamberlain erklärt: »Die so genannte ›Einheit der menschlichen Rasse‹ bleibt zwar als Hypothese noch in Ehren, jedoch nur als eine jeder materiellen Grundlage entbehrende, persönliche, subjektive Überzeugung. Im Gegensatz zu den gewiss sehr edlen, aus reinster Sentimentalität hervorgequollenen Weltverbrüderungsideen des 18. Jahrhunderts, in welchen die Sozialisten als (sic) Hintertreffen noch heute nachhinken, hat sich allmählich die starre Wirklichkeit als notwendiges Ergebnis der Ereignisse und der Forschungen unserer Zeit erhoben.«[195]

Gumplowicz begreift alle gesellschaftlichen Erscheinungen als Phänomene eines natürlichen Prozesses, der unter Einfluss des Milieus abläuft. Was im Menschen denkt, sei gar nicht er selbst, sondern seine Gruppe, seine soziale Umwelt. Ähnlich wie der Begründer der Soziologie, Auguste Comte, unterscheidet auch Gumplowicz drei Stadien der Geschichtsauffassung: eine theistische (religiöse), eine rationalistische (aufklärerische) und die von ihm selbst vertretene moderne, naturalistische. »Die dritte betrachtet die Menschheit als einen unfreien Bestandteil der Natur und forscht nach den Naturgesetzen, nach denen dieser Bestandteil in ewiger Notwendigkeit die ihm vorgezeichneten, natürlichen Bahnen durchläuft.«[196] Der ewige Rassenkampf ist das Gesetz der Geschichte – der ewige Friede nur ein Traum von Idealisten. Die immer und überall sich wiederholenden Erscheinungen folgen festen, unabänderlichen Gesetzen. Dazu gehört auch, dass überall im sozialen Leben Menschen ein höheres Zugehörigkeitsgefühl zur eigenen Gruppe entwickeln als zu anderen Gruppen. Menschen versuchen, sich im Kampf um die Herrschaft als einheitlicher Faktor geltend zu machen. Rassenbildung geschieht nach Gumplowicz durch den Zusammenschluss zuvor heterogener ethnischer Elemente und ist der eigentliche Kern der Weltgeschichte. Die Geschichte, verstanden als Naturprozess, kennt weder Fortschritt noch Rückschritt, sondern nur einen ewigen Kreislauf.[197]

Im 20. Jahrhundert fand diese Zyklentheorie mit ihrer Annahme von Aufstieg und Fall der Kulturen oder Kulturkreise Eingang in die Geschichtswissenschaft. Ihre namhaftesten Vertreter waren Arnold Toynbee und Oswald Spengler. Sie werden auch heute noch – oder wieder – in den vergleichenden Kulturwissenschaften diskutiert und liefern die geistige Grundlage für die derzeit aktuellen Debatten um den »Kampf der Kulturen« (Huntington).

Wie schon Spencer und Nietzsche, verabschiedet auch Gumplowicz radikal jeden Fortschrittsgedanken, jede teleologische Geschichtsphilosophie. Die zyklische Geschichtsauffassung löst die auf ein höheres Ziel gerichtete ab, sei es die christliche Perspektive einer Heilsgeschichte, die aufklärerische eines linearen Fortschritts oder die marxistische einer dialektischen Entwicklung hin zu einer klassenlosen Gesellschaft. Die bald schon zur Religion aller Sozialdarwinisten erhobene Weltanschauung war der Monismus, die Annahme, die gesamte Wirklichkeit lasse sich auf ein einziges Grundprinzip zurückführen.

Eine solche Sicht kann keinen Optimismus begründen: Sie bedeutet die desillusionierte Absage an die Versprechungen des Liberalismus der Aufklärungszeit. Die Menschen sind nicht länger Subjekte ihrer Geschichte, sondern nur noch Vollzugsorgane naturgesetzlich ablaufender Prozesse. Ihre vermeintliche Freiheit ist nur eine Illusion, individuelles Handeln nur »optische Täuschung« (Gumplowicz). Wirklich Handelnde sind die sozialen Gruppen, die sich »wie der Lauf der Planeten« immer und überall gesetzmäßig gleich verhalten. Dabei werden sie von drei Impulsen getrieben: dem Streben nach Selbsterhaltung, dem nach Besserung der Lebenslage und schließlich dem so genannten Syngenismus.

Darunter versteht Gumplowicz die Kräfte des Gruppenzusammenhalts, die sich nach innen sozialsympathisch entwickeln, nach außen sozialegoistisch. Syngenismus als unabänderliches Gesetz sozialen Gruppenverhaltens ist die eigentliche Quelle von Fremdenhass.

Gumplowicz stammte aus einer polnisch-jüdischen Familie aus Krakau. Später führte ihn sein Lebensweg nach Graz, wo er Professor war, aber in akademischen Kreisen immer ein Außenseiter blieb. Sein Werk spiegelt auch die wachsenden ethnischen und nationalen Konflikte im österreichischen Vielvölkerstaat vor dem Ersten Weltkrieg wider. Antisemitismus, Fremdenhass und ethnische Gruppenkämpfe waren alltägliche Erfahrungen in einer Zeit, in der der nationale Gedanke seine ganze Ambivalenz als Befreiungs- und gleichzeitig als Ausgrenzungsideologie entfaltete.

Das bürgerliche, autonom gedachte Individuum und die Vorstellung von einem freien Willen jenseits der naturalen, biologischen Bedingtheit weicht einem Menschenbild, das den Einzelnen als umweltdeterminiert begreift. Gumplowicz entwirft eine Soziologie ohne Menschen. Der Mensch, sagt er, sinke in seiner naturalistischen Gesellschaftslehre zu einer »bedeutungslosen Null« herab. Das schon bei Gobineau vorherrschende geschichtspessimistische, tragische Lebensgefühl prägt auch Gumplowicz' Werk. Das Leben sei nichts anderes als eine Tragödie, in der sich immer wieder von neuem das blutige Drama der Geschichte abspiele.[198]

Gumplowicz blieb in der deutschen Soziologie ein Außenseiter, nicht zuletzt, weil sein naturalistischer Determinismus nicht nur die Willensfreiheit, sondern auch die Schuldfähigkeit des Menschen in Frage stellt. Das scheint zunächst nur Konsequenzen für das Strafrecht zu haben, geht aber weit darüber hinaus. Denn wo das Individuum auf eine »bedeutungslose Null« reduziert wird, können nur noch anonyme gesellschaftliche Prozesse walten. Die Handlungen des Einzelnen erschei-

nen wie einfache Naturereignisse, als Folgen von Milieuein-
flüssen und äußeren Umständen, unter denen der jeweilige
Mensch gar nicht anders konnte als seine Tat zu begehen.

Als antiindividualistischer Milieutheoretiker machte Gumplowicz sich zum Anwalt einer humanitäreren Strafpro-
zessordnung, die die Umweltbedingungen stärker zu berücksichtigen hat. Wenn diese und nicht der Einzelne verantwortlich für eine Straftat sind, müssen folglich zuerst auch diese
Bedingungen geändert werden. Wo Milieu und Umwelt als
nicht nur relativ, sondern absolut als determinierend gelten
und der freie Wille als liberale, idealistische Chimäre angesehen wird, ist die individuelle Schuldfähigkeit ausgeschlossen.
Gleichzeitig wird aber der Minderbewertung ganzer Gruppen
als naturalistische Selbstbehauptungs- oder Überlebensein-
heiten Tür und Tor geöffnet. Dann gibt es auch keine Moral
mehr, sondern nur noch eine Vielzahl von Gruppenmoralen
mit der Folge, dass ganze Gruppen als nicht assimilierbar aus-
geschieden oder eliminiert werden können.

Wichtiger als Spencer oder Gumplowicz für die Populari-
sierung des Sozialdarwinismus in Deutschland wurde der
Zoologe und Naturphilosoph Ernst Haeckel (1834–1919), der
geistige Vater der monistischen Bewegung. Der 1906 von ihm
gegründete »Monisten-Bund« vertrat die These, Metaphysik
und Religion hätten abgedankt und könnten zur Erklärung der
Welt nichts mehr beitragen. Allein die Wissenschaft von der
Evolution habe das alle Wissenschaften einigende Prinzip der
Wirklichkeit erkannt. Das Göttliche wurde mit den Naturganzen gleichgesetzt, und im Darwinismus sah man die Bestätigung dafür, dass auch der Mensch Teil dieses Naturganzen sei.
Als »Prophet einer monistischen Naturreligion auf darwinisti-
scher Grundlage« (Zmarzlik) verstand Haeckel den »Monis-
mus als Band zwischen Religion und Wissenschaft« – dies der
Titel eines seiner auflagenstarken und weit verbreiteten
Bücher. Haeckels Monistenbund kämpfte für die Befreiung

von religiöser Dogmatik, trat für das Freidenkertum ein und hatte gerade im liberalen, antiklerikalen deutschen Bürgertum des späten 19. Jahrhunderts, sogar in Teilen der Arbeiterbewegung, große Resonanz. Haeckel, Antisemit, Mitglied des reaktionären Alldeutschen Verbandes und Befürworter der deutschen Kolonialpolitik, erhob den Sozialdarwinismus zu einer politischen Religion.[199]

In Frankreich bemühte sich vor allem Georges Vacher de Lapouge (1854–1936) um eine Synthese von Soziologie und Anthropologie. Von Hause aus Zoologe, erkannte er zwar an, dass die Menschen wie alle übrigen Lebewesen dem Gesetz der Auslese unterliegen. Aber die natürlichen Ursachen wie Klima, Lebensweise oder Krankheiten seien sekundär im Verhältnis zu den sozialen Mechanismen der Auslese. Ihnen vor allem wendet sich Lapouge zu. Er unterscheidet sechs Kategorien sozialer Auslese. An erster Stelle steht der Krieg, in dem in der Regel die Besten fallen. Zu den gewaltsamen Auslesearten gehören ferner innerhalb einer Gesellschaft Bürgerkriege oder Parteienkämpfe. Als drittes kennt Lapouge die Auslese auf Grund religiöser Motive. Ketzerverfolgung ist die aktive Variante, Ehelosigkeit der Geistlichen und Ordensmitglieder die passive: Katholische Länder schädigen sich systematisch dadurch, dass sie die Besten an der Fortpflanzung hindern. Schließlich kommt auch der Moral eine Rolle bei der Zuchtwahl zu. Vor allem das Gebot der Nächstenliebe wirkt nach Lapouge kontraselektiv, denn diese falsch verstandene Tugend erhalte schädliche, schwächliche, untüchtige Menschen am Leben. Fünftens trägt die Justiz zur Auslese bei, vor allem durch die Ehegesetzgebung. Monogamie ist unter den Gesichtspunkten der Auslese eher schädlich, denn sie ist untrennbar verbunden mit Prostitution oder anderen geheimen Formen der Polygamie. Durch die Verbreitung von Geschlechtskrankheiten, im 19. Jahrhundert vor allem die Syphilis, kommt es auch hier zur Auslese.

Die sechste Variante sozialer Auslese aber wirkt am nachhaltigsten. Erst die ökonomischen Verhältnisse verursachen die entscheidende Auslese. Der Zwang zur Auswanderung entzieht den Völkern ebenso wertvolles Potenzial wie die Verstädterung. Sie führt zu einem Aderlass in den ländlichen Gebieten, gleichzeitig aber kommt es zu einem erhöhten Bedarf an Arbeitskräften mit der Folge, dass sich vor allem die unteren Schichten stärker vermehren als die oberen.

Alle Faktoren zusammen genommen führen zu dem, was schon Gobineau als die Degeneration bezeichnet hatte. Lapouge spricht von regressiver Selektion. Rassen, so Lapouge, treten im 19. Jahrhundert nur noch in gemischter Form auf. Um nun den Durchschnittstyp einer Rasse vor dem Beginn der Vermischung zu rekonstruieren, bedient er sich der schon im 18. Jahrhundert gebräuchlichen Schädelindexmessungen und sozialanthropologischen Statistiken. Lapouge glaubt zeigen zu können, dass Völker zu unterschiedlichen Zeiten anthropologisch verschieden zusammengesetzt sind, je nach Anzahl und Verteilung der Langschädeligen (Dolichozephale) und der Rundschädeligen (Brachyzephale). Die ersteren überwogen nicht nur historisch, bevor sie von den Rundköpfigen eingeholt wurden, sondern waren auch ökonomisch und geistig überlegen.

In seinem Werk »Der Arier« von 1899 unterscheidet Lapouge innerhalb einer Population vier Menschentypen, a) die Überlegenen und Genialen, b) die Intelligenten, aber nicht eigentlich Erfinderischen, c) jene, die dem Herdentrieb folgen. Sie sind ohne eigene Ideen, eignen sich aber leicht die anderer an; schließlich d) den Rest, der Gedanken weder zusammenfassen noch hervorbringen, weder entdecken noch zusammenstellen kann. In einem einfachen Nebensatz, als sei es das Selbstverständlichste der Welt, überträgt Lapouge diese Vierteilung nun auf das Verhältnis der Völker untereinander: »Um die Einteilung verständlicher zu machen, werde ich sie auf einige wohl bekannte Völker anwenden.«[200] Zur ersten Gruppe zählt er England, zur zweiten Mexiko, zur dritten die »Neger« (Haiti) und zur vierten Feuerländer und Buschleute. Sie alle aber werden übertroffen von den blonden Langschädeligen. Sie, die Arier, sind die Überlegensten von allen, allerdings haben sie einen gefährlichen Feind: »Der einzige gefährliche Mitbewerber des Ariers ist gegenwärtig der Jude.«[201] Nichts anderes verkündete im gleichen Jahr (1899) Houston Stewart Chamberlain in Deutschland.

Das deutsche Pendant zu Lapouge war Otto Ammon (1842 bis 1915), der sich gleichfalls auf die noch junge Wissenschaft der Anthropologie berief und eine »naturwissenschaftliche Gesellschaftstheorie« forderte. Mit Lapouge und Ammon beginnt die so genannte Sozialanthropologie, die rassistische Interpretation anthropologischer Befunde. Von Gobineau bis Nietzsche hatten sich alle Degenerations- oder Dekadenztheorien noch an aristokratischen Idealen orientiert. Sie waren darauf ausgerichtet gewesen, den Adel als Stand oder als höheren, edleren Menschentyp von der Masse mit ihrem »Herdentrieb« abzuheben. Die Einsicht in die Unumkehrbarkeit der Geschichte hatte sie insgesamt pessimistisch gemacht, was den Fortgang der Menschheit betraf. Ammon dagegen teilte diesen Pessimismus nicht, denn er schrieb für eine andere Schicht und proklamierte daher eine andere Weltsicht. Ammon hatte eine neue, bürgerliche Funktionselite im Blick, die sich unter dem Aspekt der Auslese der Besten den Weg nach oben bahnen sollte. Freie Bahn dem Tüchtigen lautete seine Devise: Degeneration und regressiver Selektion könne man frische Blutzufuhr von unten entgegensetzen. Die Darwin'sche Selektionstheorie wurde zur Grundlage einer neuen Sozialethik, in der Selbsterhaltungs- und Durchsetzungstrieb einen zentralen Stellenwert erhielten.

Dynamik lautete das alles beherrschende Schlagwort der wilhelminischen Epoche. »Humanitätsduselei« und die von

Nietzsche so verachtete Philosophie des Mitleids galten als Relikte vergangener Epochen und überdies als Hemmschuh für den Expansionsdrang. Stellten in den angelsächsischen Ländern die Sozialdarwinisten die dynamische Variante der »neuen Imperialisten« des 19. Jahrhunderts dar, so galt es nun auch in Deutschland, das sich verspätet auf den Weg in den Imperialismus gemacht hatte, sich hart, dynamisch und vorwärts blickend einen »Platz an der Sonne« zu erobern.[202] Gegen jene bürgerlich-reformerischen Kräfte gewandt, die zum Schutz der unterprivilegierten Schichten mehr Staatsinterventionismus forderten, hob der Sozialdarwinist Alexander Tille 1912 die »ökonomodynamischen Verhältnisse der Gegenwart«, die derzeit herrschende »dynamokratische Gesellschaftsordnung« hervor.

Der Kampf gegen altruistische Lehren oder ethische Motive richtete sich politisch vor allem gegen die Sozialdemokratie und die Kathedersozialisten. Unter Kathedersozialisten verstand man im letzten Drittel des 19. Jahrhunderts eine Gruppe von bürgerlich-liberalen Wissenschaftlern, die vom Katheder der Hörsäle aus für soziale Reformen eintraten. Im Gegensatz zu dem von ihren Gegnern erfundenen polemischen Begriff hatten sie aber mit dem Sozialismus nichts zu tun. Sie bekämpften nicht den Kapitalismus, sondern nur den schrankenlosen Manchester-Liberalismus und forderten staatliche Eingriffe in die Wirtschaft zur Lösung der »sozialen Frage«. Zu ihnen zählten u. a. der Ökonom Lujo von Brentano und der Soziologe Max Weber. Unter den Sozialdarwinisten gehörte vor allem Alexander Tille (1866–1912) zu ihren Gegnern. Tille war Funktionär großindustrieller Verbände, zeitweilig auch Syndikus der Handelskammer von Saarbrücken und plädierte für den so genannten »Sozialaristokratismus«, eine radikalliberale Position. Unter anderem forderte er die Beseitigung »negativer Privilegien« wie der Sozial- oder Krankenversicherung und humanitärer Einrichtungen für Kranke und Arbeitsunfähige, also den Abbau der unter Bismarck erlassenen Sozialstaatsgesetze. Nur wo der Konkurrenzkampf nicht durch Sozialgesetzgebung verzerrt und suspendiert werde, könnten die rassisch besten Anlagen zur vollen Geltung kommen.[203]

Der Kampf gegen Sozialdemokraten und Kathedersozialisten verschärfte sich in den neunziger Jahren des 19. Jahrhunderts, als Ammon schrieb: »Der Kathedersozialismus schafft allen Bessergestellten, welche ihm anhängen, ein ›böses Gewissen‹; jeder muss glauben, es gehe ihm unverdient gut und er nehme den übrigen etwas vorweg, was ihm eigentlich nicht gebühre.«[204] Der Manchester-Liberalismus dagegen, so Ammon, enthalte einen durchaus gesunden Grundgedanken, denn der Wettbewerb sei ein der Natur entsprechendes Mittel, um die wirtschaftlich Tüchtigsten an die Spitze zu bringen und die Untüchtigen aus der Gesellschaft auszuscheiden. »Dies und nicht die geträumte ›Harmonie der Interessen‹ ist nämlich der wahre Inhalt des Systems. Der Wettbewerb ist der auf das wirtschaftliche Gebiet übertragene ›Kampf ums Dasein‹; und da der Kampf ums Dasein eine Einrichtung der Natur ist, durch welche die Gattungen gesund, frisch und leistungsfähig erhalten werden, so kann man auch den Wettbewerb der Menschen als naturgemäß bezeichnen.«[205]

Der Übergang vom frühliberalen Fortschrittsoptimismus zur Brutalisierung und Naturalisierung der wirtschaftlichen und sozialen Verhältnisse am Ende des 19. Jahrhunderts lässt sich wohl kaum illusionsloser auf den Punkt bringen. Diese Zeit und ihre Versäumnisse kommentierend, spricht Hannsjoachim Koch daher zu Recht vom Versagen des Liberalismus. Vom Individualismus seiner Frühzeit hätte der Liberalismus die Brücke schlagen müssen zu einer modernen Industriegesellschaft, hätte Bewahrer politischer und individueller Freiheitsrechte bleiben müssen, gleichzeitig aber auch zum Beschützer dieser Rechte vor den Exzessen des Individualismus avancieren sollen.[206] Mit anderen Worten, er hätte sich zu einem Sozialliberalismus entwickeln müssen, wie ihn die bürgerlichen Kathedersozialisten anstrebten.

Diese Perspektive ist Ammon gänzlich fremd. Für ihn war der Liberalismus nie etwas anderes als eine Lehre des Wettkampfs und der Auslese: Der Starke geht als Sieger daraus hervor, der Schwache bleibt auf der Strecke. Harmonie und Ausgleich der Interessen, das »größte Glück der größten Zahl«, die Vorstellung von der »unsichtbaren Hand« (Adam Smith), die zum Wohle aller harmonisch die Interessen ausgleiche – diese optimistischen Formeln der Aufklärungszeit gelten nun Ende des 19. Jahrhunderts als von der Realität überholt. Nun wird unverhüllt und offen zu Härte, Selbstbehauptungswillen und Konkurrenz aufgerufen.

Ammon ist der Anwalt einer neuen, an den Realien geschulten, realitätstüchtigen Wirtschaftselite und kann daher mit der aristokratischen Sehnsucht Nietzsches wenig anfangen: »Ihm [Nietzsche, K. P.] ist nur der erhabene und vielseitige Geist ein wirklicher Mensch, und dieser bedarf des sozialen Abstandes, um sich gehoben zu fühlen, er soll sich aber um die beschränkten Herdengeschöpfe nicht kümmern, sondern das Gesetz und Maß seines Tuns in sich selbst, in seinem Willen tragen.«[207] Gegen diese »Philosophie der Unbarmherzigkeit«, die für die Massen bloß Verachtung und Abscheu hege, aber auch gegen die Vorurteile von Beamten- und Pastorenkreisen macht sich Ammon zum Anwalt des modernen Unternehmers. Der moderne Unternehmer ist als geborener Organisator der nationalen Arbeit der Phänotyp der Stunde, er ist aus dem allgemeinen Wettbewerb durch natürliche Auslese hervorgegangen. »Das Hauptergebnis meiner Kritik scheint mir, kurz gesagt, darin zu bestehen, dass die befähigten Leute oben hin gehören und die unbefähigten unten hin, und dass die Welt nicht besser wird, wenn man danach trachtet, diese natürlichen Verhältnisse umzukehren.«[208]

Als Sozialanthropologe, der in seiner badischen Heimat empirische Untersuchungen auf diesem Gebiet durchgeführt hatte, war Ammon wie viele seiner Zeitgenossen und vor ihm schon sein französischer Kollege Vacher de Lapouge besessen von der Rekonstruktion »reiner« Urrassen. Die Wirkung des Darwin'schen Ausleseprinzips glaubte er durch die anthropologischen Unterschiede von Stadt- und Landbevölkerung und von Ober- und Unterschichten nachweisen zu können. Schon Lapouge hatte in Montpellier die Schädel von Verstorbenen aus dem 17. und 18. Jahrhundert untersucht und war von der Überlegenheit des blonden dolichozephalen Typs überzeugt gewesen. Unterstützt durch eigene sozialanthropologiche Untersuchungen, baute Ammon darauf auf. Seine Thesen, bekannt geworden als »Ammons Gesetz«, gehen von folgenden Annahmen aus: In Ländern mit anthropologisch gemischter Bevölkerung stehen Reichtum und sozialer Status in umgekehrtem Verhältnis zum Schädelindex. Die Langschädeligen mit geringerem Schädelindex sind wohlhabender, erfolgreicher und vorwiegend Stadtbewohner. Auf dem Land und in der arbeitenden Bevölkerung findet man dagegen eine größere Anzahl von Rundschädeligen. Die Geschichte zeige aber, so Ammon, eine stetige Zunahme des Schädelindex, also der Brachyzephalen. Schon Lapouge hatte prognostiziert, dies werde zum Verschwinden der Dolichozephalen führen, die mit den Ariern gleichgesetzt wurden.

Ammons »Gesetz« lässt uns ratlos und verwirrt zurück. Wollte man es überhaupt ernst nehmen, müsste man nämlich einen grundlegenden Widerspruch lösen: Wie kommt es, dass die Langschädeligen, die sich im Daseinskampf doch besser bewährt haben, vom Aussterben bedroht sind? Hier wird die anthropologische Pseudo-Wissenschaft vollends zum Mythos, denn einmal erscheinen die blonden Langschädeligen als Reste einer ehemals reinen Urrasse, der Arier, die, den Gedanken Gobineaus folgend, durch laufende Vermischung degenerierten und vom Untergang bedroht sind. Dann wieder erscheinen sie als das »rassisch« überlegene Produkt einer Auslese der Besten.

Die Gründerjahre zwischen 1870 und 1890 mit ihrer hektischen Urbanisierung hatten zu einer weit verbreiteten Großstadtfeindlichkeit geführt. Hier liegt die Ursache für das, was sich eher als »Ammons Dilemma« bezeichnen ließe: Die Landflucht führe, so Ammon, zum Abzug der langschädeligen (besseren, tüchtigeren, durchsetzungsfähigeren etc.) Elemente vom Land in die Stadt. Dort brächten sie es zu Reichtum und Erfolg, seien aber wegen der negativen Auswirkungen der Großstadt vom Untergang bedroht. Daher bedürfe es einer permanenten Blutauffrischung vom Lande, wo aber gerade die weniger tüchtigen Rundschädel zurückgeblieben seien. Was also gilt es zu tun? Man habe planmäßig zu züchten. Zunächst müsse die »Panmixie« eingeschränkt werden, die Paarung der Individuen ohne vorhergehende Auswahl: »Die Steigerung nützlicher Eigenschaften erfordert die Verbindung der mit den fraglichen Eigenschaften versehenen Individuen, d. h. die methodische oder natürliche Auslese; die wahllose Vermischung zweier beliebiger Individuen kann keine höhere Varietät erzeugen, sondern wirkt der Auslese entgegen.«[209] Als Zweites gelte es, die Bildung von Ständen zu fördern. Sie schränke die Panmixie ein und erzeuge dadurch begabtere Individuen, stelle also die natürliche Züchtung beim Menschen dar. Schädlich sei jedoch jeder Versuch zur kastenmäßigen Abschließung der Stände. Der Weg des Aufstiegs müsse für die »natürliche Auslese der kaufmännisch, naturwissenschaftlich oder technisch Begabten« offen bleiben. Niemand dürfe daran gehindert werden, eine für ihn passende Stellung zu erlangen. Dies gelte vor allem für das »dynamische«, neue Bürgertum, nicht dagegen für die unteren Schichten.[210]

Schon Ammon huldigte dem Mythos vom gesunden Bauerntum als dem eigentlichen Reservoir der lebenskräftigen

Elemente eines Volkes. Am nachhaltigsten wird dann Walter Darré im NS-Regime am Blut-und-Boden-Mythos arbeiten. »Das Bauerntum als Lebensquell der Nordischen Rasse« hieß sein Werk, in dem er nicht nur die heimatliche Scholle besingt, sondern auch den Nachweis zu erbringen sucht, die Urheimat der Indogermanen liege nicht, wie lange angenommen, in Asien, sondern in Nordeuropa.

Ende des 19. Jahrhunderts stehen sich drei unterschiedliche Bedeutungsinhalte von »Rasse« gegenüber: Zum einen gibt es den Rassenbegriff der Eugeniker, der uns noch beschäftigen wird. Zentraler Begriff ist hier jener der »Vitalrasse« (Ploetz), verstanden als genetisches Erbgut einer Population. Ferner sprach man von den so genannten anthropologischen System-rassen. Darunter verstand man die in der Wirklichkeit gar nicht mehr existierenden »reinen« oder ursprünglichen Rassen, die es allenfalls noch bei Naturvölkern gebe. Die Anthro-pologie versuchte, diese »Urrassen« zu rekonstruieren, be-schränkte sich aber nicht auf physiologische Messungen, sondern schrieb den »reinen« Rassen auch psychische oder kulturelle Eigenschaften zu, was schon bei den Forschern des 18. Jahrhunderts zur völlig spekulativen Vermischung von körperlichen und psychisch-geistigen Merkmalen geführt hatte.

Drittens schließlich existierte eine Auffassung von Rasse, die mit Blick auf heutige Debatten als die zukunftsträchtigste Richtung gelten kann. Hier wird Rasse mit »Volkstum« oder Ethnie gleichgesetzt. Rasse sei, so heißt es in der Tradition Herders, identisch mit dem »Bewusstseinsinhalt der Völker« (Schemann). Vorrangig geht es um den »Geist« einer Ethnie, um das Gefühl und das Bewusstsein dessen, was sie an Ras-senelementen »seelisch« in sich trägt. Allen Rassentheore-tikern bis hin zu den Nationalsozialisten war klar, dass es »reine« Rassen nicht gibt. Aber sie glaubten fest daran, dass es sie irgendwann in grauer Vorzeit einmal gegeben habe, bevor Vermischung und folglich Degeneration einsetzten. Der Versuch, über Schädelindexmessungen oder Korrelationsberechnungen Rasseneinheit rekonstruieren zu können, wurde schon von den Zeitgenossen eines Ammon oder Vacher de Lapouge nicht ernst genommen. Wichtiger wurden dann später die Eugeniker mit ihrer Erbgesundheitslehre. Am modernsten und wegweisend für die heutigen Vertreter differenzialistischer oder kulturalistischer Ansätze, die von sich behaupten, mit Rassismus gar nichts zu tun zu haben, war aber zweifellos jene von Herder ausgehende Richtung, die sich konsequent zum Irrationalismus aller Rassentheorien bekannten: Rasse ist eine Sache des Gefühls, des Meinens und Glaubens an die vermeintlich unveränderbare Identität einer Ethnie, letztlich also nichts anderes als eine weltanschauliche Haltung.

Als Resümee lässt sich festhalten: Auch wenn sich der Rassismus in Deutschland vorrangig gegen die Juden richtete, war der Sozialdarwinismus, die vereinfachende Übertragung der Darwin'schen Evolutions- und Selektionstheorie auf die Gesellschaft, um 1900 weit verbreitet. Die Schlagworte vom »Kampf ums Dasein« und dem »Überleben der Besten« wurden außenpolitisch auf den Kampf der Völker und Nationen, innenpolitisch auf die Auslese der wirtschaftlich Tüchtigsten übertragen. Sie hatten großen Anteil an der Brutalisierung und Naturalisierung gesellschaftlicher Prozesse. Der Sozialdarwinismus ist Ausdruck der Krise des Liberalismus, dessen aufklärerischer Fortschrittsoptimismus sich unter den Bedingungen eines schrankenlosen Manchester-Liberalismus als Trug erwies.

Zahlreiche Wissenschaften, darunter auch die Soziologie, waren an der Verbreitung dieser Ideologie beteiligt. In Analogie zur biologischen Evolution wird auch die Gesellschaft als Organismus verstanden (Spencer) und menschliche Geschichte auf einen ziellosen Naturprozess reduziert, in dem der Rassenkampf an die Stelle des Klassenkampfes tritt (Gumplowicz). Als Monismus wird der Sozialdarwinismus schließlich zu einer bürgerlich-liberalen Ersatzreligion, die glaubt, alle »Welträtsel« (Haeckel) durch die Einebnung von Mensch, Geschichte und Moral auf ein einziges Grundprinzip, die Darwin'sche Deszendenztheorie, lösen zu können. Obwohl international, vor allem in den angelsächsischen Ländern verbreitet (vgl. Koch), avancierte der Sozialdarwinismus gerade im wilhelminischen Deutschland zur Rechtfertigungsdoktrin einer dynamischen, zukunftsgerichteten, zur Weltmacht strebenden Industrienation. Innenpolitisch galt es, die unter Bismarck eingeleitete sozialpolitische Gesetzgebung zum Schutz der arbeitenden Bevölkerung rückgängig zu machen zu Gunsten eines uneingeschränkten Marktliberalismus. Es galt, in den Worten Alexander Tilles, durch Abbau von »negativen Privilegien« der natürlichen Auslese keine Hindernisse mehr in den Weg zu legen. Wer fällt, den soll man nicht aufhalten. Außenpolitisch glaubten jene, die sich sozialdarwinistischer Argumente bedienten, Deutschlands Stellung im Konzert der imperialistischen Mächte stärken und den Kolonialimperialismus rechtfertigen zu können. Sozialdarwinismus ist nichts anderes als die naturwissenschaftlich verbrämte Rechtfertigung einer Philosophie der Starken zulasten der Schwachen.

VIII »Rassenhygiene« und eugenische »Erb-gesundheitspflege« im Nationalsozialismus

Als Charles Darwin (1809–1892) im Jahre 1859 sein bahnbre-chendes Buch »Die Entstehung der Arten durch natürliche Zuchtwahl« veröffentlichte, hatten Willkür und Vielfalt des Begriffs »Rasse« im Vergleich zum 18. Jahrhundert sogar noch zugenommen. »Der Mensch ist sorgfältiger als irgendein anderes Wesen studiert worden, und doch herrscht die größte Verschiedenheit des Urteils zwischen fähigen Beurteilern darüber, ob er eine einzige Spezies oder Rasse darstellt oder zwei (Virey), drei (Jacquinot), vier (Kant), fünf (Blumen-bach), sechs (Buffon), sieben (Hunter), acht (Agassiz), elf (Pickering), fünfzehn (Bory St. Vincent), sechzehn (Desmou-lins), zweiundzwanzig (Morton), sechzig (Crawford) oder dreiundsechzig nach Burke. Diese Verschiedenartigkeit der Beurteilung beweist nicht, dass die Rassen nicht als Spezies zu klassifizieren waren; sie zeigt aber, dass sie allmäh-lich ineinander übergehen und dass es kaum möglich ist, scharfe Unterscheidungsmerkmale zwischen ihnen aufzu-finden.«[211]

Die Darwin'sche Deszendenztheorie beschränkte sich auf Zoologie und Biologie und berücksichtigte den Menschen als Teil der Evolution nur am Rande. Dennoch löste Darwins Werk mit den Theoremen vom Kampf ums Dasein und dem Überleben der Zweckmäßigsten einen Schock aus. Durch Dar-wins These, die Evolution verfolge kein Ziel, wurde der seit Leibniz und der Aufklärungsphilosophie vorherrschende Fortschrittsglaube in Frage gestellt. Auch religiöse Heilsge-wissheiten gerieten ins Wanken, konnte doch der Mensch als Teil der Evolution im Schöpfungsplan keine Sonderstellung mehr beanspruchen.

Die Thesen Darwins sind keineswegs rassistisch, aber er konnte nicht verhindern, dass sich Rassenideologen die passenden Versatzstücke herausgriffen und auf die Gesellschaft übertrugen. Nach Darwin sind die Unterschiede zwischen den Menschen äußerst gering. Mit seiner Entwicklungslehre setzte sich die Annahme durch, dass alle Menschen auf einen einzigen Stamm zurückgehen. Darwin betont, in einem frühen Stadium der Divergenz seien die Unterschiede zwischen den menschlichen Varietäten und ihre Zahl nur sehr klein gewesen. Obwohl er noch den Begriff »Rasse« benutzt, hält er ihn für unbrauchbar und plädiert dafür, von Spezies zu sprechen.

Als er zwischen 1831 und 1836 auf seiner Reise mit dem Schiff »Beagle« Kontakt zu Feuerländern bekam, war er höchst erstaunt über deren geringen Unterschied zu Weißen. »Die Eingeborenen von Amerika, die Neger und die Europäer sind ihrem Geiste nach so sehr verschieden, als irgend drei Rassen, die man nur nennen konnte. Und doch, als ich mit den Feuerländern an Bord der ›Beagle‹ zusammenlebte, war ich unaufhörlich von vielen kleinen Charakterzügen überrascht, welche zeigten, wie ähnlich ihre geistigen Anlagen den unserigen waren, und dasselbe war der Fall in Bezug auf einen Vollblut-Neger, mit dem ich zufällig eine Zeit lang nahe bekannt war.«[212]

Allerdings zeigte sich Darwin besorgt über die Lage in England und die kontraselektorische Vermehrung von »leichtsinnigen, heruntergekommenen und lasterhaften Gliedern der Menschheit«. Statt einer Auslese der am besten an die Umwelt Angepassten komme es in der menschlichen Gesellschaft zu einer Gegenauslese, verstärkt durch die moderne Medizin, die der natürlichen Auslese entgegenwirke. Zudem hatte sich zwischen dem 18. und dem 19. Jahrhundert das generative Verhalten verändert: Die aufstiegswilligen bürgerlichen Mittelschichten achteten auf eine geringe Kinderzahl, denn der einmal erreichte soziale Status sollte erhalten oder verbessert werden. In den Unterschichten aber waren kontrazeptive

Mittel nicht zugänglich oder zu teuer. Häufige, oft ungewollte Schwangerschaften waren hier immer noch die Regel. Nachdem man die Kindersterblichkeit hatte senken können durch die Bekämpfung des Ammenwesens und Mütter dazu anhielt, ihre Kinder selbst zu stillen, wuchsen die Überlebenschancen von Kleinkindern. Während also die Mittelschichten die Zahl ihrer Nachkommen verringerten, wuchs sie in den Unterschichten. Diese proportional größere Vermehrung der Unterschichten galt nicht nur als soziale Bedrohung, sondern auch als Gefahr für das nationale Erbgut: Kontraselektion hieß ungesteuerte, ungewollte Vermehrung von weniger intelligenten, weniger tatkräftigen und kreativen Menschen.

Hier lag eine der Wurzeln für die Eugenik, deren Begründer Darwins Vetter, der Kartograf, Anthropologe und Statistiker Francis Galton (1822–1911) wurde. In den sechziger Jahren des 19. Jahrhunderts begann er, die Vererbung geistiger Fähigkeiten zu untersuchen und vertrat in einem 1865 veröffentlichten Aufsatz über »Erbliches Talent und Charakter« die These, sie seien ebenso erblich wie körperliche Merkmale. Die Eugenik verstand sich als die interdisziplinäre Wissenschaft von der »Selbstlenkung (self-direction) der menschlichen Evolution« und setzte sich die Verbesserung der menschlichen Spezies durch Vermehrung erblicher Begabungen zum Ziel. Es galt, mithilfe des Darwin'schen Selektionsprinzips dem Menschen die Kontrolle über seine Evolution zu verschaffen. Genetiker, Biologen, Mediziner, Soziologen, Anthropologen, Demografen und Statistiker waren beteiligt an der Erforschung von Vererbungsgesetzen, Heiratsregeln, Geburtenrückgängen, Erbkrankheiten, Suchtanfälligkeiten und Sexualverhalten. Galton zielte auch auf eine Verbrechensprävention durch die Erforschung der Physiognomien von Straftätern. Die Idee, dass es den »geborenen« oder notorischen Verbrecher gebe, brachte ihn dazu, zusammen mit Edmund du Cane, dem Direktor der nationalen Gefängniskommission, ein Überlagerungsverfahren für die Fotos einzelner Verbrecher zu entwickeln, um so das Bild des »typischen Kriminellen« zu erhalten. 1878 legte er die Ergebnisse seiner »visuellen Statistik« dem Londoner anthropologischen Institut vor, musste aber enttäuscht feststellen, dass es keine idealtypische Physiognomie von Verbrechern gab.

Die schon auf Lavater zurückgehende Annahme, dass sich die Seele des Menschen in seinem Aussehen spiegle und man daher nicht nur Verbrechen vorhersagen, sondern auch Quoten für die Rückfälligkeit von Straftätern errechnen könne, fasziniert bis heute und taucht immer wieder in der Science-Fiction auf. In Steven Spielbergs Film »Minority Report«, der im Jahre 2054 spielt, macht sich Tom Cruise auf die Jagd nach einem Mörder, der seine Tat noch gar nicht begangen hat. Solche technokratischen Allmachtfantasien einer völligen Naturbeherrschung lagen auch der Eugenik zu Grunde.

Bei einer vielschichtigen und zugleich internationalen Bewegung wie der Eugenik muss man für Deutschland zeitlich unterscheiden zwischen ihrer Entwicklung im Kaiserreich, in der Weimarer Republik und im Nationalsozialismus. Eugeniker gab es zunächst in allen politischen Lagern, von der SPD über das katholische Zentrum bis zu den völkischen Gruppierungen. Auch in jüdische Kreise fand die Eugenik Eingang, und viele jüdische Ärzte beteiligten sich an den entsprechenden Diskussionen und Forschungen.[213] Sie suchten nach den Ursachen für höhere Erkrankungsraten bei der jüdischen Bevölkerung und fanden sie in bestimmten Heiratspraktiken. Waren Verwandtenehen, wie sie im osteuropäischen Judentum verbreitet waren, pathogen? Schützten Frühehen vor der Infizierung mit Syphilis und anderen Geschlechtskrankheiten? Und was waren die Gründe für die geringere Kinderzahl bei den assimilierten westlichen Juden?[214]

Als Francis Galton seine Thesen über die Erblichkeit von Intelligenz veröffentlichte, hatte er vor allem die geistige Elite

224

Großbritanniens im Blick. Durch staatliche Förderung und wissenschaftliche Aufklärung sollte sie zur Zeugung möglichst vieler Kinder ermuntert werden. In den achtziger Jahren des 19. Jahrhunderts setzte sich der Begriff Eugenik durch und wurde durch die Werke von Alfred Ploetz (1860–1940) und Wilhelm Schallmayer (1857–1919) auch in Deutschland populär. In seinem Buch »Über die drohende Entartung der Kulturmenschheit« von 1891 griff Schallmayer Galtons und Darwins Befürchtung auf, der Prozess der natürlichen Auslese werde durch schichtspezifisches Fortpflanzungsverhalten aufgehalten. Überdies halte die moderne Medizin kränkliche Menschen künstlich am Leben. Auf lange Sicht führe die Kontraselektion zu einer Degeneration der Menschheit.

1904 wurde in Großbritannien die »Eugenics Education Society« gegründet mit dem Ziel, eugenische Forderungen in die nationalen Sozialreformbewegungen einzubinden.[215] In Deutschland verstand sich die eugenische Bewegung als Teil der Medizin. Ihr Anliegen war es, Menschen mit unterdurchschnittlichen Erbqualitäten von der Zeugung abzuhalten. 1895 veröffentlichte Alfred Ploetz seine Schrift »Die Tüchtigkeit unserer Rasse und der Schutz der Schwachen« und sprach erstmalig von »Rassehygiene«. Den Begriff »Rasse« benutzte er noch im Singular und verstand darunter zunächst nur den nationalen Genpool. Diese Eindeutschung des Begriffs wurde zwar von einigen Eugenikern als rassistisch kritisiert, aber sie konnten nicht verhindern, dass »Eugenik« und »Rassenhygiene« in Deutschland synonym benutzt wurden.[216]

Der politische, soziale und wirtschaftliche Hintergrund für diese wachsende Sorge um erbgesunden Nachwuchs ist der gleiche, der auch zum Anstieg des Antisemitismus zur Zeit der Großen Depression zwischen 1873 und 1896 geführt hatte: Industrialisierung und Urbanisierung, die Begleiterscheinungen einer sich rapide modernisierenden Gesellschaft, wurden von Eugenikern als Degenerationserscheinung kritisiert. In der Tat waren die Lebensverhältnisse der unteren Schichten in den Großstädten katastrophal. Allein zwischen 1871 und 1910 stieg der Anteil der Bevölkerung, die in Großstädten lebte, von 4,8 auf 21,3 Prozent.[217] Wohnraum war knapp und teuer. Die Unterschichten lebten in Mietskasernen mit ihren zahlreichen Hinterhöfen. Die Wohnungen waren dunkel, feucht, oft ohne fließendes Wasser, ohne Licht und Lüftung, die hygienischen Verhältnisse führten häufig zu Epidemien. Dreißig bis vierzig Menschen benutzten mitunter einen einzigen Abort auf dem Treppenabsatz oder auf dem Hof, Kleinkinder, schwangere Frauen, Syphilitiker, Tuberkulöse, die sich gegenseitig ansteckten. In den viel zu kleinen Wohnungen lebten die proletarischen Massen in drangvoller Enge, teilten sich oft zu mehreren ein Bett oder nahmen »Schlafgänger« auf, noch Ärmere, die sich nicht einmal eine Wohnung, sondern nur einen Schlafplatz leisten konnten. Das Sexualleben spielte sich quasi öffentlich vor den Augen der Mitbewohner ab, und häufig wurde in den Wohnräumen auch noch Heimarbeit verrichtet.

Der Lichtmangel in den düsteren Hinterhofwohnungen führte bei den Kindern zu Rachitis. Infektionskrankheiten, Masern und Tuberkulose vor allem, waren häufig und die Kindersterblichkeit in den Städten höher als auf dem Lande. Noch 1892 kam es in Hamburg zu einer verheerenden Choleraepidemie: Arbeitszeiten bis zu sechzehn Stunden täglich, mangelnde Hygiene und schlechte Ernährung der großstädtischen Massen, die nicht mehr auf ländliche Selbstversorgung zurückgreifen konnten, trugen zu hoher Krankheitsanfälligkeit bei. Das galt gerade für Kinder, die oft in den Arbeitsprozess einbezogen wurden. Brot und Kartoffeln waren die Hauptnahrungsmittel der unteren Schichten, Gemüse oder proteinreiche Nahrung dagegen unerschwinglich. Alkoholismus war eine Massenerscheinung.[218] Naturalistische Schriftsteller des ausgehenden 19. Jahrhunderts wie Gerhart Hauptmann in Deutschland oder Emile Zola in Frankreich, griffen diese Probleme auf.

Sie prangerten nicht nur die unhaltbaren gesellschaftlichen Zustände an, sondern sorgten sich auch um Erbschäden in Folge von Alkoholismus und Geschlechtskrankheiten.

Erst 1891 wurde die Arbeitszeit von Kindern unter vierzehn Jahren auf sechs Stunden täglich, die der Heranwachsenden zwischen vierzehn und sechzehn auf zehn Stunden täglich beschränkt.[219] In der Öffentlichkeit mehrten sich Stimmen, die die gesundheitsschädigenden Auswirkungen des Großstadtlebens beklagten. Das Wachstum der Städte, die schwere, ungesunde Arbeit bei großer Hitze oder Kälte, die gesamte Entwicklung des industriellen Systems stand am Pranger. Diese Zustände führten zu einer weit verbreiteten Großstadtfeindlichkeit, deren Auswirkungen auch die Juden zu spüren bekamen. Das Militär klagte über wehruntaugliche Rekruten, das Bürgertum sah mit Abscheu auf den Sumpf von Kriminalität, Dekadenz und Unmoral. Die Großstadt galt als Hort des Lasters: Verbrechen, Prostitution, Perversion, die Verbreitung von Geschlechtskrankheiten, rachitische Kinder, tuberkulöse, von den vielen Geburten oder schlecht durchgeführten Abtreibungen ausgemergelte Mütter, trunksüchtige Väter. Der völkische Publizist Theodor Fritsch klagte: »Die Überfülle der Industrialisierung eines Landes und das damit verbundene wasserkopfförmige Anwachsen der Großstädte erscheint nicht mehr als höchste Blüte der Kultur und des Gedeihens wie im wilhelminischen Zeitalter. Man erkennt die Großstadt als das Grab der Geschlechter und das Land als den ewig sprudelnden Quell gesunden Volkstums.«[220]

Die Angst, von einer allgemeinen Vitalschwäche befallen zu sein, griff um sich, und auf verschiedenen Ebenen erscholl der Ruf nach Gesundheit, Kraft, Stärke. In Frankreich predigte der syndikalistische Gesellschaftstheoretiker Georges Sorel, einer der geistigen Ziehväter Mussolinis, gegen die Dekadenz des europäischen Bürgertums. Maurice Barrès, der Theoretiker der ultrakonservativen, antisemitischen »Action Française«, schrieb über die »Entwurzelten« und stellte Blut, Bauern und Boden gegen Stadt, Sünde und Sozialismus. In Deutschland sorgte der schon erörterte Beitrag Friedrich Nietzsches für eine Umwertung der Werte. Lebens-, Ernährungs-, Schul- und Siedlungsreformer traten auf den Plan. Vegetarier, Naturheilkundler, Kleiderreformer, Reformhausanhänger kämpften für andere Ernährungsgewohnheiten, gesündere Kleidung, für Sport und Freikörperkultur. Architekten propagierten die Gartenstadt. Aber neben reformwilligen Sozialpolitikern, Ärzten, Demografen wuchs die Zahl der Schwärmer und Sektierer, die die moderne Welt schlechthin – Industrie, Großstadt, Rationalismus, Materialismus – anprangerten. Anthroposophen, Spiritisten, völkische Sekten predigten Einkehr, Umkehr und bald schon Rückkehr zu den wahren Wurzeln des Seins, den Quellen des Volkes.

Gegen die Niedergangsstimmungen des »Fin de Siècle« trat die Eugenik auf mit dem Versprechen eines wissenschaftlich fundierten Auswegs aus der Krise. Degeneration sei kein unabänderliches Schicksal. Darwins Selektionsgedanke zeige den Lösungsweg: gezieltes Einwirken auf das generative Verhalten, bewusster Eingriff in die Natur, Überwindung einer rein mechanischen Evolution.

Es wäre allerdings einseitig, die Eugenik in einen direkten und eindimensionalen Zusammenhang mit dem Nationalsozialismus zu bringen. Als internationale Bewegung fand sie weltweit, in der Sowjetunion ebenso wie in Brasilien, in den USA, in China oder Schweden ihre Anhänger. Die Eugenik war, wie Michael Schwartz gezeigt hat, einer der Wege in die moderne Industriegesellschaft und konnte eine sozialdemokratisch-wohlfahrtsstaatliche Richtung einschlagen oder eine völkisch-rassistische. Als neue, disziplinübergreifende Leitwissenschaft zwischen Sozialpolitik und Sozio- oder Psychobiologie weckte sie vielfältige Hoffnungen. Frauen versprachen sich von ihr mehr Emanzipation durch Geburtenkontrolle, Sexualaufklärung und Mutterschutz, Genetiker die Verminderung von Erbschäden. Abstinenzler nahmen teil am Kampf gegen Alkoholismus und Geschlechtskrankheiten, von der Jugendbewegung beeinflusste Wandervögel entzogen sich den grauen Mauern der Großstadt und entdeckten die Natur. Die Erwartungen, die man in die Eugenik setzte, waren gewaltig, und Francis Galton sprach stolz von der »eugenic religion«, einem quasi-religiösen Hoffnungsträger. Das Ziel war der an Leib und Seele gesunde Mensch, aber wie sollte dieses Ziel einer Verbesserung der Menschheit erreicht werden?

Ebenso einseitig wäre es, Eugenik mit Sozialdarwinismus oder Euthanasie gleichzusetzen.[221] Je nach Land hatte sie unterschiedliche Schwerpunkte und konnte als medizinisch-hygienische Reformbewegung mit verschiedenen Inhalten gefüllt werden. Es gab linke Vertreter, denen die Verbesserung der Lebensbedingungen der arbeitenden Schichten am Herzen lag, es gab rassistisch-völkische und Grenzgänger zwischen rechts und links.[222] Das Spektrum reichte von »ariomanischen« Rassisten, die die nordische Rasse bedroht sahen über medizinische Technokraten, die mithilfe eines neuen Typs von sozialer Hygiene die Kosten des Gesundheitswesens senken wollten bis zu Idealisten, die von einer Höherentwicklung des gesamten menschlichen Geschlechts träumten.[223] Auch Esoteriker und Mystiker waren darunter wie der Österreicher Jörg Lanz von Liebenfels, der für ländlich abgeschiedene Zucht- und Brutstätten nordischer Herrenmenschen, der »Arioheroiker«, eintrat und Hitlers Weltanschauung beeinflusste. Die deutsche Eugenik als Rassenhygiene stand in einem ideologisch-politischen Umfeld, das diese Entwicklung förderte, aber als technokratische Modernisierungsstrategie nicht ursächlich für sie verantwortlich war.

Grundsätzlich kann man unterscheiden zwischen positiver und negativer Eugenik. Positive Eugenik vertrat das Ideal der Züchtung eines höherwertigen »Menschenmaterials« durch geplante Herbeiführung bestimmter, positiv bewerteter Eigenschaften. Dagegen ging es der negativen Eugenik nur darum, die Vererbung negativer Merkmale oder Erbkrankheiten zu verhindern.[224] Auf linker Seite vertrat man mehrheitlich die negative Eugenik. Sie sollte, so der sozialdemokratische Eugeniker Alfred Grotjahn, mit Sozialhygiene verbunden werden zu einer Synthese von Milieutheorie und Biologie. Im Gegensatz zu sozialdarwinistischen Züchtungskonzepten setzte man hier auf Freiwilligkeit und Einsicht, auf Information, Aufklärung, Präventivmedizin, Eheberatung und nicht zuletzt auf hygienische, sportliche Körperkultur. Eugenik wurde verstanden als soziobiologischer Teil der Sozialpolitik, und der Kampf richtete sich gegen Tuberkulose, Syphilis und Alkoholismus, die Volksseuchen der damaligen Zeit. Die Menschen, vor allem die Unterschichten, sollten durch Volksaufklärung zu individueller und sozialer Verantwortung erzogen werden. Gestützt auf die staatlich geförderte Verbesserung ihrer Umwelt, sollten sie lernen, ihr Leben und ihre Gesundheit in die eigene Hand zu nehmen. Getragen von großem Fortschrittsoptimismus, auch von einer gewissen technokratischen Plan- und Machbarkeitsbesessenheit, setzte man bei Sozialreformern auf eine Verbindung von Sozialtechnologie und wohlfahrtsstaatlicher Kontrolle. Die Entwicklung lief weder eindeutig noch direkt auf den Nationalsozialismus zu und hatte nichts mit dem Antisemitismus zu tun. Zu den Widersprüchen gehörte auch, dass gerade Antisemiten des ausgehenden 19. Jahrhunderts befürchteten, der Impfzwang für Kinder sei eine Erfindung jüdischer Ärzte, die nun auch noch den Zugriff auf den deutschen Nachwuchs suchten.

Ploetz und Schallmayer, die Mentoren der deutschen Eugenik und Verfasser von einschlägigen Standardwerken, waren zunächst keine Reaktionäre. Sie übten scharfe Kritik an der bestehenden Gesellschaftsordnung und engagierten sich für bessere Lebensverhältnisse vor allem des Proletariats. Degeneration verstanden sie, ähnlich wie die Sozialisten, als Folge der bestehenden ökonomischen Verhältnisse. Auch der führende Theoretiker der SPD, Karl Kautsky, sprach sich 1910 dafür aus, dass Erbkranke freiwillig auf Nachkommen verzichten sollten. Zwangsmaßnahmen wie Sterilisierung oder staatliche Regulierungen der Fortpflanzung durch Erbkataster oder Gesundheitsbögen wurden mehrheitlich abgelehnt.

Auf Alfred Ploetz geht der Begriff der Vitalrasse zurück. Im Unterschied zu Systemrasse oder Varietät verstand er darunter die genetische Verbesserung einer Population, nicht die Erhaltung oder Höherzüchtung einer spezifischen »Rasse«. Aber auch bei ihm zeigte sich wieder das alte Problem der fehlenden Trennung von Natur und Kultur, Anthropologie und Psychologie, Anlage und Umwelt. Auch Ploetz ordnete verschiedenen »Rassen« verschiedene »Kulturwerte« zu. Als Beweis für die Überlegenheit der germanischen Rasse fiel ihm allerdings nichts Intelligenteres ein als die Analphabetenquote. Seine ambivalente Gesellschafts- und Systemkritik ließ sich gut mit völkischem Gedankengut verbinden. Zwischen 1907 und 1910 trat er als Gründer nordischer Geheimorganisationen auf, wo es eben nicht nur um die Vitalrasse, sondern um die nordisch-arisch-germanische Rasse ging. Deren »Aufartung« oder »Aufnordung« geriet nun auch bei Ploetz zunehmend ins Zentrum der Rassenhygiene.

Diese Wende unter deutschen Eugenikern bahnte sich Ende des 19. Jahrhunderts unter dem Einfluss des Sozialdarwinismus an. Einige Eugeniker pflegten enge Kontakte zur »Gobineau-Vereinigung« um Ludwig Schemann, der wiederum die Verbindung zum Wagner-Kreis in Bayreuth herstellte. Man teilte gemeinsame Ziele: Abwehr von Rassenmischung und Stärkung des germanischen Rassenbestandes. Nicht mehr das Mitleid mit der Not der Unterschicht stand nun im Vordergrund, sondern die Angst vor den politischen Erfolgen der SPD, die nach der Aufhebung des Sozialistengesetzes zur stärksten Partei im Reichstag geworden war. Es ging nicht länger darum, das hygienische und gesundheitliche Niveau zu heben, sondern dem Gesetz der Selektion seinen Lauf zu lassen. Es gab Zyniker, die an der Sanierung von Elendsvierteln kein Interesse mehr hatten, denn in diesen abgeschlossenen »Biotops«, so hieß es von ihrer Seite, käme das Gesetz der Auslese am schnellsten zum Tragen, und die befürchtete Kontraselektion würde sich dort rasch von selbst erledigen.

Auch die Ehe als wichtigste Institution zur Pflege des Nachwuchses wurde für die Erhaltung des »Volkskörpers« eingespannt. Nachdem Nietzsches Forderung nach der »Umwertung aller Werte« zum wohlfeilen Schlagwort abgesunken war, fühlte sich auch so mancher Eugeniker zu einer ethischen Neubewertung der Ehe ermuntert. Auch sie wurde biologisiert und zur Vollzugsgehilfin der Naturgesetze degradiert. Nachdem im 18. Jahrhundert das gegen die Aristokratie gerichtete Ideal der bürgerlichen Liebesehe entwickelt worden war und inzwischen die allgemeine gesellschaftliche Norm darstellte, galt es nun, diesen Nexus von Liebe und Ehe wieder zu durchbrechen. Die Ehe wurde definiert als Institution zur Fortpflanzung und sollte nicht länger auf romantischer Liebeswahl beruhen. Individuelle Selbstbestimmung und die Autonomie des Subjekts wurden verworfen zu Gunsten einer Ethik im Dienste an Volk und Rasse. Rassenhygienische Kontrollorgane sollten Gesundheitszeugnisse ausstellen, erbbiologische Personalbögen ausgeben, die Voraussetzung für die Genehmigung der Eheschließung überprüfen und gegebenenfalls auch zur Sterilisation greifen. Galt in der Philosophie seit Hume und Kant die Erkenntnis, dass aus Seinsgesetzen keine Sollensgesetze ableitbar sind, so wurde nun der darin enthaltene Aspekt freiheitlicher Sittlichkeit verworfen zu Gunsten eines kruden Determinismus als normativer Leitschnur. Die Steuerung des Geschlechtslebens war allerdings nur ein Aspekt einer allgemeinen Rationalisierungswelle. Auch die industrielle Produktion wurde mithilfe der ergonometrischen Messungen des Amerikaners Frederick Winslow Taylor rationaler und effizienter organisiert.

Vor dem Hintergrund des Sozialdarwinismus konnte es nicht ausbleiben, dass nicht nur die Ökonomie als Feld des Kampfes ums Dasein gesehen wurde, sondern auch die menschliche Reproduktion selbst. Vertreter der so genannten Menschenökonomie stellten in den letzten Jahren vor dem Ersten Weltkrieg die Frage, welche gesellschaftlichen Kosten »Minderwertige« verursachten. Schlechte Rassenmerkmale seien ein Kostenfaktor, der zulasten der Gesunden gehe. Eine rassenhygienische Bevölkerungspolitik habe darauf zu achten, nur arbeitstüchtiges »Menschenmaterial« zu fördern.

Kontraselektorisch wirken aber auch Kriege. Sie führen ebenfalls zur Verarmung des Erbgutes, denn die stärksten und tüchtigsten Männer bleiben im Feld, während die schwächlichen entweder gar nicht erst wehrtauglich sind oder wegen ihrer Mängel nicht in den vordersten Linien zum Einsatz kommen. Bei Ausbruch des Ersten Weltkrieges wurden daher vor allem von angelsächsischen Eugenikern auch starke Vorbehalte gegen den Krieg laut. Warnungen vor seinen dysgenischen Folgen oder gar pazifistische Ansichten waren aber in deutschen Eugenikerkreisen, vor allem in der wachsenden Gruppe der völkisch beeinflussten, äußerst unpopulär. Der deutsche Eugeniker Alfred Ploetz hatte daher bei Ausbruch des Krieges wenig Skrupel, sich zwecks Überlistung der kontraselektiven Wirkung der Kampfhandlungen dafür auszusprechen, gerade die geistig und körperlich Gebrechlichen zum Kriegsdienst heranzuziehen. An der Front sollten dann diese »schlechten Varianten« zusammengereiht und als Kanonenfutter benutzt werden. Auch der Antisemitismus spielte in diesen zynischen Gedankenspielen eine Rolle. Von der Gegenauslese des Krieges würden, so Ploetz, vor allem die Juden mit ihrer angeborenen Abneigung gegen das Soldatentum und ihrer schwächeren Körperkonstitution profitieren. Die kriegsbedingte Verminderung der »nordischen Rassenelemente« müsse zu einer Verarmung der Kulturvölker führen, denn es gingen ihnen gerade die Träger jener Eigenschaften verloren, die später notwendig seien, um dem Bolschewismus und den farbigen Rassen trotzen zu können.[225]

In den USA hatte die eugenisch-sozialdarwinistische Linie des Rassismus von jeher viele Anhänger. Mit dem aristokratischen Geschichtspessimismus des Grafen de Gobineau konnte man in diesem optimistisch vorwärts blickenden Land, das überdies nie einen Adel gekannt hatte, wenig anfangen. Aber in Verbindung mit Erbbiologie, Rassenhygiene und Schädelindexmessungen gingen in das Werk des amerikanischen Rassentheoretikers Madison Grant auch Gobineaus Thesen von der apriorischen Ungleichheit der Menschenrassen ein. Grant stammte aus der Oberschicht der Ostküste und war als Mitbegründer des New-Yorker Zoos, als Großwildjäger, Naturforscher und Jurist hervorgetreten, bevor er sich der Rassenfrage zugewandt hatte. Wie Gobineau ging auch Grant davon aus, dass Herrschaft eine Naturtatsache sei, hervorgegangen aus den Eroberungen überlegener Rassen. Zunehmende Egalisierung untergrabe die Zivilisation. Mit der Verwirklichung des demokratischen Gleichheitsgedankens werde sich die Herrschaft des Pöbels durchsetzen. »Wir haben die Wahl zwischen zwei Wegen der Rassenverbesserung. Wir können entweder die Tüchtigsten fortzüchten oder die Untüchtigsten durch Absonderung und Unfruchtbarmachung ausschalten [...]. Unter den gegebenen Verhältnissen ist die praktischste und aussichtsreichste Art der Rassenverbesserung die Ausmerzung der am wenigsten erwünschten Bestandteile der Nation, indem man sie des Vermögens beraubt, einen Beitrag zu kommenden Geschlechtern zu leisten.«[226]

Was aber sind die am wenigsten erwünschten Menschen? Und was verstand man überhaupt unter Degeneration? Hier herrschte ebenso große Verwirrung wie schon bei der Bestimmung des Begriffs »Rasse«. Geisteskranke (Depressive und Schizophrene) standen bei den wenig erwünschten Menschen an erster Stelle, gefolgt von Epileptikern, aber auch bestimmte geistige oder moralische Veranlagungen galten als degeneriert. Schwachsinn, Homosexualität, Herumtreiberei, Querulantentum oder Kurzsichtigkeit waren ebenfalls Indikatoren. Die Unmöglichkeit, eindeutige diagnostische Kriterien festzulegen, öffnete der Verfolgung von sozial Unangepassten Tür und Tor. Jeder konnte seine schichtspezifischen Abneigungen und Wertmaßstäbe, seine Ressentiments und Vorurteile einbringen in die Bestimmung von Degeneration. Selbst der sozialdemokratische Eugeniker Alfred Grotjahn konnte die Isolierung menschlicher »Wracks« fordern: Den Ausschluss von Landstreichern, Alkoholikern, Verbrechern, Prostituierten, Psychopathen, Epileptikern, Debilen, Sonderlingen und Krüppeln aus der Gesellschaft.

Diese Forderung war weder gegen Juden noch Schwarze gerichtet, sondern entsprach den alten sozialistischen Vorbehalten gegen das Lumpenproletariat. Von ihm hatte man sich stets distanziert, teils aus politischen Gründen, da es als schwankende, käufliche und verführbare Gruppe galt, teils aus dem Abgrenzungsbedürfnis heraus, das die ordentlichen, arbeitsamen und klassenbewussten Arbeiter von jeher gegenüber dem menschlichen »Abschaum« empfunden hatten. »Asoziale« gehörten mit zum inneren Feind, wenn zunächst auch aus anderen Gründen als Juden. Aber es bedurfte nur eines einzigen Schritts, nämlich der Gleichsetzung dieser Kranken, Gestrandeten und Gescheiterten mit einer ethnischen oder religiösen Gruppe, und die Juden, aber auch Sinti und Roma konnten im völkischen Umfeld als Krankheitserreger am gesunden Volkskörper, als Bazillen, Schmarotzer und Parasiten gelten. Adolf Hitler verwarf daher in »Mein Kampf« die seit Wahrmund vertretene These vom Nomadentum der Juden ausdrücklich: »Nein, der Jude ist kein Nomade, denn auch der Nomade hatte schon eine bestimmte Stellung zum Begriff ›Arbeit‹ [...]. Bei dem Juden hingegen ist diese Einstellung überhaupt nicht vorhanden; er war deshalb auch kein Nomade, sondern immer nur Parasit am Körper anderer Völker.«[227]

Völkische Eugeniker sprachen sich gegen jede Rassenmischung aus, und Madison Grant bekämpfte aufs Schärfste das Konzept des amerikanischen Schmelztiegels, auch wenn dies immer nur ein Mythos war. Ein beliebtes Forschungsgebiet von Eugenikern war daher die »Bastardisierung« und Rassenkreuzung. Viele Eugeniker rieten aus psychologischen Gründen von Rassenmischung ab und glaubten, bei Mischlingen seelische Disharmonien und Konflikte feststellen zu können. Unvereinbare Dispositionen und Anlagen träfen in diesen Fällen verhängnisvoll aufeinander. Der Ehrgeiz und die Arbeitslust der Weißen, vermischt mit dem »natürlichen« Hang der Schwarzen zu Faulheit, Instabilität und mangelnder Selbstkontrolle führe bei den Mischlingen zu seelischer Zerrissenheit.

Deutsche Eugeniker erforschten die so genannten »Rehobother Bastarde«, Nachkommen von Hottentotten und Buren in Deutsch-Südwestafrika, und glaubten, bei ihnen eine erhöhte Krankheitsanfälligkeit feststellen zu können. Auch die »Rheinlandbastarde«, Mischlingskinder von deutschen Müttern und schwarzen Soldaten, die im Zuge der Rheinlandbesetzung durch die Franzosen nach Deutschland gekommen waren, wurden nicht nur untersucht, sondern auch sterilisiert. Diese Forschungen an »Hybriden« sollten zur Warnung vor der Vermischung zwischen weit voneinander entfernten Rassen dienen. In den USA führten sie zu einer rassistisch getönten Einwanderungspolitik. Menschen mit »nordischem« Erbgut waren willkommen, Süd- und Osteuropäer, Asiaten und Afrikaner dagegen nicht.

Kritik an der Entwicklung der Eugenik in Deutschland kam aus dem In- und Ausland. Liberale und marxistische Kräfte distanzierten sich von der Entwicklung der Eugenik zur Rassenhilfswissenschaft. In den angelsächsischen Ländern gingen vor allem die Genetiker auf Distanz zu den Eugenikern und erhoben den Vorwurf, Eugenik sei nur eine dilettantische Vermischung von Ergebnissen unterschiedlicher Fachrichtungen, eine Pseudo-Wissenschaft im Dienst reaktionärer politischer Interessen.

Nach 1933 standen die Nationalsozialisten vor dem Problem, ihre rassistische Ausgrenzungspolitik juristisch begründen und ihr den Anstrich wissenschaftlicher Seriosität geben zu müssen. Drei Gesetze aus dem Jahre 1935, bekannt geworden als die Nürnberger Gesetze, schufen die Voraussetzungen für den Ausschluss vor allem der Juden: Das Reichsbürgergesetz, das Gesetz zum Schutz des deutschen Blutes und der deutschen Ehre und das Gesetz zum Schutz der Erbgesundheit des deutschen Volkes. Das Reichsbürgergesetz bricht mit dem liberalen Staatsverständnis und unterscheidet zwischen Staats- und Reichsbürgern. Reichsbürger ist nach § 2,1 »nur der Staatsangehörige deutschen oder artverwandten Blutes, der durch sein Verhalten beweist, dass er gewillt und geeignet ist, in Treue dem Deutschen Volk und Reich zu dienen«. Das zweite Gesetz verbietet Ehe und Geschlechtsverkehr zwischen Deutschen und Juden. Das dritte dagegen ist das eigentlich eugenische Gesetz. Es verbietet die Ehe zwischen Partnern, von denen einer a) an einer ansteckenden Krankheit leidet, b) entmündigt ist, c) an einer geistigen Störung oder d) an einer Erbkrankheit im Sinne des Gesetzes zur Verhütung erbkranken Nachwuchses leidet.

Hitler hatte dazu in »Mein Kampf« geschrieben, der völkische Staat habe die Rasse in den Mittelpunkt des allgemeinen Lebens zu setzen. »Er hat für ihre Reinhaltung zu sorgen. Er hat das Kind zum kostbarsten Gut eines Volkes zu erklären. Er muss dafür Sorge tragen, dass nur wer gesund ist, Kinder zeugt; dass es nur eine Schande gibt: bei eigener Krankheit und eigenen Mängeln dennoch Kinder in die Welt zu setzen, doch eine höchste Ehre: darauf zu verzichten. Umgekehrt aber muss es verwerflich sein, gesunde Kinder der Nation vorzuenthalten. Der Staat muss dabei als Wahrer einer tausendjährigen Zukunft auftreten, dem gegenüber der Wunsch und die Eigenschaft des Einzelnen als nichts erscheinen und sich zu beugen haben. Er hat die modernsten ärztlichen Hilfsmittel in diesen Dienst zu stellen [...].«[228]

Das Gesetzeswerk unterscheidet zwischen Art, Rasse und Volk. Die Deutschen seien zwar ein Volk, aber keine Rasse, sondern ein Rassengemisch. Das Gleiche gilt auch für Juden; auch sie werden ausdrücklich nicht als Rasse definiert. Ferner wird unterschieden zwischen »gleich gearteten« bzw. »artverwandten« Rassen und »artungleichen«. Die Mischung zwischen ersteren ist zulässig, jene zwischen letzteren aber nicht. Begründet wird dies mit den Ergebnissen der eugenischen Bastardisierungsforschung. Die Kreuzung artverschiedener Rassen bewirke keine Verschmelzung, sondern schaffe eine labile Mischlingsrasse. Dies aber führe bei den Nachkommen zu einer unausgeglichenen, schwankenden Haltung, in deren Folge es zu Störungen des seelischen Gleichgewichts komme, zur Überschätzung des Intellekts und zum Verlust der Instinktsicherheit. »Überschätzung des Intellekts« richtete sich vor allem gegen die Juden, deren vermeintliche Intellektualität schon seit dem 19. Jahrhundert zu den antisemitischen Topoi gehörte.

Die neue Staatstheorie unterscheidet zwischen Volk, Reich und Staat. Der politische Grundwert des Nationalsozialismus ist nicht der Staat, sondern das Volk. Auch das deutsche Volkstum enthält Bestandteile mehrerer Rassen. Volk ist aber mehr als die bloße Summierung der einzelnen Volksgenossen, auch mehr als die bloße Gemeinschaft nach Sprache, Sitte, Geschichte und Kultur. Vielmehr gehöre zum Volk eine »geschichtlich gewordene Blutsgemeinschaft« – was sich ausdrücklich gegen Liberalismus und Marxismus richtete. Führertum und Artgleichheit seien die Grundbegriffe des nationalsozialistischen Rechts, postulierte der »Kronjurist« des NS-Regimes, Carl Schmitt. »Artgleichheit des in sich einigen deutschen Volkes ist also für den Begriff der politischen Führung des deutschen Volkes die unumgänglichste Voraussetzung und Grundlage.«[229]

Neu eingeführt wird der Begriff des Reiches als »Rechtsbegriff der deutschen politischen Einheit«. Nur Deutsche und »Artverwandte« wie Dänen oder Holländer können auch Reichsbürger werden, nicht aber Juden. Zwar bleiben sie Staatsbürger; da aber Reichsbürgerrecht vor Staatsbürgerrecht steht, werden sie automatisch zu Bürgern zweiter Klasse. »Das Reichsbürgerrecht gliedert den Staatsangehörigen deutschen oder artverwandten Blutes als Vollgenossssen in die Volksgemeinschaft ein.«[230] Volk, so heißt es in der Begründung der juristischen Kommentatoren Stuckart und Globke, sei ein geschichtlich-kultureller Begriff, Staatsangehörigkeit ein staatsrechtlicher, Rasse dagegen ein naturwissenschaftlicher.

Zur Definition von Rasse beziehen sich die beiden Juristen auf den Hauptrassentheoretiker des Nationalsozialismus, Hans F. K. Günther. Danach ist Rasse »eine Menschengruppe, die sich durch die ihr eigene Vereinigung körperlicher Merkmale und seelischer Eigenschaften von jeder anderen Menschengruppe unterscheidet und immer wieder nur ihresgleichen zeugt.«[231] Geistige Wesensart, Geisteshaltung, Charakter oder schöpferisches Wesen sind an bestimmte körperliche Merkmale gebunden. Dennoch müssen die beiden NS-Juristen feststellen: »Es gibt ein deutsches Volk, aber keine deutsche Rasse. Und wie es keine deutsche Rasse gibt, so gibt es streng genommen auch keine jüdische. Die Juden stellen ein Rassengemisch dar, das jedoch in seiner heutigen Zusammensetzung üblicherweise als jüdische Rasse bezeichnet wird.«[232]

Aufschlussreich für die praktische Umsetzung ist nun die juristische Kasuistik, die Erörterung bestimmter Fälle. Folgender Fall wird erörtert: Eine deutschblütige Frau hat einen Juden geheiratet und ist zum Judentum übergetreten. Die Ehe wurde aber durch den Tod des Mannes nach kurzer Zeit aufgelöst. Die Frau wird daraufhin wieder christlich und heiratet in zweiter Ehe einen deutschblütigen Mann. Bei der rassischen Zuordnung der auf die zweite, also rein »arische«, Ehe zurückgehenden Enkel, hervorgegangen aus der Ehe zwischen zwei deutschblütigen, christlichen Partnern, ist die Frau aber nach § 2, Abs. 2, Satz 2 als volljüdisch anzusehen. Ihre Enkel gelten daher als Mischlinge zweiten Grades, obwohl sie keinerlei jüdischen Blutseinschlag aufweisen.[233]

Denn, so die Juristen, ein Großelternteil gilt als volljüdisch, wenn er der jüdischen Religionsgemeinschaft angehört hat. Dies gilt, wie im erörterten Fall, auch für deutschblütige Menschen. Zur Begründung heißt es, diese Regelung erscheine nicht unbillig, »denn die Zugehörigkeit zur jüdischen Religionsgemeinschaft muss in der Regel als ein solch starkes Bekenntnis zum Judentum angesehen werden, dass mit einer Weitergabe der jüdischen Einstellungen an die Nachkommen gerechnet werden kann«.[234] Für die »rassische«, blutsmäßige Erbfolge der – angenommen – blonden, blauäugigen, langschädeligen Arierin oder Germanin zählen als Kriterien allein ihre Einstellung und der Religionswechsel, also rein kulturelle Optionen. Diese hätten sich aber in der Persönlichkeit der Frau so fest verankert, dass sie ihr gewissermaßen in Fleisch und Blut übergegangen seien. Das kulturell vermittelte »Judenblut«, das Antisemiten schon dem Aufklärer Lessing zuschrieben, habe die arisch-germanische Frau, obwohl inzwischen längst wieder christlich, dann an ihre Enkel weitergegeben.

Nun sollte man annehmen, dass die gleiche in sich zwar nicht nachvollziehbare Logik wenigstens formaljuristisch widerspruchsfrei auch für Juden gilt. Dem ist aber nicht so. »Für die rassische Einordnung eines Enkels ist grundsätzlich die Rasse seiner Großeltern maßgebend. Ein der Rasse nach volljüdischer Großelternteil verliert diese Eigenschaft nicht durch seine Zugehörigkeit zu einer christlichen Religionsgemeinschaft; dies gilt auch für den Fall, dass er niemals der jüdischen Religionsgemeinschaft angehört hat.«[235] Fazit: Deutschstämmige, auch wenn nur vorübergehend zur jüdischen Religion übergetreten, geben als »Geistesjuden« jüdische Einstellungen weiter, und zwar blutsmäßig-somatisch, nicht etwa durch geistige Beeinflussung. Juden dagegen, die zum Christentum übertreten, können keine christlichen Einstellungen weitergeben. Für sie gilt die »Infiltrierung« ihres Blutes durch christlichen Geist, christliche Einstellungen und Haltungen nicht, da bei ihnen unabänderlich das Blut ihrer semitischen Rasse durchschlägt – die es wiederum selbst aus der Sicht von NS-Theoretikern gar nicht gibt. Aber es kommt noch kurioser. Denn die deutschblütige Frau gilt für ihre eigene rassische Einordnung nach wie vor als deutschblütig, lediglich für die rassische Einordnung ihrer Enkel gilt sie als Volljüdin! Verfasst, geschrieben und kommentiert von Juristen, von denen einer, Hans Globke, auch unter der Regierung Adenauer das Amt eines Staatssekretärs bekleidete.

Dieses Beispiel zeigt, dass die NS-Rassentheoretiker mit dem Rassenbegriff ebenso Schiffbruch erlitten wie alle Rassentheoretiker vor ihnen und daher auf ein kulturelles Unterscheidungskriterium zurückgreifen mussten, die Religionszugehörigkeit. Aber auch dies war nur ein Scheinargument, um die bürokratische Sortierung und Einordnung zu erleichtern, denn weder ging es um körperliche Merkmale noch um religiöse Glaubensinhalte, die – anders als im Spanien des 15. Jahrhunderts – für die Nationalsozialisten belanglos waren. Es ging einzig und allein um die so genannte jüdische Einstellung, den »jüdischen Geist«. Der aber war, wie im Kapitel über die antijüdischen Stereotypen schon erläutert wurde, ein politisch, sozial und ökonomisch missliebiger »Geist«. Er stand für Liberalismus, Sozialismus, Internationalismus.

Obwohl die These von der Vererbbarkeit seelisch-psychischer Eigenschaften unter Genetikern schon seit den zwanziger Jahren als obsolet galt und man auf der Basis der mendelschen Erbgesetze nur die Vererbung von Haut-, Haar- und Augenfarbe feststellen konnte, hielten die Nationalsozialisten daran fest. Unter Anthropologie verstanden sie daher vor allem Rassenpsychologie oder »Rassenseelenforschung«, das heißt nicht allein somatische Anthropologie, und dies aus gutem Grund.[236] Da nämlich die deutsche Bevölkerung auch für die Nationalsozialisten ein Rassengemisch war, konnten körperliche Unterschiede nur von geringer Bedeutung sein. Das zentrale politische Problem waren die Juden. Auch wenn ihnen Agitatoren aus dem Umkreis von Julius Streichers Hetzzeitschrift »Der Stürmer« ein bestimmtes orientalisch-fremdartiges Aussehen andichten wollten, Hethiternase, dunkle Haare, wulstige Lippen, konnte dies empirisch nicht überzeugen und blieb auf der Ebene der Volkspropaganda. Stuckart und Globke betonten die Besonderheit des Judenproblems, denn es stelle eben nicht nur ein rassenbiologisches Problem dar.[237] Bei der Verfolgung der Sinti und Roma war es aber grundsätzlich nicht anders. Sie waren äußerlich zwar leichter identifizierbar, aber das war nicht das Entscheidende: Man verfolgte auch sie ausschließlich auf Grund einer postulierten kulturell-seelisch-psychologischen Andersartigkeit. Ihre nomadische Lebensweise galt als Landstreicherei, ihr Verhalten als asozial.

Der Begriff »Rasse« wurde zu einer schwammigen, zwischen somatischen und kulturellen Aspekten changierenden Chiffre, die in ihrer Unbestimmtheit dazu diente, missliebige

Einstellungen und Verhaltensweisen zu bekämpfen. Daher konnten die NS-Juristen auch im Brustton der Überzeugung feststellen, dass es eine absolute Rangordnung unter den Rassen nicht gebe und sie sich bewusst eines Urteils über die Wertigkeit der Rassen enthielten. Hitler selbst verkündete im Januar 1934 in Berlin: »Der nationalsozialistische Rassengedanke und die ihm zu Grunde liegende Rassenkenntnis führt also nicht zu einer Geringschätzung oder Minderbewertung anderer Völker, sondern vielmehr zur Erkenntnis der gestellten Aufgaben einer allein zweckmäßigen Lebensbewahrung und Lebensforterhaltung des eigenen Volkes.«[238]

Die Biologisierung der nationalsozialistischen Politik basierte daher auf zwei sich ergänzenden Leitlinien: der Erbgesundheitspflege im Sinne der Eugenik und der Rassenpflege im Sinne der anthropologischen Rassenkunde.[239] Daran waren Bevölkerungswissenschaftler, Vererbungsforscher, Rassenhygieniker, Ärzte und Psychiater beteiligt, die sich die Chancen zur Aufwertung ihrer Profession und zu individuellen Karrieren nur selten entgehen ließen.

Heute wird mitunter die These vertreten, der biologistische Rassismus sei nach 1945 in den Hintergrund getreten und es habe bei den rassistischen Diskursen ein Wechsel der Perspektive von biologischen zu kulturellen Unterschieden stattgefunden. Der zeitgenössische Rassismus sei daher als »kulturalistisch« oder »differenzialistisch« zu bezeichnen. Balibar/Wallerstein argumentieren, schon der Antisemitismus sei ein »kulturalistischer« Rassismus gewesen, und der gegenwärtige »differenzialistische« Rassismus sei seiner Form nach nur ein verallgemeinerter Antisemitismus.[240] Dem ist nur bedingt zuzustimmen. Der innereuropäische Rassismus war, angefangen beim Adelsrassismus über die anthropologischen Forschungen bis zu den Nationalsozialisten, immer eine Mischung aus biologischen und kulturellen Anteilen. Im Vordergrund stand stets ein kultureller Wertekanon, ein »leib-seelisches Bild«.[241] Es kann sich an historisch-variablen Leitbildern orientieren, vom Ideal der »Wohlgeborenheit« bei Carus über das der Langschädeligkeit bei Ammon und Lapouge, von den schönen Griechen oder Kaukasiern bis zu nordischen Wikingergestalten. Doch hätten die Arier- und Germanenmythen keinerlei Durchschlagskraft entfaltet, wenn es nur um blaue Augen oder Schädelindices gegangen wäre. Immer und vorrangig ging es um bestimmte Werte und angenommene ethnische Identitäten. Der Versuch einer Biologisierung von Werten und ihre Anbindung an Blut und Gene hatte vor allem den Zweck, sie vom sozialen Wandel unabhängig zu machen und als unabänderlich darzustellen. Biologisierung und Anthropologisierung sind ideologische Hilfskonstruktionen zur Immunisierung gegenüber dem gesellschaftlichen Wandel, insbesondere gegenüber den vielfältigen Emanzipationsbestrebungen.

Inzwischen ist der Begriff der Eugenik aus gutem Grund diskreditiert und gilt als Mythos. Sie wurde von der Humangenetik abgelöst. Auch heute stehen zwar Ideen zur Verbesserung der Menschheit durch genetische Manipulationen der Keimzellen, durch Gentechnologie und zellbiologische Techniken zur Diskussion und werfen erneut ethische Fragen auf. Die Grundfrage aller Rassentheorien aber, die nach dem Zusammenhang von physischer Erscheinung und geistig-psychischen Eigenschaften, ist heute beantwortet: es gibt ihn nicht. Damit ist der Eugenik im engeren und dem Rassismus im weiteren Sinne der Boden entzogen.[242] Allerdings ist damit die Diskussion um das Verhältnis von Anlage und Umwelt keineswegs beendet. Verhaltensforscher um Konrad Lorenz und Irenäus Eibl-Eibesfeld werden seit langem kontrovers diskutiert. In der Intelligenzforschung stehen Namen wie Arthur Jensen oder Hans J. Eysenck weiterhin für die These genetisch bedingter Intelligenzunterschiede. Auch wenn die Verbindung von vermeintlich angeborenen Intelligenzunterschieden zu Abstammungsgemeinschaften oder Ethnien nicht gezogen werden kann, zeigen die einschlägigen politischen Äußerungen aus diesem Umfeld, dass es dabei nach wie vor um die Vermeidung ethnischer Vermischung geht.[243]

Humangenetiker wie Theodosius Dobszansky oder Luigi Cavalli-Sforza zeigen, dass es kaum möglich ist, ein »rassenspezifisches« Erbgut zu identifizieren. Schon 1950 stellten Wissenschaftler in einer von der UNESCO initiierten Stellungnahme fest: »Nationale, religiöse, geografische, sprachliche und kulturelle Gruppen fallen nicht notwendig mit rassischen Gruppen (racial groups) zusammen und ihre kulturellen Merkmale stehen in keinem nachweisbaren Zusammenhang mit rassischen Merkmalen. Da aber üblicherweise, wenn der Begriff ›Rasse‹ in der Alltagssprache benutzt wird, schwer wiegende Irrtümer dieser Art begangen werden, wäre es besser, den Begriff ›Rasse‹ im Zusammenhang mit menschlichen Rassen vollkommen fallen zu lassen und von ›ethnischen Gruppen‹ zu sprechen.«[244] Anthropologen können nur nach physischen (anatomischen und physiologischen) Merkmalen klassifizieren. Psychische oder geistige Unterschiede lassen sich, auch wenn sie zwischen den einzelnen »Rassen« feststellbar sind, durch divergierende historische und soziale Hintergründe der jeweiligen Gruppen erklären. Entscheidend aber ist die Feststellung, dass biologisch-genetische Unterschiede zwischen Menschen einer einzelnen »Rasse« ebenso groß oder größer sein können als die entsprechenden genetischen Unterschiede zwischen den »Rassen«.[245]

Zusammenfassend zeigt sich, dass die Eugenik als interdisziplinäre und internationale Pseudo-Wissenschaft von der Steuerung der menschlichen Evolution durch den Menschen selbst vor dem Hintergrund eines um 1900 weit verbreiteten Kulturpessimismus und der Sorge um die gesundheitlichen Auswirkungen von Industrialisierung und Urbanisierung zu sehen ist. Eugeniker begegneten der Furcht vor Degeneration und Dekadenz mit dem Versprechen wissenschaftlicher Steuerbarkeit der Evolution und der Verhinderung kontraselektiver Prozesse. Positive Eugenik vertrat die Idee gezielter Züchtung, das Interesse der negativen Eugenik war dagegen auf die Verhinderung der Weitergabe von Erbkrankheiten gerichtet und stieß zunächst in unterschiedlichen politischen Kreisen auf Interesse und Verbreitung. In Deutschland geriet die Eugenik unter der Bezeichnung »Rassenhygiene« aber schnell in ein rechtsgerichtetes, völkisches Fahrwasser. Auch das sozialdarwinistische Konzept der »Menschenökonomie« trug zur Biologisierung ethischer Fragen im Umgang mit Kranken bei und ermöglichte nicht nur Massensterilisierungen, sondern auch die »Ausjätung«, »Ausrodung« oder »Ausmerzung« »lebensunwerten Lebens«. Obwohl zahlreiche Eugeniker auch nach 1945 in Deutschland weiter wissenschaftliche Karriere machten, setzte sich die 1950/51 in den UNESCO-Verlautbarungen von Humangenetikern und Anthropologen formulierte Erkenntnis durch, dass es erstens keinen Nachweis für den seit dem 18. Jahrhundert behaupteten Zusammenhang zwischen somatischen und geistig-psychischen Merkmalen gibt und dass zweitens die genetische Varianz zwischen Individuen der gleichen Abstammungsgemeinschaft oder »Rasse« ebenso groß, wenn nicht größer sein kann als die zwischen den Mitgliedern von »Rassen« genannten menschlichen Großgruppen. Daher wurde vorgeschlagen, den Rassenbegriff zu Gunsten des Begriffs »ethnische Gruppe« aufzugeben.

IX Ethnopluralismus und »differenzialistischer« Rassismus

Seit den Erfahrungen mit den Diktaturen des 20. Jahrhunderts ist »Pluralismus« zu einem positiv besetzten Grundbegriff »offener«, demokratischer Gesellschaften geworden. Im Gegensatz zu Einparteienregimen steht er für ein Mehrparteiensystem und die freie, plurale Organisation von Gruppen und Verbänden. Er steht für die Vielfalt von politischen Meinungen und Weltanschauungen, sofern sie sich im Rahmen des Grundgesetzes bewegen und ihrerseits Toleranz und Vielfalt gelten lassen, also keine integralistischen Positionen vertreten.

Vor diesem Hintergrund mag es erstaunen, diesen Begriff inzwischen im rechten Lager wieder zu finden. Aber was zunächst wie eine Konzession an den demokratischen Konsens erscheint, erweist sich schnell als Verwirrspiel, das Positives suggeriert und Negatives meint. »Hat der Rechte die Seiten gewechselt, ist er zum Laisser-faire-Kosmopoliten mutiert?«, fragte Richard Herzinger 1993, als der von dem Cheftheoretiker der französischen Neuen Rechten, Alain de Benoist, geprägte Begriff des Ethnopluralismus in den Wortschatz neurechter Diskurse Eingang fand. Herzingers Antwort: »Weit gefehlt. Benoist formuliert in modifizierter Terminologie nichts anderes als die wohl vertraute Volkstumsideologie, die seit der Romantik eines Adam Müller das Kernstück des konservativen deutschen Antiliberalismus und Antimodernismus gewesen ist.«[246]

Kurz und knapp gesagt: Ethnopluralismus bedeutet nichts anderes als eine Politik der Apartheid im Verhältnis der Ethnien und Völker zueinander und fungiert als Gegenbegriff zu Universalismus. »Die Kritik des Ethnopluralismus wendet sich im zentralen Punkt gegen den Universalismus, also gegen alles

Denken, das so schnell mit dem ›Allgemeinmenschlichen‹ zur Hand ist. Und das nur gar zu schnell bereit ist, alles Abweichende als ›unmenschlich‹ oder ›primitiv‹, als ›unzivilisiert‹ oder ›archaisch‹ zu denunzieren. Und auszumerzen.«[247] Derartige Ausführungen, die schnell als Bekenntnis zur Toleranz missverstanden werden können, spekulieren mit der Verdrängung historischer Tatsachen. Denn ausgemerzt und als unmenschlich denunziert wurden Menschen im Nationalsozialismus nicht unter Berufung auf Universalismus, sondern gerade umgekehrt im Namen von Partikularismus: dem der arischen Rasse, des Germanentums, der völkischen Ideologie. Nicht unter Beschwörung des Allgemeinmenschlichen wurden Schwarze versklavt oder Juden in die Gaskammern geschickt, sondern unter Verweis auf die Differenz zur eigenen Rasse, und das gilt auch noch für die »ethnischen Säuberungen« auf dem Balkan. Aber es gehört zu den zeitgenössischen Vernebelungsstrategien der Neuen Rechten, den Rassismus als Kind der Moderne und damit auch des Universalismus zu bezeichnen. Die rassistische Ideologie sei, schreibt de Benoist, ein typisches Produkt der Moderne, die sich im 19. Jahrhundert im Kielwasser der sozialen Entwicklungen und der Fortschrittsideologie herausbildete.[248] Richtig daran ist, dass sich rassistische Ideologien zwar in der Moderne herausbildeten, aber als reaktionäre Gegenbewegung gegen diese, als Versuch, alle mit Liberalismus und Sozialismus einhergehenden Emanzipationsbestrebungen zu bekämpfen und rückgängig zu machen.

Solche Geschichtsdeutungen verfangen heute umso mehr, als in ideologisch unübersichtlichen Zeiten die berechtigte Kritik an bestimmten politischen Tendenzen, etwa in der US-amerikanischen Außenpolitik, oder an manchen Folgen der Globalisierung, schnell zu einer Fundamentalkritik an den Werten westlicher Gesellschaften werden kann. Der Kampf der Neuen Rechten richtet sich gegen den Universalismus, der aufgefächert wird in die seit dem ausgehenden 19. Jahrhundert bekannte Trias aller Feinde völkisch-rassischer Identität: das katholische Christentum, den Liberalismus und den Marxismus.[249]

Nach der Implosion der Sowjetunion und dem Niedergang kommunistischer Parteien in Westeuropa bleiben nur noch zwei ernst zu nehmende Feinde übrig: Rom und Juda (H. St. Chamberlain). Nachdem auch »Rom«, im 20. Jahrhundert kompromittiert durch allzu große Nähe zu autoritären und faschistischen Regimen, nicht mehr uneingeschränkt als Gegner in Frage kommt,[250] bleibt als Hauptfeind nur noch der Liberalismus übrig, als Menschenrechtsliberalismus ebenso wie als Marktliberalismus, repräsentiert vor allem durch die USA. Die Neue Rechte reklamiert für sich, im Namen eines totalen Kulturrelativismus die Speerspitze eines weltweiten antiimperialistischen Kampfes zu sein. »Jeder Versuch, dieser totalen Kulturrelativität des Menschen zu entgehen, landet mit Sicherheit wieder bei der Verabsolutierung einer Kultur, und das ist in der Regel die europäische, okzidentale.«[251] Solche Verlautbarungen klingen nicht nur doppeldeutig, sondern sind auch so gemeint als Verwirrspiel zwischen »rechts« und »links«, wie im Folgenden zu zeigen sein wird.

Die Ethnopluralisten sehen sich als legitime Erben Herders mit seiner aufklärungskritischen Naturalisierung der menschlichen Geschichte. Auch sie vermögen den von Kant postulierten »Antagonismus« zwischen Vernunft/Kultur und Biologie/Natur nicht zu sehen. Kulturelle Vielfalt liegt für sie auf der gleichen Ebene wie Artenvielfalt. Der Mensch sei zwar ein Tier, gehe indessen in seiner Animalität nicht auf, sondern sei zur Kultur befähigt. Diese Befähigung sei aber selbst eine Naturgabe, eine bio-anthropologische Grundausstattung. Sie befähige den Menschen zwar, sich besser und differenzierter, nicht aber qualitativ anders als andere Lebewesen seiner Umwelt anzupassen. Weltbilder im weitesten Sinne, also Religionen, Weltanschauungen, Staatsdoktrinen oder Wertmaßstäbe gelten daher als Ergebnis dieser biologischen Anpassung an die jeweilige Umgebung und entstehen nach Art biologischer Passungskriterien.

Vor dem Hintergrund der wissenschaftlichen Entwicklungen seit der zweiten Hälfte des 20. Jahrhunderts haben Neo-Rassisten ihre Sprache, ihre Begriffe und Paradigmen modernisiert und zeitgenössischen Diskursen angepasst. Alain de Benoist beispielsweise behauptet von sich, er sei gegen den Rassismus und für das Recht auf Verschiedenheit.[252] Er und seine Anhänger haben sich einen »differenzialistischen Antirassismus« auf die Fahnen geschrieben und sorgen damit für einige Verwirrung, denn eben dies, die Anerkennung der Differenz, streben doch gerade ihre Gegner, die Multikulturalisten an. Sind die Neuen Rechten inzwischen reumütige Antirassisten geworden oder handelt es sich lediglich um verbale Kosmetik?

Im Plädoyer für Differenz sieht der französische Rassismusforscher Pierre-André Taguieff »die erste Quelle der Verwirrung, zurückzuführen auf die Tatsache, dass die Neue Rechte gleichzeitig eine Doktrin der Verschiedenartigkeit (der Individuen) entwickelt, eine Elitetheorie erarbeitet und in der Auseinandersetzung über Milieu und Vererbung für die Erbpsychologen Partei nimmt. Bei oberflächlicher Betrachtung könnte man meinen, es handele sich hier nur um eine neue Version des *inegalitären Rassismus,* der in einem *Biologismus* gründet. In Wirklichkeit geht es aber um etwas völlig anderes, nämlich um einen *differenzialistischen Rassismus mit kulturalistischer Grundlage.*«[253] Dies ist aber keineswegs »etwas völlig anderes«, wie Taguieff unterstellt, sondern nur die Kehrseite der gleichen Medaille: Rassismus war immer schon kulturalistisch und nie nur biologistisch, und die philosophische Grundlage, schon im 18./19. Jahrhundert bei Herder, Lavater, Carus u. a. zu finden, liegt in der Gleichsetzung von Naturgeschichte und Menschheitsgeschichte, von Natur und Kultur. Sie liegt, mit anderen Worten, im Monismus und der Abkehr von Descartes' (und Kants) Trennung der beiden Sphären.

Von besonderem wissenschaftlichem Interesse ist für die Neue Rechte die allgemeine, schon bei Herder sich ankündigende und von Spencer dann ausformulierte Systemtheorie, die so genannte evolutionäre Erkenntnistheorie, Ethologie und Human-Soziobiologie.[254] Vertreter dieser Richtungen gehen von einer unauflöslichen »biopsychosozialen« Einheit des Menschen aus, denn es gelte, die reduktionistischen Einseitigkeiten von Biologismus und Soziologismus zu überwinden. Vor diesem gar nicht so neuen Hintergrund wird dann verständlich, warum Ethnopluralisten von sich behaupten, sie seien gar keine Rassisten. Denn reduziert man Rassismus auf Biologismus, stimmt dies durchaus. Dabei wird unterschlagen oder historisch verdrängt, dass Rassismus immer kulturalistisch begriffen und nicht erst von den Nationalsozialisten als »Rassenseelenkunde« betrieben wurde. Man kann dies nicht oft genug wiederholen, weil nicht nur die Neue Rechte aus der Ausklammerung dieses Zusammenhangs paradoxerweise antirassistisches Kapital zu schlagen versucht. Auch ihre linken Kritiker sitzen diesem biologistischen Irrtum auf, wenn sie argumentieren, der heutige »Differenzialismus« begnüge sich mit der Hierarchisierung von Kulturen, er sei kulturalistisch geworden. Rassismus ist aber nie auf andere Weise vorgegangen!

Wie schon bei Herder, wird im Ethnopluralismus das Leben als Organisation von Organisationen oder Systemen aufgefasst. Ein System ist ein geschlossener Regelkreis, in dem jedes einzelne Teilaggregat eine bestimmte Funktion übernimmt und damit zum Bestand des Systems beiträgt. Dieser Normalzustand, in dem alle Teile und ihre Funktionen sich im Gleichgewicht (Homöostase) befinden, kann nur von außen gestört werden durch das Einwirken externer Faktoren. Innerhalb des

Systems sind alle Strukturen zugelassen, die den Bestand des Systems nicht gefährden.

Das System »Kultur« bringt spezifische Weltbilder oder normative Orientierungsmuster hervor, die dann als vernünftig und akzeptabel gelten, wenn sie unabdingbar zum Überleben des Systems und seiner Bevölkerung sind. Kulturelle Leistungen können zwar variieren, aber nur innerhalb der Systemgrenze. Überschreiten sie diese Grenze, etwa durch Mischung mit anderen kulturellen Systemen, gefährden sie das Überleben des Systems und das seiner Population. Um dies zu vermeiden, hat jedes System einen Regler, der sich nach Art eines Temperaturmessers vorstellen lässt. Er misst und definiert auf der jeweils höheren Systemebene, wie sich die einzelnen Teilchen auf einer untergeordneten Ebene zusammenschließen oder aggregieren dürfen, um den Bestand des Systems nicht zu gefährden. Im kulturellen System kommt diese Funktion den Eliten zu. Sie definieren hierarchisch von oben nach unten, welche Aggregationen zulässig sind, welche kulturellen Leistungen oder Variationen für den Systembestand zuträglich und erlaubt sind.

Als jeweils geschlossene Regelkreise stehen Natur und Kultur aber auch in einem bestimmten Austauschverhältnis zueinander. Dieses Verhältnis wird bestimmt von einem »übergreifenden Allgemeinen«, das aber, und dies ist für die Schlussfolgerungen zentral, seinerseits Natur ist. Anders formuliert: Natur und Kultur stehen sich als unterschiedliche, nach je eigenen Regelkreismechanismen funktionierende Systeme oder Organisationen zwar gegenüber, werden aber beide wiederum überwölbt von einem Allgemeinen. Natur ist also einmal im Verhältnis zur Kultur ein Teilsystem, gleichzeitig aber das beide determinierende Allgemeine. Dies hat nun zur Folge, dass das Allgemeine der Natur sich auch im Besonderen der Kultur wieder finden muss.[255] Die Natur legt den Rahmen fest, innerhalb dessen sich Kultur überhaupt erst ausdrücken und entfalten kann, aber sie legt nicht die kulturelle Form fest. Mithin existiert ein innersystemisch begrenzter Spielraum für Kultur und ihre Entwicklung. Die Grundannahme lautet aber, dass im Verhältnis von Kultur und Natur letztere das Übergewicht hat. Sie ist die beide übergreifende letzte Instanz, und kulturelle Evolution daher nur eine Fortsetzung der biologischen Evolution mit anderen Mitteln.

Zum Verhältnis von Kultur und Natur tritt als dritte Kategorie nun die Ethnie hinzu, in der Natur und Kultur unauflöslich ineinander übergehen. Die Ethnie hat sowohl Anteil an der Natur (Rasse) als auch an der Kultur. Wie schon bei Gobineau und Herder, wird sie von den Ethnopluralisten nicht als Summe von Einzelindividuen verstanden, als Aggregat atomistischer Einzelteile nach Art einer Maschine, sondern holistisch als überindividuelle Gesamtheit oder Ganzheit.[256]

Dieses Denken, das auch von Theoretikern der New-Age-Bewegung vertreten wird, wendet sich gegen das kartesianisch-mechanistische Weltbild und die von Descartes geforderte analytisch-synthetische Methode. Mit seiner Zwei-Substanzen-Lehre begründete er einen metaphysischen Dualismus und schuf die Grundlage für die Unterscheidung von Subjekt und Objekt. Dagegen knüpft das holistische Ganzheitsdenken an die moderne Lebensphilosophie an und leugnet diesen Dualismus.[257] Um 1900 von Nietzsche, Bergson und anderen vorgedacht, war sie zwischen den beiden Weltkriegen in Deutschland stark verbreitet und hatte auch großen Einfluss auf den jungen Mussolini. Geschichtstheoretisch löst sich dieses Denken von jeder Fortschrittsperspektive. Geschichte ist kein teleologisch-finalistischer Prozess, wie das Christentum, die Aufklärungsphilosophie und der Marxismus annehmen, sondern ein ewiges, zirkuläres Werden und Vergehen wie im Naturreich. Geschichte wird nur von einem einzigen Prinzip durchwaltet, dem Willen zur Selbstbehauptung.

Herder nannte es die »Selbsterhaltung«, Nietzsche den »Willen zur Macht«. Daher kann es weder autonomes individuelles Handeln geben noch die Willensfreiheit des Einzelnen. Das Individuum ist immer nur Träger und Organ eines kollektiven Selbstbehauptungswillens. »Du bist nichts, dein Volk ist alles«, hieß der nationalsozialistische Slogan.

Die frühbürgerlichen, gegen den Absolutismus und die Lehre vom Gottesgnadentum gerichteten Gesellschaftslehren gingen aber von einem individualistischen Konstrukt aus: Die Individuen erkennen, dass sie ohne Zusammenschluss, ohne gemeinsam ausgehandelte Regeln und Verträge nur im Zustand des Kampfes aller gegen alle leben. Aus Eigeninteresse schließen sie sich daher zusammen, um diesen Zustand zu beenden. Gesellschaftliche Regeln sind also etwas durch Kommunikation, Absprache und Verständigung Entstandenes, das dazu dient, einen bestimmten Zweck zu erreichen: den Schutz des Einzelnen und seines Eigentums als Bedingung der Möglichkeit eines friedlichen Zusammenlebens. Es kommt zu einem freien und freiwilligen Zusammenschluss der Menschen auf Grund von Vernunft und Einsicht.

Rechte Theoretiker halten dagegen, dies sei eine Abstraktion von der Realität, denn dort gehe es gerade umgekehrt zu. Vor jedem Individuum gebe es immer schon eine Gemeinschaft, sei es die der Familie, des Stammes oder der Ethnie. Gemeinschaften seien etwas Gewachsenes und aus dem großen biopsychischen Lebensstrom hervorgegangen, nichts von Menschenhand Gemachtes. Auf die Bedeutung Herders für dieses Denken wurde schon hingewiesen. Auch unter Ethnopluralisten ist man sich dessen bewusst. Alain de Benoist unterscheidet daher zwischen einem universalistischen und einem differenzialistischen Antirassismus. Ersterer gehe auf Kant zurück und sei abzulehnen, da er Individuen nur als abstrakte menschliche Wesen sehe. Herders Position dagegen sei akzeptabel, denn dieser postuliere, »dass Individuen unauflösbar mit ihren kollektiven Identitäten verbunden seien [...]. [Daher] sieht der differenzialistische Antirassismus in der Verschiedenheit der Völker und Kulturen den eigentlichen Reichtum der Menschheit.«[258] Auch wenn de Benoist sich gegen eine Politik der Apartheid ausspricht, ist daran zu erinnern, dass gerade mit der unabänderlichen Verschiedenheit der Völker und Kulturen die südafrikanische Apartheid begründet wurde! Kritiker dieser Begründung leugnen keineswegs, wie Rechte gern unterstellen, dass Menschen ihre Identität auch über Zugehörigkeit zu Gemeinschaften definieren. Sie leugnen aber entschieden, dass diese Bindung »unauflösbar« (de Benoist) und der Kulturrelativismus »total« (Eichberg) seien, denn menschliche Freiheit bedeutet nicht zuletzt auch die Möglichkeit, wählen zu können, ob man einer Gemeinschaft (Familie, Dorf, Nachbarschaft, Religionsgemeinschaft, Volk, Nation etc.) angehören will oder nicht, und es ist eine Errungenschaft moderner, demokratischer Gesellschaften, diese Freiheit befördert zu haben.

Aus ethnopluralistischer Sicht sorgt nun die Ethnie als Produkt der Austauschbeziehungen von Natur und Kultur einerseits für ihre biologische Anpassung an die Umwelt, andererseits definiert sie vermittels der Kultur die Identität der Ethnie, eines Volkes oder einer Nation. Nicht nur die beiden Grundkategorien des Ethnopluralismus (Rasse/Natur – Identität/Kultur) werden monolithisch oder blockartig gedacht. Auch Ethnien als Amalgame beider Bereiche sind aus dieser Sicht in sich geschlossene, scharf voneinander getrennte Lebenseinheiten. Daraus folgt für dieses Denken mit zwingender Notwendigkeit bei Strafe der »Zersetzung«, der Dekomposition oder, modern gesprochen, des Systemzusammenbruchs, dass innenpolitisch nur ein einziges Wertesystem zugelassen werden kann, nämlich das für das Überleben des Systems allein notwendige. Es wird hierarchisch von oben nach unten von den Eliten formuliert, die im systemischen Regelkreis die

Funktion eines »Fühlers« oder Thermostaten ausüben. Für das Außenverhältnis folgt daraus eine wiederum monolithisch oder blockartig gedachte Pluralität von Ethnien oder Völkern/Nationen, die alle in sich geschlossene Systeme bilden und sich bei Strafe des Untergangs nicht vermischen dürfen. Dies ist – vordergründig – keine Frage der Blutes oder der Hautfarbe, sondern eine der kulturellen Wertigkeiten. Nur so ist zu verstehen, warum Ethnopluralisten von sich behaupten, Antirassisten zu sein. Diese Behauptung beruht auf dem monistischen »Trick«, nur von Kultur und kultureller Differenz zu reden, wo in Wirklichkeit ein unauflösliches Amalgam von Kultur und Natur gemeint ist.

Wie sich aber innersystemisch die einzelnen Systemteile nicht auf gleicher Ebene gegenüberstehen, sondern hierarchisch gegliedert sind, wobei einige die Funktion des denkenden Hirns, andere die der arbeitenden Hand zugewiesen bekommen, so gilt dies auch nach außen. Die verschiedenen, in sich geschlossenen ethnischen Blöcke erkennen sich zwar gegenseitig an, stehen aber nicht gleichwertig nebeneinander. »Das sich für die gegenseitige Anerkennung am besten eignende Mittel folgt nicht dem Prinzip der Gleichheit, sondern dem der Hierarchie.«[259] Denn auch hier gilt der Systemimperativ einer Führung von oben nach unten.

Hat man diese Prämissen einmal akzeptiert, kann es nur zwei Lösungen geben: Entweder übernimmt eine Macht als »Menschheitsvolk« die Führung und leistet international das, was auf nationaler Ebene die Eliten leisten. Geschieht dies nicht und kann es auf höherer, internationaler Ebene nicht zu einer neuen Systembildung kommen, dann folgen Chaos, Unordnung und Zerfall. Systeme als autonome, sich selbst reproduzierende Einheiten können sich zwar entwickeln, aber, wie schon bei Herder, Chamberlain oder Alfred Rosenberg vorgedacht, nur immanent durch Selbstorganisation. Rosenberg und vor ihm Herder nannten es das »Werden« und »Wachsen«

nach einem inneren Bauplan, dessen Code schon im Keim festgelegt ist. »Man kann«, heißt es auch jüngst erst in der neurechten Zeitschrift »Mut«, »dieses Muster Eigendynamik [...] mit einem Bild belegen, und ich wähle das des ›Baumes‹. Einem Baum kann man nicht beibringen, dass er zu wachsen habe, er wächst einfach aus sich selbst heraus.«[260]

Ethnopluralisten vermeiden in der Regel zwar diese Herder entlehnte organologische Baum-Metapher, aber der Gedanke bleibt der gleiche. Die Selbstorganisation eines Systems erfolgt durch Adjustierung eines vorübergehenden Ungleichgewichts an einen neuen Gleichgewichtszustand, wie etwa ein Jugendlicher vorübergehend in der Pubertät mit sich im Ungleichgewicht ist, eine Krise durchmacht, die aber, einmal ausgestanden, auf einer höheren Stufe, dem Erwachsenenalter, zu einem neuen Gleichgewicht führt. Entwicklung heißt hier Reifung, heißt an oder aus sich selbst Wachsen. Identität heißt sich treu bleiben auf einer einmal eincodierten Wachstumslinie. Auf diese Weise kann allerdings nie etwas Neues entstehen. Vielmehr wird durch die Wiederherstellung der internen Ordnung auf höherer Stufe lediglich das bestehende System erhalten. Aus dieser Sicht dürfen Systeme nie porös werden; es gilt, Durchlässigkeit nach außen zu vermeiden oder nur das zu adaptieren, was systemkompatibel ist. Dafür sorgt das wiederum in sich geschlossene Wertesystem. Es hält ein soziales System gewissermaßen »auf Linie« und wirkt den destabilisierenden Einflüssen entgegen.

Der immer und überall stattfindende Wandel erscheint als ungeordnete Flut von bedrohlichen Impulsen, die abgewehrt oder schnell wieder in geordnete Bahnen gelenkt werden müssen. Das Leben ist ein permanentes Fließen, aber in einer Welt, in der alles fluktuiert, müssen Dämme errichtet, Ordnung und Abgrenzung wiederhergestellt werden. Außenimpulse aufzunehmen hieße, die einmal eingeschlagene Wachstumslinie zu korrigieren oder möglicherweise zu verlassen und wäre eine

Systembedrohung. Eine Ethnie kann daher keine Willensgemeinschaft von Menschen unterschiedlicher ethnisch-kultureller Herkunft sein, sondern nur eine mit sich identische psycho-physische Blutseelengemeinschaft.

Das Wertesystem bzw. der Code, der diesen Ordnungs- und Stabilisierungsvorgang leistet, kann, das ist die zwingende Schlussfolgerung, nie systemübergreifend wirken. Alle universalistischen Lehren werden daher als pathologische Systeminfiltrationen wahrgenommen, die die ethnisch-völkische Eigenart bedrohen. Nur ein partikulares Wertesystem, hervorgegangen aus der »Volksseele« der je besonderen Ethnie, kann deren Identität gewährleisten. Der Mensch unterscheidet sich vom Tier daher nicht durch Bewusstsein schlechthin, sondern vor allem durch Geschichtsbewusstsein, durch das Wissen um die Herkunft seiner Ethnie und ihrer permanenten biokulturellen Selbstbehauptung. Auch Geschichtsbewusstsein wird naturalisiert als intuitives Belauschen eines Lebensstroms, dessen Teil man ist, als biopsychisch im jeweiligen Individuum angelegte und internalisierte Ahnung einer langen blutsmäßigen Traditionskette, in der der Einzelne nur ein Glied ist. Als solches hat er seine Funktion zu erfüllen, damit die Kette nicht abreißt.[261]

Es liegt nahe, dass ein Mythos, in der Regel ein Ursprungsmythos, eher geeignet ist, dieses Geschichtsbewusstsein zu fördern als eine wissenschaftliche Rekonstruktion tatsächlicher historischer Prozesse. Denn diese würden schnell zeigen, dass sich Menschen und Kulturen seit Urzeiten vermischt haben und Neues nur durch wechselseitige kulturelle Beeinflussung entstand. Überdies kommen Mythen als bildhafte Erzählungen dem konservativen Bedürfnis nach Konkretion entgegen und richten sich gegen den »Logozentrismus« (L. Klages) des westlichen Denkens. Mythen stärken das Gefühl, in einer langen Tradition zu stehen und verleihen dem Einzelnen historisches Gewicht und Substanz. Das Empfinden der eigenen Nichtigkeit, das er als Kettenglied erfährt, wird kompensiert durch das Gefühl, Teil einer großen, überindividuellen Sache zu sein.

Mythen müssen inhaltlich nicht festgelegt sein. Sie müssen lediglich die imaginierten Ursprünge einer Ethnie konkretisieren und das Denken strukturieren, ihm die Bahn weisen, in der es sich zu bewegen hat. Begriffe und Ideen sind aus dieser Sicht gewissermaßen ethnisch »imprägniert«. Der Einzelne kann gar nicht anders, als vorindividuell durch einen ethnisch-kulturellen Filter hindurch zu denken. Es denkt in ihm, und dieses »Es« ist ein Amalgam aus Tradition, Volksseele und Selbstbehauptungswillen der Ethnie. Der Wille, ausdifferenziert in verschiedene »Triebe«, ist das Primäre; Vernunft, Ratio und Denken sind lediglich seine Werkzeuge.

Daher können aus dieser Sicht Begriffe oder Werte nicht abstrakt für alle Menschen gelten. Die Ablehnung universaler Werte gilt insbesondere für politische Ideale wie Freiheit oder Gerechtigkeit: Es kann immer nur ein deutsches oder chinesisches Freiheitskonzept geben, ein französisches oder senegalesisches Verständnis von Gerechtigkeit. Es fügt sich in dieses Denken, dass sich autoritäre Regime gern darauf beziehen und nicht zugestehen können, dass es auch innerhalb einer Ethnie und ihrer Kultur divergierende Interessen und Wertkonflikte gibt.

Da nun aus diesem auch über lange historische Zeiträume mit sich identischen naturalisierten Wertesystem immer die »Volksseele« spricht, können Fragen nach Macht- und Herrschaftsbeziehungen gar nicht erst aufkommen. Tun sie es aber, gelten sie als pathologische Störung des Systemgleichgewichts. Weit reichende Konsequenzen für diese modernisierte Variante des Volkstumsdenkens hat auch eine weitere Schlussfolgerung. Sie ergibt sich aus der Grundannahme systemischer Geschlossenheit und besagt, dass Menschen anderer Ethnien nicht nur andere Weltbilder haben, sondern auch andere kognitive Strukturen. Ihre Erkenntnismöglichkeiten selbst sind bedingt und begrenzt durch ihre biokulturellen Systemgrenzen. Schon bei Gobineau heißt es über die Prägung des Einzelnen durch das Lebensgesetz seines Volkes, hier identisch mit Rasse: »Auf gewisse Weise bildet es bei der Geburt ihre Gehirne und leitet sie auf bestimmte Wege, verschließt ihnen andere, die sie nicht einmal ahnen.«[262]

Da aber Systembildungen hierarchisch erfolgen, lautet die zweite Schlussfolgerung, dass es von Natur aus intelligente, entwicklungsfähige und weniger entwicklungsfähige Menschen gibt, nicht nur als genetische Variationen innerhalb einer Population, sondern im Verhältnis der Ethnien zueinander. Wenn dem aber so ist, dann liegt auch eine dritte Schlussfolgerung nahe, dass nämlich die Menschen nicht artgleich, sondern artverschieden sind. Schon der NS-Jurist Carl Schmitt befand: »Bis in die tiefsten, unbewusstesten Regungen des Gemütes, aber auch bis in die kleinste Gehirnfaser hinein, steht der Mensch in der Wirklichkeit dieser Volks- und Rassenzugehörigkeit [...]. Ein Artfremder mag sich noch so kritisch gebärden und noch so scharfsinnig bemühen, mag Bücher lesen und Bücher schreiben, er denkt und versteht anders, weil er anders geartet ist, und bleibt in jedem entscheidenden Gedankengang in den existenziellen Bedingungen seiner eigenen Art.«[263]

Das Leben ist aus dieser Sicht ein permanenter Überlebenskampf der Arten, die anthropologisch zwar zur Kultur fähig sind, diese aber nur als Regulativ im Kampf um die Selbsterhaltung einsetzen können. Dieses agonale, kämpferische Denken erfährt seine höchste und tödlichste Bedrohung durch die Vorstellung von einem ewigen Frieden, von einer friedlich organisierten Weltgesellschaft. Sollte ein solcher Zustand je erreicht werden, wäre dies aus rechter Sicht eine mortale Bedrohung für jede Differenz und würde zu einem puren Dahinvegetieren auf hohem technischem Niveau führen, zu einem weltweiten Fellachendasein, wie es schon Gobineau herannahen sah. Das Schreckbild einer durchweg Jeans tragenden und Coca-Cola trinkenden Menschheit scheint auf und wird als »Tragik« erfahren. Daher gehe, so de Benoist, die größte Bedrohung heute nicht von dem Anderen, von ethnischer und kultureller Vielfalt, aus, sondern von der Gleichmacherei durch Individualisierung, Vermassung, Entsakralisierung, Rationalisierung und Universalisierung. Der Romantiker Eichendorff nannte es die »Einerleiheit«. »Die Amerikanisierung der Welt, die Vereinheitlichung der Produktionsweisen und Konsumgewohnheiten, die Herrschaft der Ware, die Ausbreitung des Weltmarktes, die systematische Erosion der Kulturen unter den Folgen der Globalisierung untergraben die Identität der Völker noch weitaus mehr, als es die Einwanderung tut. Die Eröffnung einer Fast-Food-Filiale oder eines Supermarktes stellt für unsere Identität sicher eine größere Bedrohung dar als der Bau einer Moschee!«[264]

Das sind die alten, seit dem 19. Jahrhundert bekannten kulturpessimistischen Lamentationen und Untergangsstimmungen. Fragt man nach Alternativen, tritt der gleiche Antimodernismus zu Tage: Die Revolte gegen die moderne Welt habe bei einer Umkehr der Prioritäten zu beginnen. Statt des Primats der Wirtschaft gelte es, den Primat der Politik wiederherzustellen und auf eine »Entmarktung« hinzuarbeiten. Man müsse wieder, fordert de Benoist, zur »ursprünglichen« Wirtschaftsauffassung zurückkehren, zum alten Oikensystem des »ganzen Hauses«, und überdies dürfe der Wirtschaft, nach dem Modell des dreifunktionalen Systems der Indoeuropäer, nur die niedrigste Stufe zukommen. Wie schon erwähnt, handelt es sich bei der Dreifunktionalität um die Wiedereinführung des mittelalterlichen, ständischen Gesellschaftsmodells, angepasst an moderne Bedingungen. An die Stelle des Adels treten moderne Funktionseliten, gefolgt vom »Lehrstand« der Wissensvermittler und schließlich, auf unterster Stufe, von Bauern und anderen Menschen, die nur körperliche Arbeit verrichten. Während in der modernen liberalen Gesellschaft das Wirtschafts- und Marktgeschehen eine dominante Rolle spielt und sich die Politik untergeordnet hat, gilt es, diese aus ethnopluralistischer Sicht verhängnisvolle Entwicklung rückgängig zu machen und die Marktwirtschaft zurückzudrängen zu Gunsten einer hierarchischen Gliederung der Gesellschaft. Die Politik müsse wieder die Lebensimperative einer Ethnie formulieren und ihren Selbstbehauptungswillen stärken; die Wirtschaft habe nur eine sekundäre Rolle zu spielen und Zubringerdienste im Daseinskampf zu leisten.

Solange die Ethnie durch Druck von außen monolithisch geschlossen bleibt, muss der Wertepluralismus vor den Systemgrenzen Halt machen. Schwindet aber der Druck von außen, breitet sich der Wertepluralismus systemintern aus. Es kommt zu innerethnischer Konkurrenz, und das homöostatische Systemgleichgewicht gerät aus den Fugen. Der Systemkollaps bzw. der Tod der Ethnie durch Verlust ihrer Identität wäre die unabwendbare Folge. Diese apokalyptische Vision kann überhaupt nur aufkommen, weil auch Identität als etwas sich historisch Gleichbleibendes begriffen wird, als ganzheitlicher Ausdruck einer biopsychosozialen Substanz oder Entität. Wer es aber wagt, eine solche mythische Ganzheit in ihre Bestandteile zu zerlegen und gar die dahinter stehenden Interessen zu analysieren, zeigt nur, dass er bereits von »zersetzendem«»jüdischem Geist« durchdrungen ist. Bei den theoretischen Köpfen der Neuen Rechten lautet das funktionale Äquivalent heute zwar »amerikanischer Geist«, der Akzent lässt sich jedoch, je nachdem, welche Meinung Konjunktur hat, wieder anders setzen. So zeigten etwa im Herbst 2002 Umfragen in Westdeutschland einen deutlichen Anstieg des Antisemitismus.[265]

Kulturelle Mischung liegt aus dieser Sicht nicht auf einer anderen Ebene als Rassen- oder Blutsmischung, sondern ist identisch mit ihr, soll doch jeder Reduktionismus – die Beschränkung nur auf die Kultur oder nur auf die Biologie – im Sinne ganzheitlich-holistischen Denkens vermieden werden. Da aber in Europa seit der Antike kulturelle und ethnische Mischungen, Wanderungen, Assimilationen gang und gäbe waren, stellt sich aus dieser Sicht die gesamte europäische Geschichte seit zweitausend Jahren als ein einziger Irrweg dar, hervorgegangen aus dem judeo-christlichen Monotheismus. Die Alternative lautet: Nur durch Rückkehr zu unseren heidnisch-polytheistischen Wurzeln finden wir unsere wahre Identität. Der Monotheismus wird derzeit von vielen Richtungen her kritisiert, daher kommt es sehr auf den Inhalt der Kritik an. Im Gegensatz zu jenen Stimmen, die den Monotheismus nur mit einer Blutspur von Gewalt, missionarischem Herrschaftswillen und Intoleranz verbinden, kritisieren die Ethnopluralisten umgekehrt das universalistische Gleichheitspostulat und, bezogen auf das Christentum, die Forderung nach Nächstenliebe, die als Weltverbrüderungsillusion denunziert wird. Nächstenliebe gilt für sie nur im Sinne von Gumplowicz' Sozialsympathie als Sorge für den artgleichen Angehörigen der eigenen Gruppe oder Ethnie, nicht als »Fernstenliebe«. Denn auch Gewissen und Moral sind lediglich Instrumente im Selbsterhaltungskampf. Neopaganer Polytheismus steht daher nicht etwa für esoterisch-sektiererische, folkloristische Germanentümelei, für Wotanskulte oder Sonnenwendfeiern, sondern für eine Pluralisierung der Moralvorstellungen, für eine ethnisch gewendete Wiederbelebung von Nietzsches Unterscheidung zwischen Herrenmoral und Herdentiermoral.

Gegen den vom Monotheismus ausgelösten imaginären Verlust unseres wahren Selbst wehren sich Rechte seit der Weimarer Republik mit dem, was als »konservative Revolution« bekannt wurde, ein umstrittener Begriff, der unterschiedliche Richtungen und Tendenzen umfasst. Ihnen ist aber gemeinsam ein »heroischer Pessimismus«, das heldenhafte Sich-Aufbäumen gegen eine Welt, die aus ihrer Sicht dabei ist, Differenzen im Inneren und nach Außen abzubauen. Daher gilt es nicht, einen bestehenden Zustand zu bewahren, sondern einen historisch vorgängigen durch »revolutionäre« Umwertung der Werte wiederherzustellen.

Das ethnopluralistische Plädoyer für Verschiedenheit und Differenz, für die großen und die kleinen Unterschiede klingt unverfänglich, und suggeriert nicht nur größere Buntheit, ästhetische Vielfalt, sondern auch eine Philosophie der wechselseitigen Anerkennung. Nationalrevolutionäre wie Henning Eichberg sparen daher nicht mit »multikulturellen« Schlagworten: das dialogische Prinzip wird beschworen, von der Anerkennung des Anderen ist die Rede, wer die anderen hasse, hasse sich selbst.[266] Allerdings lehnen Ethnopluralisten jede Bewertung dieser Vielfalt, etwa in Fragen der Menschenrechte oder der Folter, der Klitorisbeschneidung bei afrikanischen Frauen, der auch heute in Afrika praktizierten Sklavenhaltung etc., als westlichen Kulturimperialismus ab. Eichberg kritisiert das Unvermögen deutscher Linker, den türkischen Fundamentalismus in Deutschland –Koranschulen, Moscheen, Schleier und Derwischorden – »anzunehmen«.[267] Angeprangert werden eurozentrischer Dünkel und kulturelle Bevormundung, denn jede Ethnie habe nach demjenigen inneren Code zu leben, der ihr biopsychokulturell mitgegeben wurde. »Nicht die Frage nach guter oder schlechter, nicht die nach politisch genehmer oder unangenehmer Andersartigkeit und Vielfalt steht zur Debatte, sondern die nach Vielheit an und für sich!«[268] Das mag ultratolerant klingen, kapituliert aber nur vor der schon von Kant aufgeworfenen Frage, ob denn alles, was ist, auch sein soll. Aber auch hier haben Herder und Gobineau vorgearbeitet. Bei letzterem heißt es:»Eine Gemeinschaft an sich ist weder tugendhaft noch lasterhaft, sie ist weder weise noch töricht, sie besteht.«[269]

Der Ethnopluralismus behauptet von sich, die Pluralität der

Ethnokulturen anzuerkennen und für ihre Autonomie einzu-
treten. In der Apartheid-Doktrin nannte man dies das Recht
auf die »eigen-artliche Entwicklung«. Diese Entwicklung wird
strikt antiindividualistisch gedacht. Damit wird aber auch die
Demokratie umgedeutet und ihrer substanziellen Grundan-
nahmen, nämlich denen der Selbstbestimmung und der politischen Partizipation des einzelnen Individuums, beraubt. »Demokratie von unten zu denken, heißt vom Volk – d. h. von den
Völkern und Volksgruppen her zu denken.«[270] Einwanderung
ist von Übel, denn Deutschland als ökologisch bereits hoch be-
lastetes und verdichtetes Territorium würde einen weiteren
Bevölkerungszuwachs nicht ohne gewalttätige Reaktionen
verkraften. Das »gute Volk« der Deutschen, derzeit sich selbst
entfremdet durch die Macht der Konzerne, müsse lernen, sich
selbst wieder als Stamm unter Stämmen zu akzeptieren. Nur
dann sei es in der Lage, eine »angstfreie kulturelle Hegemonie«
über die in Deutschland schon ansässigen anderen Stämme,
vor allem die Türken, auszuüben. Typisch für diese Diskurse
ist auch das Jonglieren mit dem Begriff »Volk«, der einmal als
soziale Kategorie die Unterschichten bezeichnet, die sich
gegen die entfremdende Macht der Konzerne zur Wehr setzen
sollen, dann wieder als ethnisch-kulturelle Kategorie den
deutschen »Stamm« meint, der zur Hegemonie über Fremd-
stämmige aufgerufen wird.

Gegen dieses Denken lassen sich viele Einwände erheben,
von denen hier nur drei genannt werden sollen: Erstens bleibt
die Frage nach der Kontinuität einer Kultur bzw. eines kulturellen Systems ungelöst. So hat etwa das China nach 1945
mehr mit Brasilien nach 1945 gemeinsam als mit seiner eigenen Han-Kultur vor fast 2000 Jahren. Weiterhin findet man
keine Antwort auf die Frage, was denn unabdingbar zu den
charakteristischen Merkmalen einer Kultur dazugehört. Herder fand diese Merkmale in den Mythen und Sagen, den Sitten,
Gebräuchen und der Sprache. Aber war z. B. die Sitte des

Füße-Abbindens bei chinesischen Frauen Ausdruck des chinesischen »Volksgeistes« oder nur eine von Herrscherwillkür diktierte barbarische Mode? Und was hält eine Gesellschaft mit drei so unterschiedlichen Sprach- und Kulturkreisen zusammen wie die Schweiz? Drittens aber verstoßen Ethnopluralisten gegen ihren eigenen nominalistischen Imperativ. Dieser besagt, dass Begriffe nur Nomina seien, Konstrukte, hinter denen keine ontologische Substanz stehe. Dort, wo es den politischen Absichten der Ethnopluralisten nützt, dient der nominalistische Imperativ zur Abwehr universalistischer Begriffe wie »der Mensch«, »die Menschheit«, »die Menschenrechte«.[271] Steht der Nominalismus aber ihren Absichten entgegen, bedienen sie sich rasch wieder des Essentialismus, der Ontologisierung oder Reifizierung und lassen »Volk« oder »Ethnie« zu einem handfesten Ding an sich, zu einem lebenden Organismus mit eigener »Seele«, eigenen Wachstumsgesetzen und überindividuellem Eigenleben werden. Als konsequente Nominalisten müssten sie zugestehen, dass auch Ethnien nur Konstrukte sind.

Der Ethnopluralismus steht nach dem Bekunden seiner Theoretiker in der Tradition der »Konservativen Revolution«, einer Richtung, die in Deutschland nach dem Ersten Weltkrieg den monarchisch-ständischen Konservatismus älterer Prägung zu überwinden gedachte und der modernen Welt zwiespältig gegenüberstand: Moderne Technologien gelten als begrüßenswert, Emanzipationsbestrebungen dagegen nicht. Die Emanzipationsprojekte der Moderne, so de Benoist, seien nur Entfremdung in großem Maßstab.[272] Ethnopluralisten fühlen sich, wie vor ihnen die »konservativen Revolutionäre«, in eine Welt existenzieller Heimatlosigkeit geworfen. Erst die Wiederherstellung eines »Pluriversums« werde all das verhindern, was schon Gobineau als Menetekel vor Augen stand: Kosmopolitismus, Weltbürgertum, die eine Menschheit. Ethnopluralismus im Weltmaßstab werde die alten Wertigkeiten wiederherstellen: klare Hierarchien nach innen und außen, Elitenbildung, territoriale Revierverteidigung, Vorherrschaft.[273] Länder, die das nicht erkennen, beschädigen ihre Identität und lösen dadurch überhaupt erst fremdenfeindliche Gewalt aus.[274] Anders formuliert: Der Teufel soll mit Beelzebub ausgetrieben werden.

Die Intellektuellen der Neuen Rechten haben längst erkannt, dass der nach Sprachgrenzen verlaufende Nationalismus des 19. Jahrhunderts keine politische Zukunft mehr hat. Mag er bei ausländerfeindlichen Skinheads oder rechtsextremen Provinzzirkeln noch eine Rolle spielen, so ist er nicht mehr zentral für die rechte Theoriebildung. Europa lautet die Perspektive, vor 1989 noch als dritte Kraft gegen die USA und die UdSSR verstanden, inzwischen nur noch antiamerikanisch ausgerichtet. Der Ursprungsmythos muss transnationale Dimensionen annehmen und beruft sich daher auf die sagenhaften Indoeuropäer, die es als Ethnie allerdings nie gegeben hat. Der Linguist Max Müller, der im 19. Jahrhundert den Begriff der indoeuropäischen Sprachfamilie prägte, distanzierte sich ausdrücklich von der Vereinnahmung des Terminus für ethnische Abgrenzungen. Aber als Mythos kursiert die Vorstellung von der Abkunft der Europäer von einer gemeinsamen, indoeuropäischen (arischen) Ethnie in rechten Kreisen nach wie vor. Unter dem Aspekt einer anzustrebenden europäischen Hegemonialstellung erfüllt dieser Mythos nicht nur außenpolitisch eine wichtige Funktion, sondern auch gesellschaftstheoretisch für das Binnensystem. Denn die Indoeuropäer, so die Neue Rechte, hätten ein auch heute noch gültiges und nachahmenswertes ständisch-hierarchisches Gesellschaftsmodell entwickelt. Hier zeigt sich noch einmal deutlich, was unter Entwicklung verstanden wird: Ein Gesellschaftsmodell, das sich historisch in der Zeit des Feudalismus herausbildete, wird ahistorisch als Lebensmodell einer mit sich dauerhaft identischen Ethnie ausgewiesen, als ein biokulturell unveränderbarer Code, der unter Beibehaltung der Grundstruktur nur modernisiert werden muss.

Der Staat wird als Bund organisierter Gemeinschaften und zahlreicher »Gefolgschaften« verstanden, und Gleiches gilt auch für die nächst höhere Systemebene, in diesem Fall Europa. Das mittelalterliche Personenverbandssystem mit seinen Treue- und Gefolgschaftsbeziehungen muss sich nur der historisch überholten Figur eines Königs oder Kaisers entledigen, an ihrer Stelle einen Führer ins Auge fassen und die mittelalterlichen Ritter durch moderne Industriekapitäne ersetzen. Der neuheidnische Polytheismus ist nur der erste Schritt zur Bildung einer europäischen Identität, die rund zweitausend Jahre im Zustand der Entfremdung leben musste.[275] Auf Widersprüche hinzuweisen, etwa den, wie denn das sich selbst entfremdete Europa mit seiner »uneigentlichen« Identität überhaupt so lange Bestand haben konnte, wäre zwecklos, denn Mythen funktionieren nicht nach den Gesetzen der Logik. Was allein der Zukunft Beständigkeit verspreche, heißt es bei Oswald Spengler, sei das, was wir von unseren Vätern her im Blute haben: Ideen ohne Worte.

Fassen wir zusammen: Ethnopluralismus ist ein zentraler Begriff der Neuen Rechten, mit dessen Hilfe der alte Rassismus für überwunden erklärt wird, nur um ihn in neuem Sprachgewand wieder auferstehen zu lassen. Dabei lassen sich vor allem die folgenden sechs Aspekte unterscheiden: 1) Jeder Universalismus, gleich in welcher Form, abstrahiert aus ethnopluralistischer Sicht von der natürlichen Differenz von Menschen und Ethnien. Weder die Sphären des Seins und des Sollens, noch die von Natur und Kultur werden substanziell unterschieden. 2) Menschliche Gemeinschaften, hier vor allem Ethnien, gelten als ganzheitliche Amalgame von Natur und Kultur, die unabänderlich die Denkstrukturen seiner einzelnen Mitglieder prägen. Die Identität einer Ethnie wird als monolithisch geschlossen angesehen und kann sich nur intern nach dem Modell biologischen Wachsens und Reifens wandeln. 3) Als Ausdruck der »Volksseele« oder des »Volksgeistes« kann es innerhalb einer Ethnie folglich nur ein Wertesystem geben, das als biopsychische Anpassung an die Umwelt verstanden wird. Pluralismus gilt nur nach außen gegenüber anderen Ethnien, deren Verhältnis untereinander aber hierarchisch gegliedert ist. 4) Ethnopluralisten greifen auf den schon von Herder vertretenen Kulturrelativismus zurück und lehnen eine Bewertung kultureller Manifestationen nach universalistischen Kriterien ab. 5) Politisch wendet sich der Ethnopluralismus nicht nur gegen jede weitere Einwanderung von Menschen aus außereuropäischen Kulturkreisen, sondern vor allem gegen die heute von den USA ausgehende »Einerleiheit« und »Nivellierung« und steht in der Tradition der antiliberalen, konservativen Revolte gegen die moderne Welt. 6) Unter Berufung auf den Mythos von den gemeinsamen Wurzeln der Indoeuropäer will die Neue Rechte den Nationalismus des 19. Jahrhunderts durch ein gesamteuropäisches Gesellschaftsmodell überwinden, das auf der so genannten Dreifunktionalität der Indoeuropäer beruht. Es ist der Versuch, eine hierarchisch-ständische Gesellschafts- und Wirtschaftsordnung unter dem Primat der Politik durchzusetzen.

X Identitätspolitik und Multikulturalismus: Ist ethnische Identität wählbar?

In Philip Roths Roman »Der menschliche Makel« geschieht etwas Seltsames: Der Protagonist Coleman Silk, ein erfolgreicher amerikanischer Hochschulprofessor mit schwarzen Vorfahren, entscheidet sich, seine »Rasse« zu wechseln, Mitglied einer anderen »racial group« zu werden und als Jude durchs Leben zu gehen. Für seine Umgebung gilt Silk als Weißer, aber er lebt in der Furcht, seine Kinder könnten die Wahrheit erfahren oder gar, nach den mendelschen Vererbungsgesetzen, wieder ein schwarzes Kind zur Welt bringen. Seine eigene Familie, vor allem sein Bruder Walter, verzeihen ihm diesen »Rassenverrat« nicht. Walter geht den beschwerlicheren Weg: Er versucht, auch als Schwarzer beruflich Erfolg zu haben. Seinem Bruder Coleman, dem »berechnenden Lügner«, wirft er vor, nicht für die Integration der Schwarzen zu kämpfen, sondern nur individuell dem »Makel« seiner ethnischen Herkunft entgehen zu wollen. Während für Coleman seine schwarzen Wurzeln nie ein Thema waren, gilt er in seiner Familie als Verräter an der gemeinsamen Sache. Eine unbedachte Verwendung des mehrdeutigen Wortes »spooks«, das »Spuk« bedeutet, aber auch als Schimpfwort für Schwarze Verwendung findet, wird Coleman zum Verhängnis und löst eine Campagne aus: Er – der heimliche Schwarze – habe sich rassistisch über schwarze Studenten geäußert.

Der Schwarze Coleman Silk, sein Leben lang eine zerrissene, »unzusammenhängende Person«, wurde als Jude getötet und als Jude begraben. Er reiste inkognito durchs Leben, zahlte mit dem Verlust seiner Persönlichkeit und starb mit seiner individuellen Lebenslüge. Seine Identität war für ihn wählbar und war es doch auch nicht. Das demokratische Versprechen der ersten Generation von Amerikanern, Herkunft und Ursprung über Bord werfen zu können, um allein das eigene, individuelle Glück zu verfolgen, erweist sich als die gesellschaftliche Lebenslüge, deren Nutznießer und zugleich deren Opfer Coleman Silk wurde.

Seit geraumer Zeit ist zu beobachten, dass der Begriff der »Identität« zunehmend ins Zentrum der politischen Selbstdefinition von Gruppen rückt. Diskussionen über Identität gewinnen immer dann an Bedeutung, wenn diese zu einem Problem wird. Noch bis in die sechziger Jahre ließ sich die Frage, was jemand sei, verhältnismäßig einfach beantworten: im öffentlichen Bereich durch die Zugehörigkeit zu einem Nationalstaat im privaten Bereich durch den Beruf. Zwar gab es daneben auch andere identitätsstiftende Solidarverbände wie Konfessionsgemeinschaft, Klasse, Schicht, Familie oder regionale Herkunft. Aber in der Bedeutungshierarchie standen nationale Zugehörigkeit und Berufstätigkeit doch an erster Stelle.

Verschiedene Wandlungsprozesse, vor allem der Rückgang der Bedeutung von Nation, Religion und Klasse und die weltweiten Migrationsprozesse haben diese Rangfolge mehr und mehr in Frage gestellt. Der Begriff der Identität trat aus dem Schatten psychologischer und soziologischer Fachdiskussionen heraus und wurde zu einem umstrittenen politischen Kampfbegriff. Meist tritt er in Verbindung mit zwei weiteren Begriffen auf – dem der Differenz und dem der Anerkennung. Drei Gruppen waren es vor allem, die im Kampf um die Anerkennung ihrer Differenz unter Berufung auf ihre Identität von sich reden machten: ethnische Minderheiten, Feministinnen und Homosexuelle. Sie alle kämpfen um die Anerkennung ihrer kulturellen oder sexuellen Andersartigkeit und wollen sich nicht mehr mit dem Status einer Subkultur oder einer benachteiligten Gruppe zufrieden geben. Vielmehr plädieren sie für Gleichberechtigung innerhalb einer nur noch lose verbun-

denen Gesamtgesellschaft, in der ihre Loyalität ihrer Primärgruppe gilt. Multikulturalismus ist die Absage an eine hegemoniale Kultur, für die in den USA die Chiffre WHASP steht: einer
Kultur, die von weißen Männern angelsächsischer Abkunft und
protestantischer Religionszugehörigkeit geprägt wird. Gegen
deren Anspruch auf Hegemonie beharren Multikulturalisten
auf dem Eigenwert ihrer Primärgruppe.»In der multikulturellen Gesellschaft wird diese selbstbezügliche Binnenperspek-
tive zur verbindlichen Sicht auf die Welt.«[276]

Stand seit der Erklärung der Menschen- und Bürgerrechte
von 1789 das Recht auf Gleichheit im Vordergrund, so wird
heute vielfach das Recht auf Differenz, auf Anderssein ein-
geklagt. Der aus der Französischen Revolution hervorgegangene egalitäre Republikanismus mit seiner Parole »Keine Nation innerhalb der Nation« erfährt damit scharfe Kritik. Vor
allem die in den USA von Multikulturalisten vertretene Forderung nach einer »nation of nations« zielt auf eine radikale Pluralisierung der Gesellschaft. Den Hintergrund bilden
widersprüchliche Prozesse, die auf der einen Seite Homogenisierung, Globalisierung und supranationale Zusammen-
schlüsse erforderlich erscheinen lassen, andererseits aber
neue Formen der Fragmentierung, der Zersplitterung und
Heterogenität hervorbringen. Um nur ein Beispiel zu nennen:
Die Zahl der Nationalstaaten hat sich zwischen 1945 und 1970
verdoppelt und ist nach 1989 noch einmal sprunghaft angestiegen. Auch Gettos, Slums und andere soziale Problem-
zonen sind keineswegs verschwunden, sondern bilden sich
inzwischen selbst am Rande europäischer Großstädte heraus.

Vielfach wird die These vertreten, die multikulturelle
sei eine Alternative zur ethnisch homogenen Gesellschaft
und daher zu begrüßen. Ethnisch homogene Gesellschaften hat es in Europa zwar nie gegeben: man denke an die
Elsässer, Bretonen und Okzitanier in Frankreich, die Dänen,
Wenden und Polen in Deutschland, die Schotten, Waliser

und teilweise die Iren in Großbritannien. Zweifellos betrieben die seit dem 16. Jahrhundert sich herausbildenden Nationalstaaten aber eine forcierte Homogenisierungspolitik. Der absolutistische Nationalstaat löste das Problem ethnischer, kultureller und religiöser Vielfalt einerseits durch rigorosen Ausschluss, etwa durch die Vertreibung von Minderheiten, sei es der Juden und Mauren in Spanien nach 1492 oder die der Hugenotten in Frankreich in der zweiten Hälfte des 16. und Ende des 17. Jahrhunderts. Neben der Politik des Ausschlusses betrieb man ebenso rigide eine Politik der sprachlichen, religiösen und kulturellen Homogenisierung. Der Nationalstaat drängte auf Vereinheitlichung und unterdrückte historisch gewachsene Vielfalt. Aber er stellte ihr noch nicht den universalistischen Gedanken gleicher Menschen- und Bürgerrechte aller Staatsbürger, gleich welcher ethnischen, religiösen oder landsmannschaftlichen Zuordnung, entgegen.

Dieser Schritt wurde erst mit der Französischen Revolution vollzogen. Der aus ihr hervorgegangene liberale Rechtsstaat versuchte, das Problem durch Abstraktion von der existierenden Vielfalt zu lösen. Homogenität beruhte hier nicht mehr auf vorgegebenen kulturellen und religiösen Inhalten, die durch den Herrscherwillen gesetzt und damit der individuellen Wahlmöglichkeit entzogen waren, sondern auf dem abstrakten, universalen Prinzip gleicher Rechte und Pflichten für alle Staatsbürger. Diesem Prinzip lag die Trennung von öffentlicher und privater Sphäre zu Grunde. In der politischen Sphäre war der Staatsbürger Gleicher unter Gleichen. Das Partikulare dagegen, Geschlecht, Ethnie, Religion oder kulturelle Herkunft, war Privatsache.

An dieser Trennung von privat und öffentlich, partikular und universal entzünden sich nun die Diskussionen um die Identitätspolitik. Untereinander kaum verbundene Gruppen stehen vor dem gleichen Problem. Sie fühlen sich ausgeschlossen von den egalitären Versprechungen auf Nicht-Diskriminierung, Gleichbehandlung und Chancengleichheit, denn Geschlecht, Hautfarbe, Akzent, ethnische Herkunft, religiöse Orientierung oder sexuelle Veranlagung spielen nach wie vor für die gesellschaftliche Stellung eine Rolle. Die Frage, die von den unterschiedlichen Gruppierungen gestellt wird, lautet folglich, ob die liberale Trennung von privat und öffentlich nicht erneut zum Gegenstand der Auseinandersetzung gemacht werden muss. Die Unterscheidung zwischen dem Staat als Sphäre der Öffentlichkeit, in der sich das allgemeine Interesse herausbildet, und der bürgerlichen Gesellschaft als Ort der Sonder- und Privatinteressen wird zunehmend der Kritik unterworfen.

Dabei geht es Multikulturalisten nicht um eine Anerkennung ihres berechtigten Interesses an – gleichsam nachgeholter – Gleichbehandlung, sondern um die Forderung nach Andersbehandlung. Begründet wird dies mit unüberwindbaren Unterschieden und unabänderlichen Identitäten, auch mit der Weigerung, sich einer von Weißen und Männern geprägten Lebensform und Verhaltensnorm zu unterwerfen. Mehr denn je zeigt sich heute das Dilemma, in der sich Identität befindet: freie Wahl und Schicksal, eigene Gestaltung und Vorherbestimmtheit. Identität wird heute weitgehend als selbstreflexiver Prozess verstanden, den das Individuum als lebenslange Leistung zu erbringen hat. War sie in der Ständegesellschaft noch das Produkt sozio-kultureller Bedingungen und damit sozial und personal weitgehend identisch, so treten beide Aspekte mit Beginn der bürgerlichen Gesellschaft auseinander. Industrialisierung, Verstädterung und Säkularisierung lösen die alten Solidarverbände auf. Viele Menschen verlassen ihre Herkunftsgebiete; die religiös verankerten Verhaltensnormen verlieren an Verbindlichkeit und die ständische Ordnung zerbricht. Für das Individuum eröffnen sich Wahlmöglichkeiten und Risiken, die vorher undenkbar gewesen wären. Sie schließen freie Berufs- und Partnerwahl und die Lockerung religiöser Bindungen ebenso ein wie sozialen Aufstieg, aber auch das Scheitern von Lebensplänen.

Blickt man heute jedoch auf die Gesellschaft des 19. Jahrhunderts zurück, so zeigt sich eine im Vergleich zu aktuellen Verhältnissen immer noch starre gesellschaftliche Gliederung in Arbeiter, Mittelschichten, Bildungs- und Besitzbürger. Sie alle teilten noch die Erfahrung von individueller Kontinuität und Konsistenz der Lebensführung. Ihre Identität formte sich durch Bildung, Besitz und Arbeit.

Etwa seit den sechziger Jahren des 20. Jahrhunderts erleben wir einen weiteren Modernisierungsschub, der sich seit Beginn der achtziger Jahre mit der Massenarbeitslosigkeit noch verstärkt hat. Die Entfaltungsräume im sexuellen Bereich, bei den Formen des zwischenmenschlichen Zusammenlebens und bei der Berufswahl wurden erweitert. Aber damit vermehrten sich auch die Unsicherheiten. Die Frage »Wer bin ich? Wo ist mein Ort in der Gesellschaft?« ist heute kaum noch bündig zu beantworten, und den Menschen wird ein Höchstmaß an identitätsrelevanten Lebensentscheidungen abverlangt. Kontinuität etwa bei der Berufs- oder Partnerwahl gilt heute nicht mehr als selbstverständlich, Konsistenz kann unter den Bedingungen einer arbeitsmarktpolitisch erzwungenen »Bastelbiographie« nur noch bedingt ausgebildet werden. Identität ist nicht mehr schicksalhaft vorherbestimmt, sondern wird zu einem subjektiven Problem. Was dem einen aber als Chance zur Selbstverwirklichung gilt, wird dem anderen in einer unübersichtlich erscheinenden Welt zu einer Aufgabe, der er sich nicht gewachsen fühlt.

Denn gefordert wird eine dauerhafte Flexibilität des Subjekts. Persönliche und soziale Identität wird immer mehr dem Einzelnen als Aufgabe übertragen. An die Stelle der vormodernen, traditionalen Bindungen an Thron, Altar oder Stand tritt nun eine nur noch funktionale Flexibilität, die zunehmend inhaltsneutraler wird, weil die Halbwertzeiten für das einmal erworbene inhaltliche Wissen immer kürzer werden. Anpassungsbereitschaft an den Wandel gilt heute als Voraussetzung für die Herausbildung von Identität: Sie wird zur Dauerarbeit an sich selbst.

Das bürgerliche Individuum, aber auch der klassische Industriearbeiter mit seiner »von der Wiege bis zur Bahre« reichenden Einbettung in kulturelle Lebenswelten konnte noch einen kontinuierlichen Werdegang, ein konsistentes Welterleben vorweisen, damit aber auch personale und soziale Identität ausbilden. Aber diese biografische Konsistenz ist inzwischen eine historische Restgröße, denn dem modernen Individuum wird angesonnen, lebenslang Demiurg seiner selbst zu sein. Anpassungsfähig an sich wandelnde Werte und die Erfordernisse des Arbeitsmarktes, hat es seine Identität permanent neu zu konstruieren und zu definieren. Berufliche Umorientierungen, Lebenskrisen, die Unterbrechung der biografischen Kontinuität – all dies soll auf dem Wege der individuellen Dauerreflexion verarbeitet und ausgehalten werden.

Wenn aber lebenswichtige Entscheidungen »optional« werden und permanenter Identitätswandel das Kennzeichen unserer Modernität ist, dann stellt sich die Frage, ob es überhaupt noch zentrale und wesentliche Definitionsräume für Identität gibt. Was macht in der heutigen Gesellschaft die Kernidentität einer Person aus? Der Beruf, die Herkunft, die Sprache oder die nationale Zugehörigkeit, Religion und Geschlecht? Was ist dabei mehr, was weniger bedeutsam? Was ist individuell veränderbar, was dagegen nicht? Aktuelle Bedürfnisse oder der politische Kontext verändern sich, Lernprozesse und Erfahrungen treten hinzu, und vor diesem Hintergrund werden Identitäten konstruiert, wieder verworfen und durch andere ersetzt. Identitäten sind, so lautet eine weit verbreitete These, nur »fabrizierte« Konstrukte, und dies gelte auch für kollektive Identitäten. Man habe sie, so der britische Historiker Eric Hobsbawm, eher mit auswechselbaren Hemden als mit angeborener Haut zu vergleichen; sie seien optional, und damit könne man ihnen auch entrinnen.[277]

Dies ist aber nur die halbe Wahrheit, denn diese Optionalitätsthese setzt einen Markt an Wahlmöglichkeiten voraus, der vielen verschlossen bleibt.[278] Auch in unseren modernen Gesellschaften mit ihren vergleichsweise großen Gestaltungsspielräumen gibt es nach wie vor die Dimension des Unentrinnbaren. So hat ein Schwarzer eben nicht die Wahl, weiß zu sein, und das zitierte Beispiel aus Philip Roths Roman mag allenfalls für hellhäutige Mischlinge gelten. Auch eine Frau kann, von chirurgischen Grenzfällen abgesehen, nicht dafür optieren, ein Mann zu sein.

Die Wahlmöglichkeit liegt allein darin, den Bedeutungsgehalt, den Hautfarbe, Religion oder Geschlecht für die eigene Identität haben, zu bestimmen. Man kann diesen Gegebenheiten einen primären oder einen nachrangigen Stellenwert zuschreiben; sie mögen außerordentlich wichtig oder gar entscheidend sein oder so nebensächlich wie die Farbe der Augen. Diese Wertungen hängen aber nicht vom Individuum allein ab, sondern in hohem Maße auch vom politischen und kulturellen Kontext, der nach wie vor durch die Diskrepanz von staatsbürgerlich-egalitärer Theorie und diskriminierend-benachteiligender Praxis bestimmt ist. Theoretisch verbürgt der liberale Staat eine universalistische Moral der Gleichheit, Freiheit und Gerechtigkeit sowie die Erfahrung von biografischer Kontinuität und von Konsistenz im sozio-ökonomischen Bereich durch eine identitätsstiftende Tätigkeit in einem Beruf. Diese vereinheitlichenden Versprechungen des liberalen Staates erweisen sich allerdings in der Praxis für viele als brüchig, weil der (neo)-liberale Markt das genaue Gegenteil hervorbringt, nämlich Differenz. Das erfahren nicht nur jene Teile der Bevölkerung, die vom Arbeitsmarkt und damit von einem vollwertigen Bürgerstatus abgekoppelt werden. Erfahren wird dies ebenso in der Lohnpolitik, im Städtebau oder im Bildungssektor.

Diese Alltagserfahrung des »double bind«, der paradoxen Botschaften, zieht ambivalente Prozesse nach sich. Einerseits geht das moderne Individuum mit seiner flexiblen und funktionalen Selbstgestaltung über das gesellschaftlich vereinheitlichende nationale Staatsbürgerbewusstsein hinaus und verhält sich marktkonform als Nutzer diverser Identitätsangebote. Aber es gibt auch die Gegenreaktion, die Weigerung, sich permanent neu zu definieren. Viele berufen sich in dieser Situation auf eine vermeintlich vorgegebene, primordiale Identität, die nicht ständig zu reflektieren und zu verhandeln sei. Darin sehen sie ein Gegengift gegen die Zumutungen der ihnen angesonnenen modernen Identität als einer Verhandlungssache und Dauerkrise. Hier setzt die Suche nach einem Halt im permanenten Wandel, nach psychologischer Entlastung und Aufwertung der eigenen Person ein. Diese »Rückkehr ins Eigene« (M. Riedel) ist die Wahl, nicht permanent wählen zu müssen.

Wie aber steht es mit Ethnizität? Bedeutet nicht auch sie in modernen Gesellschaften etwas anderes als in der Vergangenheit? Kann sie nicht ebenfalls frei gewählt werden und ist damit kein unausweichliches Schicksal mehr? Auch hier muss die These von den frei verfügbaren Wahlmöglichkeiten stark relativiert werden. Allenfalls gilt sie für die »symbolische Ethnizität« weißer amerikanischer Mittelschichtangehöriger. Als US-Bürger, die es zu angesehenen Berufen und zu einem gewissen Wohlstand gebracht haben, würden sie zwar nie mit ihren armen Urgroßeltern tauschen, die aus Kalabrien oder Galizien, aus Sachsen oder Mazedonien in die USA eingewandert waren. Aber auf einer rein symbolischen Ebene wird der »kleine Unterschied« der Herkunft, sofern er nicht mehr diskriminierend ist, als kulturelle Bereicherung erfahren: »Die symbolische Ethnizität lässt sich nur bedingt mit der sozialen Realität der rassischen und ethnischen Identitäten der amerikanischen Minderheiten vergleichen. Denn während ethni-

sche Zugehörigkeit für die weißen Amerikaner aus der Mittelschicht etwas Flexibles und Symbolisches und Freiwilliges ist,
ist sie das für die nicht-weißen Amerikaner und die Hispano-
Amerikaner mitnichten.«[279] Auf subtile Weise werde der Rassismus durch die Optionalitätsthese eher noch verstärkt, denn
sie unterstelle eine keineswegs gegebene Gleichwertigkeit der
Abstammungen und führe im Ergebnis zu einer Ablehnung
von Gleichstellungsprogrammen für Minderheiten. Die Frage
steht im Raum, ob es nicht sogar einen heimlichen Rassismus
der Identitätspolitik gibt.

Der heutige Multikulturalismus versteht sich als Politik der
Anerkennung des Besonderen und richtet sich gegen die kulturelle Vorherrschaft einer Mehrheitskultur. Assimilation und Integration werden als Kulturimperialismus gewertet, als Fremdbestimmung über Menschen, denen ihr »Eigenes« und damit
ihre Identität geraubt werde. Soll jedoch nicht die letzte Konsequenz gezogen werden, d. h. die Separation erfolgen, dann ist
zu fragen, wie denn eine Gesellschaft zusammengehalten und
Politik gestaltet werden kann ohne ein Minimum an Werten, die
für alle verbindlich sind. Multikulturalisten plädieren für das
Konzept einer »demokratischen Sittlichkeit«, die keiner vorpo-
litischen Werte bedürfe. »Jeder derartige Versuch müsste in
multikulturellen Großgesellschaften als kulturimperialistische
Anmaßung empfunden werden. Die unhintergehbare Pluralität
ethnischer Entwürfe und (sub)kultureller Lebensweisen lässt
sich nicht mehr über den Leisten einer politisch verbindlichen
›Mehrheitskultur‹ schlagen. Daher kann eine moderne politische Identität nur aus der Zustimmung zu eben den demokratischen Regeln und Verfahren hervorgehen, welche die
Koexistenz und Kooperation der mannigfachen Gestalten des
sozialen Lebens allererst möglich machen.«[280]

Nun kann man aber die Verbindlichkeit einer Mehrheitskultur nicht als kulturimperialistisch ausschlagen und gleichzeitig anrufen. Denn die Akzeptanz von Regeln und Verfahren, die

eine friedliche und gleichberechtigte Koexistenz und Kooperation der vielen innergesellschaftlichen »Kulturen« ermöglicht, ist kein neutraler Rahmen oder nur ein technisches Werkzeug, sondern ihrerseits Ergebnis langer historischer, inhaltlicher Kämpfe. Sie ist nicht wertneutral, sondern beruht elementar auf der Zustimmung zu Werten, etwa dem, dass es besser sei, Konflikte nach Regeln zu schlichten als mit Gewalt auszutragen oder dem, dass es besser sei, unterschiedliche Meinungen anzuhören und abzuwägen als sie zu unterdrücken. Damit gerät diese Position aber entweder in Widerspruch zu bestimmten weltanschaulichen Entwürfen, seien sie religiös-integralistisch, rassistisch oder fundamentalistisch, oder sie muss diese Tendenzen abschwächen und »liberalisieren«, denn nur so können diese mit den Werten der Koexistenz und Kooperation kompatibel gemacht werden. So bemühen sich etwa die französischen Regierungen, gleich welcher politischen Richtung, um die Schaffung eines »französischen Islam«, der die Trennung von weltlichem und religiösem Bereich anerkennt. Versuche, die in Frankreich tätigen muslimischen Imame an einer französischen Universität auszubilden, waren bisher aber wenig erfolgreich. Nicht zuletzt scheiterten sie an der Obrigkeit in den jeweiligen Herkunftsländern, hier vor allem der von Algerien, die meist nicht zulassen will, dass ihr Einfluss auf ihre Landsleute, auch wenn diese häufig längst französische Staatsbürger geworden sind, geschmälert wird. Es zeichnet sich hier ein ähnlicher Kulturkampf ab wie der zwischen Bismarck und den deutschen Katholiken, denen Bismarck Ultramontanismus, eine größere Loyalität zum Papst »jenseits der Berge« in Rom als zur deutschen Nation vorwarf. Allerdings hat dieser kulturell-religiöse Konflikt heute prekärere Auswirkungen, weil er ethnisch überformt ist. Die Vorbehalte gegenüber Nordafrikanern in Frankreich, Türken in Deutschland, bestehen fast immer aus einem unentwirrbaren Geflecht von kulturellen und ethnisch-rassistischen Komponenten.

Multikulturalismus als Politik der Anerkennung des Besonderen ist in seinem Wertrelativismus ambivalent, wenn nicht
begründet wird, was denn überhaupt anerkannt werden soll.
Die Antwort, es ginge um die Anerkennung des Andersseins,
der besonderen Identität einer Gruppe, beinhaltet, sie in ihrer
gegenwärtigen Befindlichkeit anzuerkennen. Dies hat aber
fatale Konsequenzen und führt schnell in die Nähe rassistischer Diskurse. So wurden und werden ja Schwarze durchaus
als schnelle Läufer, als elegante Tänzer oder begabte Musiker
anerkannt. Analytische Intelligenz dagegen, damit auch der
Anspruch auf Führungspositionen, wird ihnen abgesprochen
– nicht mehr auf der Basis einer rassistischen Argumentation,
sondern »identitär« auf Grund ihrer spezifischen ethnischen
Zugehörigkeit. Weist man ihnen diese anerkannten Eigenschaften jedoch zu als Charakteristika einer unhintergeh-
baren ethnischen Identität, eines anerkennungswürdigen
Andersseins, so ist ihre Position in der sozialen Hierarchie für
alle Zeiten festgeschrieben.

Speziell wenn es um die Anerkennung der kulturellen Identität außereuropäischer, inzwischen in Europa ansässiger Minderheiten geht, tut sich der Multikulturalismus, der im Namen
eines schuldbewussten Antiimperialismus agiert, schwer.
Denn streng genommen müsste er auch kulturelle Praktiken
wie die Polygamie, in Frankreich trotz Verbots bei immerhin
rund 10 000 Familien aus dem moslemischen Mali verbreitet,
die Blutrache oder andere Manifestationen der kulturellen
Identität einer Population anerkennen. Es kommt immer wieder vor, dass in Frankreich lebende Frauen aus Schwarzafrika
wegen Klitorisbeschneidungen bei jungen Mädchen ihres Kulturkreises verurteilt werden. Ist die Verurteilung dieser kulturell verankerten Praxis nun ein Akt des Kulturimperialismus?
Maßen sich westliche Instanzen an, darüber zu entscheiden,
was in einer (Sub)-Kultur toleriert werden kann und was nicht?
Wer sich unter multikulturellem Vorzeichen dem Vorwurf

des Kulturimperialismus entziehen möchte, gerät leicht in die romantisch-rechte Sackgasse, unterschiedslos alle kulturellen Manifestationen einer Gruppe für schützens- und bewahrenswert zu halten und essentialistisch zu argumentieren, also Unterschiede als »wesensmäßig«, der anderen Ethnie unwiderruflich zu Eigen, festzuschreiben. Dass sich hinter bestimmten Ansichten oder Praktiken ethnischer Minderheiten häufig nur vormoderne Herrschaftsansprüche verbergen, gerät dabei leicht aus dem Blick.

In Großbritannien sorgte ein anderes Beispiel für Aufsehen. Tierschützer traten auf den Plan gegen die bei einigen ethnischen Minderheiten rituell vorgeschriebenen Tötungsarten von Tieren. Auch hier stellte sich die Frage, ob diese kulturellen Traditionen im Namen der Differenz und des Andersseins der besonderen religiösen und kulturellen Identität der betreffenden Gruppe zu akzeptieren seien.[281] Eine Antwort darauf kann es nur geben, wenn Kriterien benannt werden, mit denen erhaltens- und nicht erhaltenswerte kulturelle und religiöse Traditionen unterschieden werden können. Traditionen wurden schon immer in Frage gestellt, denn das jeweils Besondere einer historischen Manifestation kann nicht bereits aus sich heraus einen Anspruch auf Anerkennung erheben.

Man mag einwenden, es gehe gar nicht um allgemeine Anerkennung, sondern um das spezifische Recht einer Gruppe, ihre kulturellen Praktiken – für sich allein – auszuüben, ohne dass diese gleich für die Allgemeinheit verbindlich gemacht werden sollten. Wie steht es dann aber mit dem Recht des einzelnen Individuums auf körperliche Unversehrtheit und Menschenwürde, das in vielen Fällen dem Recht der jeweiligen Gruppe untergeordnet wird?

Eine Identitätspolitik ohne alle Abstriche ist separatistisch und fördert den Rückzug auf die Primärgruppe als einer geschlossenen Lebenseinheit mit einer essentialistischen »Kultur«. Strategisch scheint die Identitätspolitik damit nur in der seit langem bekannten Tradition des Gruppenpluralismus zu stehen, jener Doktrin, die benachteiligten Gruppen im Verteilungskampf Zugang zu den Ressourcen ermöglichen soll, die Aufnahme also in den Kreis der Repräsentations- und Konfliktfähigen. Doch schon in den sechziger Jahren des 20. Jahrhunderts wies Robert P. Wolff auf die Unterhöhlung des klassischen individualistischen Liberalismus durch den Gruppenpluralismus hin. Er analysierte die amerikanische Gesellschaft als einen Komplex ineinander greifender regionaler, ethnischer, religiöser und ökonomischer Gruppen, die ihre Interessen über private Vereinigungen verfolgen. »Die einzelnen Bürger treten der Zentralregierung und einander im Medium der freiwilligen und unfreiwilligen Gruppen gegenüber, denen sie angehören. In dieser Hinsicht steht die pluralistische Demokratie im Gegensatz zur klassischen des liberalen Modells; in der Tat ist sie der Feudalgesellschaft merkwürdig ähnlich, in der das Individuum einzig als Mitglied einer Gilde, einer körperschaftlich organisierten Stadt, Kirche oder eines Standes eine politische Rolle spielte und nicht als Subjekt schlechthin. Wie in der mittelalterlichen politischen Gesellschaft, so ist auch in der pluralistischen Demokratie das Leitprinzip nicht ›Ein Mensch – eine Stimme‹, sondern vielmehr ›Jeder legitimen Gruppe ihren Anteil‹.«[282]

Multikulturalismus ist nicht nur eine Radikalisierung des Pluralismus, sondern geht qualitativ darüber hinaus. »Vom Pluralismus unterscheidet sich der Multikulturalismus darin, dass er Rechte nicht Individuen zuschreibt, sondern Kollektiven.«[283] Ulrich K. Preuß spricht von einer allmählichen Verwandlung des liberal-pluralistischen in einen multikulturellen Staat. Diese Verwandlung erfolge dann, wenn eine bestimmte Gruppe nach Maßgabe ihrer je besonderen Identität und kulturellen Differenz Sonder- und Ausnahmerechte für sich beanspruche. »Erstrebt die liberal-pluralistische Gesellschaft ihren Zusammenhalt auf der Grundlage der durch Recht garantierten Gleichheit ihrer Mitglieder, so besteht das Ideal der sozialen Integration einer multikulturellen Gesellschaft in der wechselseitigen Anerkennung ihrer Mitglieder in ihrer jeweiligen Besonderheit und Andersartigkeit.«[284]

Vom Gruppenpluralismus unterscheide sich der Multikulturalismus darin, dass nicht mehr gruppenspezifisch verteilte Anteile an Ressourcen gefordert werden, sondern gruppenspezifisch verteilte Rechte, die im liberalen Rechtsstaat nicht vorgesehen sind. Dort gilt gleiches Recht für alle, und es gilt für Individuen, nicht für Gruppen. Eine Identitätspolitik, die unter Anerkennung des Anderen auch dessen rechtliche Andersbehandlung versteht, würde in der Tat, wie Wolff schon vor rund vierzig Jahren für die USA annahm, eine Rückkehr zur mittelalterlichen Ständegesellschaft bedeuten, der man lediglich ein neues Gewand überwirft. Eben dies ist aber das Ziel der Neuen Rechten, die nichts anderes anstrebt als die Unterhöhlung individueller Rechtsgarantien zu Gunsten von Korporationen oder »Ständen« als Rechtssubjekten.

Es gehört zu den ideologischen Aspekten des Pluralismus, als politische Philosophie der Gleichwertigkeit aller Gruppen aufzutreten, gleichzeitig aber das Vorhandensein bestimmter Gruppen zu ignorieren und im Verteilungskampf nur konfliktfähige Verhandlungspartner anzuerkennen. Eine dabei benachteiligte Gruppe wird daher immer um ihre Anerkennung kämpfen, indem sie zunächst auf ihr pures Vorhandensein verweist. Dies kann sie aber nur, indem sie sich auf ihre vermeintlich unwandelbare Identität beruft. Die berechtigte Forderung nach besserer Repräsentanz und Anerkennung führt damit paradoxerweise zu einer Naturalisierung von Identitäten und es besteht die Gefahr, dass ein Emanzipationsverlangen umschlägt in das historisch bekannte Muster einer korporativen Gesellschaft oder gar in einen Rassismus, der inzwischen auch von rassisch diskriminierten Minderheiten ausgeht. In den USA führte dies beispielsweise zum Aufstieg des Schwarzenführers Louis Farakhan und seiner »Nation of Islam«, die unter Umkehrung des Täter-Opfer-Verhältnisses nun einen schwarzen, rassistischen Nationalismus propagiert und sich auch antisemitischer Vorurteile bedient.

Im Meinungsspektrum der Multikulturalisten zeichnen sich zwei Tendenzen ab. Die erste richtet sich auf die Aufwertung bisher benachteiligter ethnischer Gruppen mit dem Ziel ihrer späteren Gleichbehandlung durch gegenwärtige, positive Ungleichbehandlung, also Bevorzugung. Diese Formen eines aktiven Minderheitenschutzes, in den USA als »affirmative action« bekannt, sind aber bisher weitgehend gescheitert, nicht zuletzt deswegen, weil sie zu individualistisch ausgerichtet waren. Überdies bergen diese Förderprogramme die Gefahr einer »gefährliche[n] Dialektik« (Burger) in sich. Um nämlich in den Genuss derartiger Programme oder Quotierungen zu kommen, muss, wenn auch nicht in diskriminierender Absicht, wiederum nach ethnischen Kriterien eingeteilt, klassifiziert und getrennt werden.

Die radikalere Variante des Multikulturalismus zielt dagegen auf eine Abwertung der bestehenden, liberal-pluralistischen Mehrheitskultur und ihre Reduzierung auf das, was sie aus dieser Sicht immer schon war: ein kultureller Partikularismus unter anderen, der keinen Anspruch auf Vorherrschaft erheben dürfe. Angestrebt wird hier also eine völlig andere Gesellschaftsordnung. Diese Forderung wird aber nicht im Namen eines vereinheitlichenden gesellschaftlichen Gegenentwurfs, wie ihn noch die sozialistische Arbeiterbewegung anstrebte, erhoben. Das Ideal ist vielmehr das eines anarchischen, herrschafts- und dominanzfrei gedachten Nebeneinanders autonomer Lebenswelten oder Kulturen, einer »nation of nations«. Dies ist die utopische, auch viele Linke ansprechende Seite des Multikulturalismus, die ungefähr seit den siebziger Jahren sich stark machten für das Recht auf Differenz in einer pluriethnischen Gesellschaft. Jede Gruppe habe ein Recht auf ihre kulturelle Identität und dürfe nicht gezwungen werden, sich der jeweiligen Nationalkultur anzupassen. Dies läuft aber, daran sei erinnert, auf nichts anderes hinaus als eine neue, nur positiv umcodierte Form der Apartheid.

Worum es bei der Debatte aber geht und gehen muss, ist dies: Um die Einhegung traditionaler (Sub)-Kulturen in einen universalistischen Rahmen, der weder rein formal oder prozedural verstanden werden kann noch substanziell aufzufassen ist im Sinne einer spezifisch »nationalen« Festlegung. Gefordert ist also ein Rahmen, der hinreichend Platz lässt für die Suche nach identitätsstiftenden Wurzeln, nach Anderssein und Vielfalt, der aber gleichzeitig Grenzen setzt, wo es um metaphysische Wahrheitsansprüche oder kulturelle Praktiken geht, die im Gegensatz zu Individualrechten stehen.

Fehlt dieser einhegende, verbindliche und doch elastische Rahmen, innerhalb dessen Menschen unterschiedlicher ethnischer oder kultureller Herkunft gleiche Chancen haben, wird er gar unglaubwürdig und zerbricht wie im ehemaligen Jugoslawien oder der ehemaligen Sowjetunion, dann bedeutet dies keinen Gewinn an Herrschaftsfreiheit und Autonomie für die einzelnen Gruppen, sondern eher das Gegenteil. Realistischer nämlich als die Hoffnung auf ein friedliches, pluri- oder multiethnisches Neben- und Miteinander dürfte eine ganz andere Perspektive sein: die eines sozialdarwinistischen Kampfes ethnischer Gruppen im Namen eines vitalen und primordialen »Lebensrechts«, wie wir ihn im ehemaligen Jugoslawien erleben mussten: die Regression vom Staat zur Herrschaft von sich ethnisch definierenden Clans mit ihren Warlords und ihren mafiösen Strukturen. Der Umschlag von Kultur in Biologie ist im Multikulturalismus angelegt und immer latent vorhanden. Identitätspolitik könnte sich rasch als Falle für Emanzipationsbestrebungen erweisen, wenn sie das Individuum wieder ins Gefängnis biokultureller, schicksalhaft unentrinnbarer Gruppenzugehörigkeit sperrt.

Zu fragen bleibt, ob die liberale, pluralistische Demokratie offen und flexibel genug ist, das »Plateau« (Wolff) der bisher im Interessenwettstreit Zugelassenen zu erweitern und neu zu arrangieren. Gelingt dies, dann ist auch die Gefahr einer Politik der Trennung, des Separatismus von Minderheitenallianzen oder gar das Auseinanderbrechen der Gesellschaft in isolierte Eigenwelten und selbstbezügliche Lebenseinheiten mit eigenen Moralkodices gebannt. Gelingt dies aber nicht und bleiben Herkunft, Geschlecht, Ethnie oder Religion, häufig auch in Verbindung mit niedrigem sozialen Status, ein unüberwindbares Hindernis beim Zugang zu den ökonomischen und kulturellen Standards der Mehrheitskultur, »dann erscheint die Aufwertung und das Eigenrecht der peripheren Kultur als der einzige Ausweg aus der Benachteiligung und Unterdrückung.«[285]

Der Weg zwischen Separation und Zusammenhalt, zwischen einem gruppenspezifischen Zusammengehörigkeitsgefühl und Individualrechten, zwischen Vielfalt und Einheit in einer Gesellschaft bleibt eine Gratwanderung. Verschiedentlich hier werden »dritte Wege«, Kompromisse oder Kombinationen vorgeschlagen. Multikultureller Pluralismus ist dann eine bloße Ergänzung des individualistischen Universalismus zur Behebung von Inklusionsmängeln (Münch), etwa nach Art der Chinatowns, der Little Italies oder der Gemeinden deutschstämmiger Siedler in den USA. Unter dem Schirm der amerikanischen Verfassung blieben sie unter sich, bis sie, bei den deutschen Immigranten beschleunigt durch den Ersten Weltkrieg, in der dritten oder vierten Generation allmählich aufhörten, die Sprache ihrer Vorväter zu pflegen und sich zunehmend als Amerikaner begriffen. Auf philosophischer Ebene wird als Ergänzung zum modernen, von Besonderheiten der Herkunft, Kultur, Sprache und Religion abstrahierenden Rationalismus für einen »multikulturellen«, stärker den Kontext berücksichtigenden Skeptizismus plädiert (Toulmin).

Politiktheoretisch steht der Vorschlag im Raum, die Ideale der Gemeinschaft und des Strebens nach Differenz vom Standpunkt einer dritten Alternative aus zu versöhnen (Benhabib), Vorschläge, die man mit Rudolf Burger »Luxusunternehmen« nennen könnte, da sie alle philosophisch von der rationalistischen Substanz und politisch vom liberalen Rechtsstaat leben. Wer aber die Verabsolutierung einerseits der Mehrheitskultur oder andererseits der identitären Gruppenegoismen vermeiden will, wird darin eher ein Notwendigkeitsunternehmen sehen müssen.

Identitätspolitik, das zeigt sich in Europa ebenso wie in den USA, wird zunehmend auch zur Waffe benachteiligter oder sich benachteiligt fühlender »Inländer«, die nun ihrerseits ihre Differenz, verstanden als ethnische oder kulturelle Überlegenheit, betonen. Wer auf seine Identität als Deutscher pocht und dies als Mittel zur Ausgrenzung fremdstämmiger Menschen einsetzt, mag zwar politisch meilenweit von einer Politik der Anerkennung des Differenten und Anderen entfernt sein. Doch in der Ablehnung eines für alle verbindlichen Gleichheitsgedankens treffen sich beide Richtungen auf fatale Weise. Rechtsextreme lehnen ihn aus rassistischer Überheblichkeit ab, Multikulturalisten häufig aus Enttäuschung über ein Gleichheitsversprechen, das nicht eingehalten wurde. Pierre-André Taguieff spricht die damit verbundene Paradoxie an: »Der Kampf um das Lob der Differenz gegen den Neorassismus, der die Differenz lobt – hier haben wir das folgenschwere Paradoxon, das ernsthaft hinterfragt werden muss.«[286] Die Identitätspolitik mit ihrer Betonung der uneingeschränkten Differenz hat inzwischen auch Eingang in die Diskurse der Neuen Rechten gefunden. Dass die Menschen verschieden seien und durch Abstraktion nicht gleichgesetzt werden dürften, gehört zur ideologischen Grundausstattung rechten Denkens ebenso wie die Forderung nach einer Separation der Kulturen.

Identitätspolitik, in welcher Variante sie auch auftritt, wirkt trennend und nicht vereinigend. Ob sie aber bedrohlich wirkt oder nicht auch produktiv, hängt von den Interaktionsbeziehungen ab. In ihrer Ambivalenz ist sie das getreue Abbild des Zwiespalts des Liberalismus selbst. Denn auf der Ebene des Marktes fördert er die Differenzen voneinander abgeschotteter Milieus, die er auf staatlicher Ebene universalistisch vereinigen muss.

Abschließend der Versuch einer knappen Gesamtbilanzierung: Wenn es am Ende meiner Untersuchungen ein Ergebnis gibt, dann folgendes: Den von angelsächsischen und französischen Rassismusforschern, jüngst erst wieder von Pierre-André Taguieff, behaupteten »Paradigmenwechsel« von einem (älteren) Rassismus der biologischen Ungleichheit zu einem Neorassismus der Kulturunterschiede vermag ich nicht zu erkennen.[287] Taguieff und andere gehen davon aus, dass es vor dem Hintergrund der Erfahrungen mit dem Nationalsozialismus, aber auch der antikolonialistischen Befreiungsbewegungen, niemand mehr wage, die Diskriminierung von Menschen mit dem Verweis auf biologische Unterschiede zu rechtfertigen. Vielmehr habe ein Wandel hin zur Betonung von Kulturunterschieden stattgefunden, wie sie bereits im Antisemitismus angelegt war. Die Diskriminierung der Juden auf Grund ihrer demagogisch behaupteten kulturellen Andersartigkeit sei heute verallgemeinerungsfähig geworden und stelle das »neorassistische« Paradigma dar. An die Stelle des Konzepts der »rassischen Reinheit« sei inzwischen das der »authentischen kulturellen Identität« getreten. Aus meiner Sicht bildeten aber beide historisch immer ein Konglomerat, das überhaupt erst »Rassismus« ausmacht: im Spanien der Reconquista ebenso wie im französischen Adelsrassismus, in der südafrikanischen Apartheid ebenso wie im NS-Regime. Als philosophische Monisten, die den von Kant postulier-

289

ten Antagonismus zwischen Natur und Kultur leugnen, argumentieren Rassisten stets biologistisch und kulturalistisch zugleich. Es ging immer um Wertesysteme, nie nur um somatische Unterschiede. Diese Identifikation biologistischer und kulturalistischer Argumente wurde zwar im Antisemitismus besonders deutlich, reichte jedoch darüber hinaus. Die Nationalsozialisten spitzten lediglich die in jeder Form von Rassismus immer vorhandene Annahme der unabänderlichen Differenz von Ethnien zu und setzten die Juden als das verallgemeinerte Böse ein. Sie erhoben zum Rassenkampf, was vorrangig ein Weltanschauungs- und Kulturkampf war, ein Kampf darum, ob den Menschenrechten oder volkhaft-ethnischen Identitäts- und Selbstbehauptungsrechten der Vorrang gebühre.

Der Kernpunkt allen rassistischen Denkens ist die Amalgamierung von Kultur und Natur, die blutsmäßige Verankerung kultureller und kognitiver Unterschiede. Von einem erst nach 1945 entstandenen »Neorassismus der Kulturunterschiede« zu sprechen, geht, wie ich vor allem in den Kapiteln III und IX zu zeigen versucht habe, am Kern des Problems vorbei. Schon die im 18. Jahrhundert einsetzende Klassifizierung menschlicher Spezies, Varietäten oder »Rassen« beschränkte sich nicht auf eine werturteilsfreie Untersuchung anthropologischer Unterschiede, sondern verknüpfte diese unauflöslich mit ästhetischen und kulturellen Bewertungen und Rangunterschieden.

Generell ist Rassismus zu begreifen als der Versuch, die emanzipatorischen, in diesem Sinne universalisierenden Folgen einer sich modernisierenden Welt durch die Festschreibung einer biopsychosozialen Andersartigkeit von Ethnien und der in ihnen lebenden Menschen abzuwehren. Rassismus kann daher historisch variable Anhänger und Befürworter finden und geht auch nicht zwingend einher mit Nationalismus. Er ist, wie am Beispiel Spaniens gezeigt wurde, funktional für eine ethnisch-

kulturelle Homogenisierungspolitik im Zuge eines sich herausbildenden Nationalstaats einsetzbar. Er kann aber auch, wie am
Beispiel des französischen Adelsrassismus von Boulainvilliers
bis Gobineau zu zeigen war, als anti-nationale, rein ständische
Klassendoktrin fungieren. Die Bewunderung von Rassentheo-
retikern von Gobineau bis Chamberlain für das brahmanische
Indien ist exemplarisch und zeigt das in Europa nirgends voll
realisierte Endziel des Rassismus: in multiethnischen Gesellschaften die ethnische Überformung eines geschlossenen
Kastensystems; in zwar nicht ethnisch, aber »farblich« homogenen die Konstruktion subtilerer Unterschiede – mit dem gleichen Ziel: der Stilllegung der sozialen Mobilität von unten nach
oben. Diese Beispiele zeigen aber auch, dass der Rassismus
keine für sich stehende Ideologie oder Weltanschauung ist, sondern stets in Verbindung mit rechten Gesellschaftstheorien auftritt.

Kurz nach dem Zweiten Weltkrieg, als der Begriff überhaupt erst aufkam, wurde Rassismus definiert als Versuch
einer Ablenkung von Klassenkonflikten. Dies gilt, wie schon
Ruth Benedict hervorhob, auch für interne Beziehungen der
Weißen in Europa. Da Farbunterschiede hier keine Rolle spielten, konstruierte man andere Differenzen. Die von Ammon in
Deutschland oder von Lapouge in Frankreich vorgenomme-
nen anthropomorphen Messungen von Schädelindices, die
Unterscheidung zwischen nordischen Langköpfen und alpi-
nen Rundköpfen, hatten vor allem den Sinn, die sozialen
Unterschiede zwischen Elite und Masse zu zementieren.

Seine sozialen Träger und Anhänger findet der Rassismus
mehrheitlich in jenen Schichten, die sich von den Folgen des
gesellschaftlichen Wandels, von Modernisierung, Demokratisierung, von Kosmopolitismus und Transnationalität bedroht
fühlen. Lassen sich Privilegien aber nicht mehr als gottgewollt
legitimieren und ist der soziale Status nicht länger durch einen
unwandelbaren Schöpfungsplan garantiert, dann ist der Bo-

den bereitet für das Aufkommen des Rassismus. Schon für das Spanien des 15./16. Jahrhunderts ist ein sozialpsychologischer Mechanismus nachweisbar, der bis heute wirkt. Aufsteigende Schichten lösen Konkurrenzängste aus, die sich bei den »Modernisierungsverlierern« zu apokalyptischen Untergangsstimmungen steigern können. Gehören diese Schichten dazu noch ethnischen oder religiösen Minderheiten an, ist der Sündenbock schnell gefunden, der wiederum verschwörungstheoretisch zu einer »Gegenrasse« überhöht werden kann. Im multiethnischen Südafrika war der Grund für die Politik der Apartheid im sozialen Abstieg der »armen Weißen« burischer Herkunft zu suchen. Ihre Legitimation aber fand sie in der calvinistischen Auserwähltheitslehre, gewissermaßen der theologischen Nobilitierung einer Minderheit gegenüber der schwarzen Mehrheit, eines Adelsrassismus unter nach aristokratischen, kolonialen Bedingungen.

Allgemein ist festzustellen, dass die für Rassismus besonders anfällige Trägerschaft sozial abgesunken ist. Vom Adel im 17./18. Jahrhundert zum Bürgertum Ende des 19. Jahrhunderts bis zu den kleinbürgerlichen Schichten in heutiger Zeit einschließlich von Teilen der Arbeiterschaft verläuft ein Weg, den man paradoxerweise auch als »Demokratisierung« des Rassismus bezeichnen könnte. Am Beispiel Frankreichs, das schon bei der Ausarbeitung von Rassendoktrinen ein dankbares Untersuchungsfeld war, lässt sich dies deutlich zeigen. Seit etwa 1988 kann man eine zunehmende soziale Verschiebung der Wähler für den rechtsextremen »Front National« feststellen und geradezu von einer »Proletarisierung« seiner Klientel sprechen. Von sozialem Abstieg Bedrohte oder diesen Befürchtende, darunter auch manche gut gestellten Wohlstandschauvinisten, stimmen für einen Politiker wie Jean-Marie Le Pen, der die inneren und äußeren Feinde Frankreichs bei den Juden, den Maghrebinern und den Freimaurern ausmacht, der mit der kausalen Verknüpfung von Immigration und Arbeitslosigkeit auf Stimmenfang geht. Bei den Präsidentschaftswahlen vom April 2002 schlug Le Pen im ersten Wahlgang mit über 16 Prozent der Stimmen den sozialistischen Kandidaten aus dem Feld und löste damit einen landesweiten Schock aus.

Dies hat viele Gründe. Sie reichen von einer populistisch angeheizten Unzufriedenheit mit dem bestehenden politischen »System«, dessen Vertreter insgesamt als korrupt und ineffizient gelten, zu einem grundsätzlicheren Problem: dem Schwinden der Überzeugungskraft universalistischer Diskurse. Ein Universalismus, der, wie im Falle der katholischen Kirche, Scheiterhaufen errichtete und sich mit faschistischen Diktaturen gemein machte oder wie der kommunistisch-sozialistische mit Panzerketten argumentierte, verliert seine Glaubwürdigkeit. Ein Universalismus, der von Menschenrechten und Demokratie spricht, aber an wirtschaftliche Ressourcen und hegemoniale Vorherrschaft denkt, ist wenig überzeugend. Johann Gottfried Herder war es, der das Dilemma benannte und einen Ausweg versprach: Lasst alle Blumen blühen und alle Bäume gedeihen in wechselseitiger Toleranz und Anerkennung, denn alle sind gleichursprünglich und unmittelbar zu Gott. Er war es aber auch, der den Keim zu jener Pflanze legte, die heute als Ethnopluralismus von sich reden macht, Differenz wieder hierarchisch festschreibt und die Anerkennung des Anderen zu einer Frage der Bewährung im ethnischen Selbstbehauptungskampf erhebt.

Anmerkungen

1 Vgl. Banton, in: Back/Solomos (Hg.), S. 60.

2 Vgl. Brockhaus Enzyklopädie, Bd. 18, Mannheim 1992, S. 69 ff.

3 Claussen, S. 1.

4 Memmi, in: Claussen, S. 207; vgl. auch ders., in: Wolf (Hg.), S. 23.

5 Geiss, S. 15.

6 Mosse, 1978, S. 4f.

7 Lenz, zit. n. von zur Mühlen, S. 133.

8 Memmi, in: Wolf (Hg.), S. 24.

9 Benedict, S. 149 f. Man geht davon aus, dass die Ethnologin Ruth Benedict in ihrem Buch »Rassismus« von 1947 den Begriff erstmalig benutzte. Allerdings hatte der Sexualwissenschaftler Magnus Hirschfeld schon 1938 den Begriff verwandt. Vgl. Hirschfeld, Magnus, Racism, London 1938.

10 Beer, S. 274, S. 377. Beers Argumentation trifft allerdings auf offene Türen, denn es ist von Rassismusforschern, die den Kolonialismus als Entstehungshintergrund für den europäischen Rassismus sehen, nie geleugnet worden, dass es Ethnozentrismus und Xenophobie auch anderweitig gibt. Das Missverständnis rührt daher, dass Beer Ethnozentrismus mit Rassismus gleichsetzt. Vgl. dazu Geiss, S. 14: »Gilt der Rassismus als systematisches Gedankengebäude, als Ideologie euroamerikanischer Überlegenheit seit dem späten 18. Jahrhundert, so sind seine Voraussetzungen, der Proto-Rassismus, überall zu finden, wo sich Überlegenheit real manifestiert.«

11 So Cavalli-Sforza S. 376, S. 374, Rassismus sei kein Monopol der Europäer oder Amerikaner, sondern überall zu finden. Allerdings sei er eine besondere Erscheinungsform eines umfassenderen Syndroms, der Xenophobie.

12 Kritisch dazu Pietschmann, S. 35 f., der die friedliche Harmonie der drei Religionen für ein temporäres Oberschichtphänomen hält, wohingegen die Unter- und Mittelschichten sehr viel intransigenter eingestellt gewesen seien.

13 Vgl. Vincent, S. 33.

14 Kamen, 1967, S. 12.

15 Kamen, 1967, S. 31; Alpert, S. 10 f. Es handelte sich nicht um kirchlich initiierte Zwangsbekehrungen, sondern um sozialen Druck. Die Kirche hat sich immer gegen einen Zwang zur Taufe ausgesprochen. Zwang mit aller Härte und Brutalität wurde erst dann ausgeübt, wenn ein Rückfall von schon Bekehrten ins Judentum befürchtet wurde. Das hat mit dem Status der Taufe als einem Sakrament zu tun, das grundsätzlich nicht rückgängig gemacht werden kann. Diese Gefahr des Rückfalls war aber in Spanien in hohem Maße gegeben.

16 Die etymologische Herkunft des Wortes ist umstritten, vielfach wird angenommen, dass es »Schwein« bedeutete und als Schimpfwort für die Conversos galt. Weniger pejorativ wird daher auch von Krypto-Juden gesprochen.

17 Ravid, S. 162.

18 Zit. n. Kamen, 1967, S. 26 f.; Alpert, S. 21; in etwas anderer Übersetzung auch bei Vincent, S. 34.

19 Vgl. Kamen, 1967, S. 31.

20 Vgl. dazu Beinart, S. 29; genauere Hintergründe bei Vones, S. 25.

21 Vones, S. 23 f.

22 Vgl. Alpert, S. 20 ff.

23 Vgl. Vincent, S. 69.

24 Pietschmann, S. 44.

25 Zum Dekret vgl. Vincent, S. 31 f.; Vones, S. 15 f.; vollständiger Text bei Beinart, S. 49–54.

26 Kamen, 1967, S. 143.

27 Battenberg, S. 84, wendet ein, die spanischen Blutreinheitsgesetze hätten noch nichts mit »Rasse« zu tun, sondern mit genealogischer Abkunft und seien Ausdruck eines »gentilen Rassismus«, gesteht aber zu, der alte Antijudaismus sei seit dem 16. Jahrhundert anthropologisiert worden. Ähnlich auch Hering Torres, der die »zwiespältige und widersprüchliche Oszillation zwischen Herkunft und religiöser Zugehörigkeit« und insgesamt die Widersprüche dieser Übergangszeit mit dem Oxymoron »rassischer Antijudaismus« zu fassen sucht. Vgl. Hering Torres, S. 36 f.

28 Detailliert dazu Kamen, 1988, S. 44; Alpert, S. 27 ff.

29 Kamen, 1988, S. 45; Roth, S. 293.

30 Escamilla Colin, S. 147, auch Vones, S. 43 und 47.

31 Claussen, S. 8.

32 Lévi-Strauss, S. 301.

33 Vgl. Devyver, S. 125.

34 Boulainvilliers, S. 511.

35 Ibd., S. 505.

36 Devyver, S. 249 f.

37 Vgl. Boulainvilliers, S. 541.

38 Sombart, 1915, S. 4 und 85.

39 Boulainvilliers dagegen, weniger weit blickend als sein Standesge-
    nosse, sieht (S. 548) in Bildung und dem Vordringen der Wissen-
    schaften nur ein schädliches Vehikel für individuellen Aufstieg.
    Mehr Bildung führe zu Überheblichkeit, schaffe Konkurrenz un-
    ter den einzelnen Gesellschaftsmitgliedern und steht daher im
    Gegensatz zu seiner Vorstellung vom Adel als einer geschlossenen
    Kaste.

40 Mannheim, S. 199.

41 Zu den biblischen Abstammungsmythen in dualer (Kain und
    Abel) oder dreigegliederter Form (die drei Söhne Noahs) und
    ihren Nachwirkungen vgl. Bitterli, S. 339–343.

42 Es handelt sich um eine hierarchisch strukturierte, ständische
    Dreigliederung, die im Nationalsozialismus als Trias von »Wehr-
    stand, Lehrstand, Nährstand« bekannt wurde, gedacht in Analo-
    gie zum Aufbau der mittelalterlichen Gesellschaft mit dem Adel
    als Militärkaste an der Spitze, dem Klerus als damaligem intellek-
    tuellen Stand in der Mitte und den Bauern als »Nährstand« an
    unterster Stelle. An die Stelle des Erbadels treten in modernen Ge-
    sellschaften Funktionseliten.

43 Vgl. hierzu ausführlicher Sommer, 1984, S. 137 ff., auch Devyver,
    S. 34 f.

44 Blumenbach, S. 259.

45 Vgl. Drumont, S. 6–9.

46 Meiners, S. 6.

47 Ibd., S. 12.

48 Grundlegend für die folgenden Ausführungen sind die Aufsätze in
    dem 1990 von Mann/Dumont herausgegebenen Sammelband.

49 Carus, S. 9.

50 Ibd., S. 13.

51 Ibd., S. 26.

52 Ibd., S. 85.

53 Graf Joseph Arthur de Gobineau (1816–1882) war Schriftsteller
und Diplomat. Er galt als weltgewandt und bereiste in diplomati-
schem Dienst u. a. Griechenland und Persien; zeitweise war er
Mitarbeiter des liberalen Theoretikers und Politikers Alexis de
Tocqueville. Zur Beziehung der beiden vgl. Priester, S. 138–158.
Johann Gottfried Herder (1744–1803), Theologe, Geschichtsphilo-
soph und Sprachtheoretiker mit pietistischem Hintergrund, war
u. a. protestantischer Prediger in Riga, später Konsistorialrat in
Bückeburg. Houston Stewart Chamberlain (1855–1927), britischer
Schriftsteller und Kulturphilosoph, wurde nach seiner Heirat mit
Richard Wagners Tochter Eva zum Wahldeutschen, Wagner-
Bewunderer und politisch zum Anhänger der Alldeutschen. Er
lebte in Bayreuth und gehörte zum dortigen Wagner-Kreis.

54 Nach von zur Mühlen, S. 62.

55 Vgl. Gobineau, S. 27.

56 Ibd., S. 39, vgl. auch S. 339, wo vom »besonderen Weg« gesprochen wird, den eine Rasse verfolgen müsse.

57 Ibd., S. 61.

58 Ibd., S. 66.

59 Ibd., S. 741.

60 Auch Herders naturgeschichtliche Überlegungen im ersten Teil
von »Ideen zur Philosophie der Geschichte der Menschheit« von
1784 ff. gehen von der ominösen Einheit vorgängiger, vor jeder
Organisation bereits vorhandener außernatürlicher Kräfte und
ihres übernatürlichen Waltens aus. Schon Kant kritisierte in seiner Rezension des Werkes, diese Idee liege völlig außerhalb der
beobachtenden Naturlehre und gehöre zur bloß spekulativen
Philosophie. Fände sie dort aber Eingang, würde sie »große Ver-
wüstungen unter den angenommenen Begriffen anrichten«.

61 Gobineau, S. 740.

62 Ibd., S. 743.

63 Vgl. Ibd., S. 744.

64 Ibd., S. 753.

65 Ibd., S. 755 f.

66 Ibd., S. 266.

67 Herder, Teil II, 8. Buch, Kap. IV. Zur leichteren Auffindbarkeit der
Zitate in den unterschiedlichen, teils monografischen Ausgaben
dieses Textes werden nur die ohnehin kurzen Kapitel genannt.

68 Teil III, 13. Buch, Kap. VII.

69 Teil III, 15. Buch, Kap. III.

70 Teil III, 13. Buch, Kap. VII.

71 Dieser organologische Monismus, später von Haeckel und dem Sozialdarwinismus (vgl. Kap. VII) wieder aufgenommen, wurde
schon von den Romantikern vertreten. 1807 propagierte einer der
geistigen Mentoren des deutschen Konservatismus, Adam Müller,
die »organische Weltansicht« und stellte sich wie Herder gegen die
Trennung von Moral und Physik. Der Wille der Natur und das Mo-
ralgesetz in unserer Brust seien nicht zu trennen, wie Kant gefordert
hatte, sondern ein und dasselbe, denn »ein Gesetz und ewig nur
eines soll gelten«. Ähnlich auch Franz von Baader, 1813, der, gegen
Kant gerichtet, die Begründung der Ethik durch die Physik forderte.

72 Teil III, 11. Buch, Kap. I.

73 Teil III, 15. Buch, Kap. II.

74 Teil III, 15. Buch, Kap. I.

75 Ähnlich auch Gobineau, bes. S. 545 f. Die Römer seien nie eine Nation gewesen und damit auch kein Volk, sondern ein »Völker-
haufe«.

76 Herder, Teil III, 13. Buch, Kap. VII.

77 Teil III, 12. Buch, Kap. III. Vgl. auch Teil IV, 16. Buch, Kap. V, wo
Herder noch einmal, bezogen auf die Juden, das Bild von der »pa-
rasitischen Pflanze« benutzt, »die sich beinahe allen europäischen
Nationen angehängt und mehr oder minder von ihrem Saft an sich
gezogen hat«. Nur am Rande sei vermerkt, dass dieser biologistische Sprachduktus wieder hoffähig zu werden scheint. Vgl. Huntington, S. 245, wo vom »Virus westlicher Denkungsart« die Rede
ist. Ein vom Virus einer fremden, seiner Volksseele nicht entsprechenden Denkungsart befallener Patient könne zwar überleben,
»ohne doch jemals heil und ganz zu werden«.

78 Herder, Teil IV, 16. Buch, Kap. V.

79 Teil III, 11. Buch, Kap. I, auch Teil II, 6. Buch, Kap. III.

80 Chamberlain, S. 7.

81 Ibd., S. 59.

82 Vgl. ibd., S. 544 f.

83 Ibd., S. 347.

84 Ibd., S. 305.

85 Ibd., S. 890.

86 Vgl. ibd., S. 870.

87 Ibd., S. 880.

88 Ibd., S. 886 f.

89 Ibd., S. 797.

90 Ibd., S. 856.

91 Vgl. ibd., S. 791 und unzählige andere Stellen.

92 Huntington, S. 330, vgl. auch S. 511, S. 529, S. 110 f.

93 Geiss, S. 124. Edward Long, ein westindischer Plantagenbesitzer und vehementer Vertreter der Polygenese, veröffentlichte 1774 eine Geschichte Jamaikas, in der er die Schwarzen auf Grund ihrer »Dummheit«, ihrer »Laster« und »bestialischen Gebräuche« vom Rest der Menschheit abhob.

94 Arendt, S. 318.

95 Die »Nederduitse Gereformeerde Kerk« (NGK) hat von allen christlichen Kongregationen in Südafrika mit Abstand die meisten weißen Mitglieder.

96 Apartheid = afrikaans für Trennung, häufig gleichgesetzt mit dem Konzept der »eiesoortige ontwikkeling«, der »eigen-artlichen Entwicklung«.

97 Niederberger, S. 198.

98 Hagemann, 1991, S. 207, sieht den eigentlichen Aufstieg des Afrikaaner-Nationalismus erst im Burenkrieg 1899–1902 begründet.

99 Marx, S. 86.

100 Allerdings waren die Buren kein monolithischer Block. Schätzungsweise 15–20 Prozent waren gegen den Afrikaaner-Nationalismus und favorisierten einen Ausgleich mit den Briten.

101 Bilger, S. 374 f.; vgl. auch Marx, S. 100, S. 108, S. 114.

102 Zum Verhältnis des Afrikaaner-Nationalismus zum Nationalsozialismus vgl. Hagemann, 1991, S. 211.

103 Für eine detaillierte Beschreibung, wie sich diese Trennung auf allen gesellschaftlichen Ebenen auswirkte (getrennte Büchereien, Krankenhäuser, Schulen, Verkehrsmittel, getrennte Geschäftseingänge etc.) vgl. Kenneth Little, in: UNESCO (Hg.), S. 73. Auch in den USA erklärte der Supreme Court erst 1954 die Rassentrennung in den öffentlichen Schulen, 1964 im privaten Sektor für verfassungswidrig.

104 Zur Homeland-Politik und ihrer Akzeptanz bzw. Ablehnung im Ausland detaillierter Hagemann, 1992, S. 30 f.

105 Ibd., S. 32.

106 Vgl. de Benoist, S. 41 f.

107 Zu den Kabinetten von Malan ab 1948 bis Botha und de Klerk in den achtziger Jahren und der Entwicklung der Apartheid im Einzelnen vgl. Hagemann, 1992, S. 32 ff.

108 Vgl. Le Monde, 11. 9. 2002, S. 36.

109 Vgl. Bilger, S. 16; Hagemann, 1992, S. 19, hebt vor allem die Bedeutung des südafrikanischen Modernisierungsprozesses hervor und betont, dass auch in den nicht-calvinistisch geprägten Teilen Südafrikas (Natal) eine rigide Segregationspolitik betrieben wurde.

110 Vgl. Johnstone, S. 217.

111 Vgl. Marx, S. 108.

112 Vgl. ibd., S. 119.

113 Zweig, S. 147.

114 Freyre, S. 108.

115 Vgl. ibd., S. 539.

116 Buarque de Holanda, S. 37 f.

117 Wagley, S. 122.

118 Reichert, S. 81, S. 96; zu den Vorurteilen gegenüber Schwarzen vgl. auch Wagley, S. 125 ff., mit zahlreichen Beispielen.

119 Wagley, S. 129.

120 Marx, S. 8.

121 Vgl. Buarque de Holanda, S. 41 ff.

122 Wirz, S. 105.

123 von Spix, S. 118.

124 Buarque de Holanda, S. 20.

125 Vgl. Wirz, S. 169 ff., Buarque de Holanda, S. 166.

126 Reichert, S. 87.

127 Fernandes, S. 235.

128 Marx, S. 166.

129 Fernandes, S. 237. Zur auch heute andauernden Wirkungskraft der »branqueamento«-Ideologie vgl. Hofbauer, S. 61 ff.

130 Angaben nach Wagley, S. 123; vgl. auch Reichert, S. 110, und Marx, S. 163.

131 Vgl. taz, 20./21. 5. 2000.

132 Vgl. Reichert, S. 88; Marx, S. 172.

133 Zu den Hintergründen und der Problematik dieses preußisch-
etatistischen Weges vgl. detaillierter Priester, S. 76–89.

134 Vgl. Rürup, S. 87.

135 Vgl. hierzu die Artikel »Antisemitismus« von Nipperdey/Rürup,
S. 138, und Ebach, S. 496; grundlegend für die gesamte Zeit im-
mer noch das bereits 1949 in den USA erschienene Buch von
Massing, 1986.

136 Marr, S. 22; vgl. auch Massing, S. 5 ff.

137 Marr, S. 29.

138 Drumont, S. 16.

139 Rohling, S. 3. Der katholische Domherr wärmte auch die alte
Ritualmordlegende wieder auf. Zwischen 1870 und 1914 wurden
in der österreichisch-ungarischen Monarchie noch zwölf Prozesse wegen Ritualmords geführt! Zum katholischen Antisemitismus in Österreich vgl. Weiss, S. 216 ff., zu Rohling
S. 235.

140 Wahrmund, S. 98.

141 Ibd., S. 190 f.

142 Ibd., S. 244.

143 Zu Dührings Werdegang und der Verbreitung seiner Schriften
vgl. Claussen, S. 63 ff.

144 Dühring, S. 9, S. 34.

145 Ibd., S. 49.

146 Claussen, S. 63.

147 Sombart, 1912, S. 51.

148 Ibd., S. 87.

149 Kautsky, S. 74 f., S. 81.

150 Nordau, S. 241.

151 Fritsch, S. 103.

152 Nipperdey/Rürup, S. 136.

153 Nach der Reichsgründung gehörten zu Deutschland einige zah-
lenmäßig sehr starke nicht-deutsche Minderheiten, als größte
Gruppe (neben Dänen und Elsass-Lothringern) 2,4 Millionen
Polen in den preußischen Ostgebieten. Es gab also Inlands- und
Auslandspolen, darunter auch viele Juden.

154 Treitschke, in: Boehlich (Hg.), S. 9.

155 Zu den diversen antisemitischen Parteien, die aus organisatori-
schen und personellen Gründen wenig Erfolg hatten und schon

in den neunziger Jahren zur Bedeutungslosigkeit herabsanken, vgl. Düding, S. 67 ff.

156 Zu den im »Antisemiten-Katechismus« aufgestellten elf Anklagepunkten gegen die Juden vgl. Massing, S. 100 f.

157 Düding, S. 69.

158 Fritsch, S. 518.

159 Vgl. Bauman, in: Back/Solomos, 1996, S. 52.

160 Vgl. Fuhrmann, S. 124.

161 Das Zinsnahmeverbot und entsprechende Umgehungspraktiken gibt es heute noch in islamischen Ländern. Zum dort verbreiteten Antisemitismus einschließlich der Ritualmordlegende und des Vorwurfs des Gottesmordes vgl. Joffe, Josef: Antisemitismus-Konferenz in New York: »Satan ist ein Jude«. In: Die Zeit, 7. 11. 2002, Nr. 46, S. 10.

162 Fuhrmann, S. 141.

163 Schon 1378 tritt in einer italienischen Novelle mit dem Titel »Der Kaufmann von Venedig« ein jüdischer Geldleiher als Wucherer und Christenhasser auf, der als Gegenleistung für geliehenes Geld ein Pfund Fleisch aus dem Körper seines Schuldners verlangt. Dieses Motiv wurde später von Shakespeare aufgegriffen. Seine Figur des Shylock ist die bekannteste literarische Verarbeitung dieses Stoffes.

164 Vgl. Mosse, 1990, S. 152 f. Nur am Rande sei vermerkt, dass 1992 in Petersburg ein Kongress zu Ehren von Nilus abgehalten wurde. In einem Grußwort des Metropoliten wurde die These von der Verschwörung der Juden und Freimaurer wiederbelebt. Vgl. Sammons, S. 26. Zur Wiederkehr der Verschwörungstheorien in islamischen Ländern in Verbindung mit Antiamerikanismus, Antisemitismus und Antimodernismus vgl. auch Kreye, Andrian: Hass auf die Hypermoderne. In: SZ, 10. 12. 2002, S. 12.

165 Zit. nach Sammons (Hg.), S. 36, S. 45.

166 Ibd., S. 115 f.

167 Vgl. ibd., S. 107.

168 Vacher de Lapouge, S. 308, vgl. auch S. 306.

169 Rosenberg, S. 123 f.

170 Entsprechend den drei universalistischen Gegnern des Rassismus erscheinen die Juden daher bei Chamberlain als Rationalisten, Materialisten und Sozialisten. Vgl. Chamberlain, S. 261,

S. 270, S. 291. Die größte Bedrohung ist das »auflösende« Völkerchaos, das die Menschen »vaterlandslos, rassenlos, religionslos«
mache. Vgl. ibd., S. 705.

171 Rosenberg, S. 480.

172 Günther, S. 9.

173 Ibd., S. 56 f.

174 Vgl. Fritsch, S. 455.

175 Marr, S. 11 f.; ähnlich auch Vacher de Lapouge, S. 309: »Der Jude
     ist von Natur aus nicht zu produktiver Arbeit fähig. Er ist Makler,
     er ist Spekulant, er ist aber kein Arbeiter und kein Bauer.«

176 Zit. nach Fritsch, S. 479.

177 Vgl. Rosenberg, S. 691 f., S. 689, S. 79.

178 Zit. nach Fraenkel, S. 137.

179 Schmitt, S. 44.

180 Vgl. Chamberlain, S. 856 f.

181 Fritsch, S. 556 f.

182 Rosenberg, S. 689 f.

183 Ibd., S. 204.

184 Weininger, S. 424.

185 Ibd., S. 406.

186 Burger, S. 178.

187 Schemann, S. 231.

188 Ibd., S. 91.

189 Zmarzlik, S. 250.

190 Vgl. hierzu ausführlicher von zur Mühlen, S. 76 ff.; auch Zmarz-
     lik, S. 247.

191 Koch, S. 64.

192 Vacher de Lapouge, S. 304.

193 Spencer, S. 317, vgl. auch S. 287, S. 290.

194 Gumplowicz, 1928, S. 249.

195 Chamberlain, S. 33.

196 Gumplowicz, 1909, S. 5.

197 Ibd., S. 340.

198 Vgl. ibd., S. 257.

199 Zu den bekannteren Sozialdarwinisten gehörte auch der Arzt und
     Zoologe Ludwig Woltmann (1871–1907), der ursprünglich Sozialist
     war und das Ziel verfolgte, den ökonomischen Materialismus von
     Marx mit dem biologischen Materialismus Darwins zu verbinden.

200 Vacher de Lapouge, S. 263.

201 Ibd., S. 304.

202 Zum angelsächsischen Kontext vgl. v. a. Koch, S. 87.

203 Vgl. von zur Mühlen, S. 88 f., S. 180.

204 Ammon, S. 7.

205 Ibd., S. 6.

206 Vgl. Koch, S. 17.

207 Ammon, S. 49.

208 Ibd.

209 Ibd., S. 91.

210 Ibd., S. 190 f.

211 Darwin, S. 124.

212 Ibd., S. 127.

213 Die Bestimmung der Eugenik als einem »Versuch des Bürgertums, Klassenkonflikte ohne Machtverlust zu lösen« (Pinn/Nebelung, S. 25), lässt die Vielschichtigkeit der Bewegung außer Acht.

214 Vgl. Hödl, S. 133 f.

215 Vgl. Kühl, S. 19.

216 Ploetz zog den Begriff Rassehygiene dem der Rassenhygiene vor, weil letztere sich allein auf die nordische Rasse beziehe. Einer solchen Vermischung von eugenischer Rassehygiene mit nordischem Rassendünkel und der dahinter stehenden politischen Instrumentalisierung stand er ablehnend gegenüber. Später konnte oder wollte aber auch er sich dem Sog des Nordischen nicht entziehen.

217 Angaben nach Ritter/Tenfelde, S. 27 f.

218 Zu den Wohnverhältnissen und der Ernährungslage der ärmeren Schichten vgl. ibd., S. 503 ff., S. 525, S. 587 ff.

219 Dies war zwar schon in der Gewerbeordnung des Norddeutschen Bundes von 1869 gefordert worden, wurde aber bis Anfang der neunziger Jahre nicht in die Praxis umgesetzt.

220 Fritsch, S. 545.

221 Vgl. dazu detaillierter Schwartz, S. 15.

222 Vgl. Weingart/Kroll/Bayertz, S. 104; Kühl, S. 12.

223 Weingart/Kroll/Bayertz, S. 105.

224 Vgl. Schwartz, S. 157.

225 Kühl, S. 44, S. 161.

226 Grant, S. 45 f.

227 Hitler, S. 333 f. Schon in den achtziger Jahren des 19. Jahrhunderts war das biologisch-medizinische Vokabular auch in der antisemitischen Publizistik verbreitet. Paul de Lagarde bezeichnete die Juden als »Eiterung und Tod« am gesunden Volkskörper, als Krebsgeschwür, als Ungeziefer, das zertreten werden müsse: »Mit Trichinen und Bazillen wird nicht verhandelt, Trichinen und Bazillen werden auch nicht ›erzogen‹, sie werden so rasch und so gründlich wie möglich unschädlich gemacht.« (Zit. nach Fritsch, S. 479 f.)

228 Hitler, S. 446 f.

229 Schmitt, S. 42.

230 Stuckart/Globke, S. 24. Es handelt sich, wohlgemerkt, um Vollgenossen, nicht um Volksgenossen.

231 Zit. nach Stuckart/Globke, S. 1.

232 Ibd., S. 2. Vgl. auch Günther, S. 12, wo es heißt, Juden seien keine Rasse, sondern ein rassengemischtes Volk.

233 Vgl. Stuckart/Globke, S. 65.

234 Ibd., S. 64.

235 Ibd., S. 63.

236 Vgl. hierzu detaillierter Weingart/Kroll/Bayertz, S. 496 ff.

237 Stuckart/Globke, S. 16.

238 Zit. nach Stuckart/Globke, S. 6.

239 Vgl. Kühl, S. 121.

240 Vgl. Balibar/Wallerstein, S. 32.

241 So die Formulierung des NS-Rassentheoretikers H. F. K. Günther, vgl. Günther, S. 9.

242 Vgl. hierzu aus humangenetischer Sicht vor allem Cavalli-Sforza, 1994.

243 Vgl. Pinn/Nebelung, S. 32 f. Dort auch, S. 32–44, ausführlich zu den Verbindungslinien zwischen biologischer Anthropologie, Eugenik, Verhaltensforschung und der personellen Kontinuität nach 1945. Dazu auch Kühl, S. 176 ff., S. 224.

244 UNESCO (Hg.), S. 497.

245 Ibd., S. 503, S. 505.

246 Herzinger, Richard: Der neue Kulturnationalismus. In: Die Zeit, Nr. 34, 20. 8. 1993, S. 40. Zu den Konjunkturen der »Neuen Rechten« in Deutschland, ihren Anhängern und der Frage, ob der

Begriff nicht inzwischen schon wieder aufgegeben wurde vgl. Speit, S. 11–52.

247 Eichberg, 1978, S. 8.

248 de Benoist, S. 108.

249 Vgl. Eichberg, 1978, S. 19; de Benoist, S. 23.

250 Die antimodernistischen Tendenzen der katholischen Kirche erfuhren im 19. Jahrhundert eine Zuspitzung, als 1864 in Enzykliken achtzig »moderne Irrtümer« verdammt wurden, darunter Rationalismus, Liberalismus, Aufklärung, Religions- und Gewissensfreiheit sowie elementare Menschenrechte.

251 Eichberg, 1978, S. 18.

252 de Benoist, S. 41 f.

253 Taguieff, S. 21, Hervorhebung vom Verf.

254 Vgl. hierzu und zum Folgenden: Weingarten, ²1989.

255 Vgl. Weingarten, S. 20 f.

256 Vgl. dazu de Benoist, S. 25.

257 Zur Kritik am Wiederaufleben dieser Tendenzen bei »postmodernen« Theoretikern vgl. Priester, S. 28–48. Zu den Propheten dieser Absage an die moderne Welt gehört der in neurechten Kreisen geschätzte italienische Autor Julius Evola, der schon unter Mussolini zu den faschistischen Außenseitern gehörte. In seinem Buch »Revolte gegen die moderne Welt« (1934), dt. Interlaken 1982, plädiert er (S. 419) für die Zerstörung des »Ich« und die Befreiung des Menschen vom »Geist« als Voraussetzung für eine neue Kultur. Seine Rassenvorstellung richtet sich daher gegen die biologistische Verwissenschaftlichung als Ausdruck der modernen Welt. Im schwebt ein Rassenseelenadel vor, ein bestimmter elitärer Menschentyp oder -schlag, der nur in der »traditionalen Welt« gedeihen könne.

258 de Benoist, S. 110.

259 Ibd., S. 102.

260 Becker, Jörg: Kultur und Entwicklung. In: Mut, Nr. 412, Dezember 2001, S. 32.

261 Im Grunde ist dies alles nur ein Aufguss grundlegender Gedanken der deutschen Romantik, womit Unterschiede zwischen ihren Vertretern weder nivelliert noch die kritischen Absichten der Frühromantik in Abrede gestellt werden sollen. An Gemeinsamkeiten lässt sich dennoch hervorheben: Die Nähe von Geschichtsschrei-

bung und Dichtung bei Novalis und Schelling, der Übergang zur Mythenschau bei Görres, die Vorstellung von einer »Urzeit« oder »Urwelt« und die Entfremdung in der Gegenwart durch die verloren gegangene Einheit bei Novalis, die organische Auffassung von Volk und Nation von Herder bis zur »Historischen Schule« (Savigny), das Volk als Verbundenheit des Blutes bei E. M. Arndt, Eichendorffs Ablehnung der aufklärerisch-universalistischen »Einerleiheit« zu Gunsten einer »organischen Einheit der Mannigfaltigkeit«, die Abwertung des Individuums zu Gunsten der Synthese von Persönlichkeit und Gemeinschaft, die Einheit von Natur und Geist bei Schelling, Carus, Baader, Schleiermacher u. a., die Abwertung des analytischen, »sezierenden« (bei den Nazis dann »zersetzenden«) Denkens zu Gunsten einer »organischen Verfahrensweise« bei Fr. Schlegel, die Gleichsetzung von moralischen und physischen Gesetzen bei Herder, A. Müller, Baader u. a., auch schon die Idee der Reinhaltung der Rasse bei Jahn.

262 Gobineau, S. 743.

263 Schmitt, S. 45.

264 de Benoist, S. 113.

265 Vgl. »Antisemitismus im Westen stark gestiegen«. In: FAZ, 6. 9. 2002. »Antisemitismus nimmt im Westen deutlich zu«. In: SZ, 6. 9. 2002.

266 Eichberg, 1994, S. 80 f.

267 Ibd., S. 81. Dieser romantisch-herderianische Gedanke, dass alles historisch Gewordene als solches schon anerkennenswert sei, ging sogar einem Romantiker wie Friedrich Schlegel zu weit. Gegen Herder führte er ins Feld, die Methode, jede »Blume« ohne Würdigung zu betrachten, liefe nur darauf hinaus, »dass alles so sein müsste, was es ist und war«.

268 Becker (Anm. 260), S. 28.

269 Gobineau, S. 743.

270 Eichberg, 1994, S. 78.

271 Schon 1804 wandte sich der Romantiker Adam Müller in seiner »Lehre vom Gegensatz« gegen »kosmopolitische Träume, charakterlose, undeutliche Gefühle für Menschenwert, Menschenwohl, Menschenrechte und unzählige andere sentimentale Laster«.

272 de Benoist, S. 25.

273 Natürlich gibt es in diesen und anderen Fragen auch Unterschiede zwischen den Vertretern der Neuen Rechten. Henning
Eichberg, eher den Nationalrevolutionären zuzurechnen, tritt
vor allem als Anwalt regionalistischer Bewegungen auf. In den
hier interessierenden Fragen des Kulturrelativismus und Anti-
universalismus ist man sich jedoch einig.

274 Eichberg, 1994, S. 81.

275 Dieser Entfremdungsdiskurs bezog sich in protestantischen
Kreisen v. a. auf die universalistische römische Kirche. Schon bei
Herder weist er aber über den Religionsgegensatz hinaus und
nimmt eine ethnisch-kulturelle Dimension an, verbunden mit
der Vorstellung, dass Mischung nur Chaos produziere. Vgl. z. B.
IV. Teil, 18. Buch, Kap. VI: »Keine zwei Dinge konnten einander
sich fremder sein, als das römische Papsttum und der Geist deutscher Sitten: jenes untergrub diese unaufhörlich, wie es sich
Gegenteils vieles aus ihnen zueignete, und zuletzt alles zu einem
deutsch-römischen Chaos machte.« Chamberlain propagierte
dann ein »deutsches Christentum«, auf das zur Zeit des Nationalsozialismus u. a. die Spaltung der evangelischen Kirche zurück-
ging. Den »Los von Rom«-Tendenzen entspricht heute als funk-
tionales Äquivalent der Antiamerikanismus der Neuen Rechten.

276 Preuß, S. 62.

277 Hobsbawm, S. 41.

278 Für eine ausführliche Kritik vgl. Priester, S. 28–48.

279 Waters, S. 215.

280 Ladwig, S. 456.

281 Die Ambivalenz und Problematik solcher und ähnlicher Fälle
wird deutlich am Beispiel des antisemitischen NS-Propaganda-
films »Jud Süß«, in dem ausgiebig gezeigte Schächtungsszenen
die Grausamkeit und kulturelle Nicht-Assimilierbarkeit der Juden belegen sollten.

282 Wolff, S. 175 f.

283 Münch, S. 242.

284 Preuß, S. 61, vgl. auch S. 73.

285 Münch, S. 236.

286 Taguieff, S. 103.

287 Vgl. Ibd., S. 11.

Literaturverzeichnis

Alpert, Michael: *Crypto-judaism and the Spanish Inquisition.* Basingstoke–New York 2001.

Ammon, Otto: *Die Gesellschaftsordnung und ihre natürlichen Grundlagen.* Jena 1895.

Arendt, Hannah: *Elemente und Ursprünge totaler Herrschaft.* München–Zürich 1986.

Back, Les; Solomos, John: *Racism and Society.* Houndsmill–Basingstoke–London 1996.

Dies. (Hg.): *Theories of Race and Racism. A Reader.* London 2000.

Balibar, Etienne; Wallerstein, Immanuel M.: *Rasse, Klasse, Nation. Ambivalente Identitäten.* Hamburg 1992.

Battenberg, Friedrich: *Die Juden in Deutschland vom 16. bis zum Ende des 18. Jahrhunderts.* München 2001.

Becker, Peter Emil: *Sozialdarwinismus, Rassismus, Antisemitismus und Völkischer Gedanke. Wege ins Dritte Reich.* Teil II. Stuttgart–New York 1990.

Beer, Bettina: *Körperkonzepte, Interethnische Beziehungen, Rassismustheorien.* Berlin 2002.

Beinart, Haim: *The Expulsion of the Jews from Spain.* Oxford–Portland 2002.

Benedict, Ruth: *Die Rassenfrage.* Bergen/Obb. 1947.

Benoist, Alain de: *Aufstand der Kulturen. Europäisches Manifest für das 21. Jahrhundert.* Berlin 1999.

Bilger, Harald R.: *Südafrika in Geschichte und Gegenwart.* Konstanz 1976.

Bitterli, Urs: *Die »Wilden« und die »Zivilisierten«. Grundzüge einer Geistes- und Kulturgeschichte der europäisch-überseeischen Begegnungen.* München ²1991.

Blumenbach, Johann Friedrich: *Über die natürlichen Verschiedenheiten im Menschengeschlecht.* Leipzig 1798.

Boehlich, Walter (Hg.): *Der Berliner Antisemitismusstreit.* Frankfurt am Main 1965.

Boulainvilliers, Henri de: *Dissertation sur la noblesse française servant de préface aux mémoires de la maison de Croi et de Boulainvillier.* In: *Devyver.* S. 501–548.

Buarque de Holanda, Sergio: *Die Wurzeln Brasiliens*. Frankfurt am Main 1995.

Burger, Rudolf: *Multikulturalismus im säkularisierten Rechtsstaat*. In: *Leviathan*. H. 2. 25. Jg. 1997. S. 173–185.

Carus, Carl Gustav: *Über die ungleiche Befähigung der verschiedenen Menschheitsstämme für höhere geistige Entwicklung*. Leipzig 1849.

Cavalli-Sforza, Luca und Francesco: *Verschieden und doch gleich. Ein Genetiker entzieht dem Rassismus die Grundlage*. Düsseldorf 1994.

Chamberlain, Houston Stewart: *Die Grundlagen des 19. Jahrhunderts*. München 1899.

Claussen, Detlev: *Was heißt Rassismus?* Darmstadt 1994.

Darwin, Charles: *Die Abstammung des Menschen*. Leipzig o. J. (1908).

Demandt, Alexander (Hg.): *Mit Fremden leben. Eine Kulturgeschichte von der Antike bis zur Gegenwart*. München 1995.

Ders.: *The Osmosis of Late Roman and Germanic Aristocracies*. In: Chrysos, Evangelos K.; Schwarcz, Andreas (Hg.): *Das Reich und die Barbaren*. Wien 1989.

Devyver, André: *Le sang épuré. Les préjugés de race chez les gentilhommes français de l'Ancien Régime (1560–1720)*. Brüssel 1973.

Drumont, Edouard: *La France juive*. Paris 1887. 2 Bde.

Düding, Dieter: *Antisemitismus als Parteidoktrin. Die ersten antisemitischen Parteien in Deutschland (1879–1894)*. In: Klueting, Harm (Hg.): *Nation, Nationalismus, Postnation*. Köln–Weimar–Wien 1992. S. 59–70.

Dühring, Eugen: *Der Ersatz der Religion durch Vollkommeneres und die Ausscheidung alles Judenthums durch den modernen Völkergeist*. Karlsruhe–Leipzig 1883.

Ebach, Jürgen: *Antisemitismus*. In: Cancik, Hubert; Gladigow, Burkhard; Laubscher, Matthias (Hg.): *Handbuch religionswissenschaftlicher Grundbegriffe*. Bd. I. Stuttgart-Berlin–Köln–Mainz 1988. S. 495–504.

Eichberg, Henning: *Nationale Identität, Entfremdung und nationale Frage in der Industriegesellschaft*. München–Wien 1978.

Ders.: *Das »gute Volk«. Über multikulturelles Miteinander*. in: *Ästhetik & Kommunikation*. H. 84. 1994. S. 76–82.

Escamilla Colin, Michèle: *Entre la glaive et l'olivier: l'inquisiteur*. In: Goetschel, Roland (Hg.): *1492, l'expulsion des juifs d'Espagne*. Paris 1996.

Fernandes, Florestan: *Die Integration des Negers in die Klassengesellschaft.* Bad Homburg–Berlin–Zürich 1969.

Fraenkel, Ernst: *Der Doppelstaat. Recht und Justiz im »Dritten Reich«.* Frankfurt am Main 1984.

Freyre, Gilberto: *Herrenhaus und Sklavenhütte. Ein Bild der brasilianischen* Gesellschaft. Köln–Berlin 1965.

Fritsch, Theodor: *Handbuch der Judenfrage.* Leipzig 1938.

Fuhrmann, Horst: *Der »schnöde« Gewinn oder das Zinsverbot im Mittelalter.* In: ders.: *Überall ist Mittelalter.* München ³1998. S. 123 bis 149.

Geiss, Imanuel: *Geschichte des Rassismus.* Frankfurt am Main 1988.

Gobineau, Arthur de: *Die Ungleichheit der Menschenrassen.* Berlin 1935 (1853–1855).

Grant, Madison: *Der Untergang der großen Rasse. Die Rassen als Grundlage der Geschichte Europas.* München 1925.

Günther, Hans F. K.: *Kleine Rassenkunde des deutschen* Volkes. München 1933.

Gumplowicz, Ludwig: *Der Rassenkampf.* Innsbruck 1909 (1883).

Ders.: *Soziologische Essays. Soziologie und Politik.* Innsbruck 1928.

Hagemann, Albrecht: *Der Afrikaaner-Nationalismus in Südafrika im 20. Jahrhundert.* In: Hettling, Manfred u. a. (Hg.): *Was ist Gesellschaftsgeschichte? Positionen, Themen, Analysen.* München 1991. S. 207–214.

Ders.: *Die Entstehung und Entwicklung der Apartheid – Eine Skizze.* In: Rüsen, Jörn; Vörös-Rademacher, Hildegard (Hg.): *Südafrika, Apartheid und Menschenrechte in Geschichte und Gegenwart.* Pfaffenweiler 1992. S. 17–34.

Herder, Johann Gottfried: *Ideen zur Philosophie der Geschichte der Menschheit.* o. O. 1784–1791.

Hering Torres, Max Sebastian: *»Limpieza de sangre« – Rassismus in der Vormoderne?* In: *Wiener Zeitschrift zur Geschichte der Neuzeit.* H. 1. 3. Jg. 2003. S. 20–37.

Hitler, Adolf: *Mein Kampf.* München 1943.

Hobsbawm, Eric: *Identity Politics and the Left.* In: *New Left Review.* H. 217. 1996. S. 38–47.

Hödl, Klaus: *Jüdischer Identitätswandel im Kontext der Rassenhygiene.* In: *Geschichte und Gegenwart.* H. 3. 18. Jg. 1999. S. 131–146.

Hofbauer, Andreas: *Das Konzept der »Rasse« und die Idee des »branqueamento« im Brasilien des 19. Jahrhunderts - Ideologische Grundlagen des »brasilianischen Rassismus«*. In: *Wiener Zeitschrift zur Geschichte der Neuzeit*. H. 1. 3. Jg. 2003. S. 38–63.

Huntington, Samuel P.: *Kampf der Kulturen. Die Neugestaltung der Weltpolitik im 21. Jahrhundert*. München–Wien [6]1998.

Johnstone, Frederick A.: *Class, Race and Gold. A Study of Class Relations and Racial Discrimination in South Africa*. London 1976.

Kamen, Henry: *Die spanische Inquisition*. München 1967.

Ders.: *The Mediterranean and the Expulsion of Spanish Jews in 1492*. In: *Past & Present*. H. 119. 1988. S. 30–55.

Kautsky, Karl: *Rasse und Judentum*. Stuttgart 1921 (1914).

Koch, Hannsjoachim W.: *Der Sozialdarwinismus. Seine Genese und sein Einfluß auf das imperialistische Denken*. München 1973.

Kühl, Stefan: *Die Internationale der Rassisten. Aufstieg und Niedergang der internationalen Bewegung für Eugenik und Rassenhygiene im zwanzigsten Jahrhundert*. Frankfurt am Main 1997.

Ladwig, Bernd: *Sittlichkeit statt Sozialismus*. In: *Leviathan*. H. 3. 22. Jg. 1994. S. 446–458.

Lévi-Strauss, Claude: *Das wilde Denken*. Frankfurt am Main 1968.

Mann, Gunter; Dumont, Franz (Hg.): *Die Natur des Menschen. Probleme der physischen Anthropologie und Rassenkunde (1750 bis 1850)*. Stuttgart–New York 1990.

Mannheim, Karl: *Ideologie und Utopie*. Frankfurt am Main 1978.

Marr, Wilhelm: *Der Sieg des Judenthums über das Germanenthum - Vom nicht confessionellen Standpunkt aus betrachtet*. Bern [10]1879.

Marx, Anthony W.: *Race and Nation. A Comparison of South Africa, the United States and Brazil*. Cambridge 1998.

Massing, Paul W.: *Vorgeschichte des politischen Antisemitismus*. Frankfurt am Main 1986 (1945).

Meiners, Christoph: *Über die Natur der afrikanischen Neger und die davon abhängende Befreyung oder Einschränkung der Schwarzen*, hrsg. von Schäfer, Frank. Hannover 1998 (1790).

Memmi, Albert: *Rassismus*. Hamburg 1992.

Ders.: *Versuch einer kommentierten Definition des Rassismus*. In: Wolf, Andrea (Hg.): *Neue Grenzen. Rassismus am Ende des 20. Jahrhunderts*. Wien 1997. S. 23–33.

Mosse, George L.: *Rassismus. Ein Krankheitssymptom in der euro-päischen Geschichte des 19. und 20. Jahrhunderts*. Königstein/Ts. 1978.

Ders.: *Die Geschichte des Rassismus in Europa*. Frankfurt am Main 1990. Fischer TB 10237.

Mühlen, Patrik von zur: *Rassenideologien. Geschichte und Hinter-gründe*. Berlin–Bonn–Bad Godesberg 1977.

Münch, Richard: *Globale Dynamik, lokale Lebenswelten. Der schwie-rige Weg in die Weltgesellschaft*. Frankfurt am Main 1998.

Niederberger, Oskar: *Kirche-Mission-Rasse. Die Missionsauffassung der niederländisch-reformierten Kirchen von Südafrika*. Schöneck 1959.

Nipperdey, Thomas; Rürup, Reinhard: *Antisemitismus*. In: Brunner, Otto; Conze, Werner; Koselleck, Reinhart (Hg.): *Geschichtliche Grundbegriffe*. Bd. 1. Stuttgart 1972. S. 129–153.

Nordau, Max: *Die konventionellen Lügen der Kulturmenschheit*. Leip-zig o. J. (1905).

Pietschmann, Horst: *Die Vertreibung der Juden aus Spanien im Jahre 1492*. In: *Aus Politik und Zeitgeschichte*. B 37. 4. 9. 1992. S. 33–45.

Pinn, Irmgard; Nebelung, Michael: *Das Menschenbild der Bevölke-rungstheorie und Bevölkerungspolitik. Deutsche Traditionslinien vom »klassischen« Rassismus bis zur Gegenwart*. In: *Peripherie*. H. 37. Jg. 1989. S. 21–50.

Poliakov, Léon: *Geschichte des Antisemitismus*. Worms 1977–1981. 8 Bde.

Preuß, Ulrich K.: *Die Belagerung des liberalen Verfassungsstaates durch die multikulturelle Gesellschaft*. In: *Leviathan*. H. 1. 26. Jg. 1998. S. 60–76. Eine Kurzfassung des Artikels erschien unter dem Titel »*Farbenblinde« Verfassung und multikulturelle Gesellschaft*. In: *Blätter für deutsche und internationale Politik*. H. 10. 1998. S. 1256–1264.

Priester, Karin: *Rassismus und kulturelle Differenz*. Münster 1997.

Räthzel, Nora (Hg.): *Theorien über Rassismus*. Hamburg 2000.

Ravid, Benjamin: *The Forced Baptism of Jews in Christian Europe: An Introductory Overview*. In: Armstrong, Guyla; Wood, Ian N. (Hg.): *Christianizing Peoples and Converting Individuals*. Turnhout 2000. S. 157–167.

Reichert, Rolf: *Brasilien. Schmelztiegel der Rassen*. In: Italiaander, Rolf

(Hg.): *Rassenkonflikte in der Welt*. Frankfurt am Main 1966. S. 81–111.

Ritter, Gerhard A.; Tenfelde, Klaus: *Arbeiter im Deutschen Kaiserreich 1871 bis 1914*. Bonn 1992.

Rohling, August: *Der Talmudjude*. Münster 1873.

Rosenberg, Alfred: *Der Mythus des 20. Jahrhunderts*. München 1942 (1930).

Roth, Norman: *Conversos, Inquisition and the Expulsion of the Jews from Spain*. Madison (Wisc.) 1995.

Rürup, Reinhard: *Emanzipation und Antisemitismus. Studien zur Judenfrage in der bürgerlichen Gesellschaft*. Göttingen 1975.

Sammons, Jeffrey (Hg.): *Die Protokolle der Weisen von Zion. Die Grundlage des modernen Antisemitismus - ein Fälschung*. Göttingen 1998.

Schemann, Ludwig: *Studien zur Geschichte des Rassengedankens. Bd. III. Die Rassenfragen im Schrifttum der Neuzeit*. München 1931.

Schmitt, Carl: *Staat, Bewegung, Volk. Die Dreigliederung der politischen Einheit*. Hamburg 1933.

Schmuhl, Hans-Walter: *Rassenhygiene, Nationalsozialismus, Euthanasie*. Göttingen ²1992.

Schwartz, Michael: *Sozialistische Eugenik. Eugenische Sozialtechnologien in Debatten und Politik der deutschen Sozialdemokratie 1890–1933*. Bonn 1995.

Sombart, Werner: *Die Zukunft der Juden*. Leipzig 1912.

Ders.: *Händler und Helden. Patriotische Besinnungen*. München–Leipzig 1915.

Sommer, Antje: *Entstehung und Entfaltung des Rassebegriffs*. In: *Geschichtliche Grundbegriffe, Historisches Lexikon zur politisch-sozialen Sprache in Deutschland*, hrsg. von Brunner, Otto; Conze, Werner; Koselleck, Reinhart. Bd. 5. Stuttgart 1984. S. 137–146.

Speit, Andreas: *Schicksal und Tiefe, Sehnsüchte der »Neuen Rechten«*. In: Cremet, Jean; Krebs, Felix; Speit, Andreas: *Jenseits des Nationalismus. Ideologische Grenzgänger der »Neuen Rechten«. Ein Zwischenbericht*. Hamburg–Münster 1999. S. 11–52.

Spencer, Herbert: *Erfahrungen und Betrachtungen aus der Zeit. Vermischte Aufsätze*. Stuttgart 1904.

Spix, Johann Baptist von; Martius, Carl Friedrich Philipp von: *Reisen in Brasilien in den Jahren 1817–1820*. Stuttgart 1966.

Stuckart, Wilhelm; Globke, Hans: *Kommentare zur deutschen Rassengesetzgebung*. Bd. 1. München–Berlin 1936.

Taguieff, Pierre-André: *Die Macht des Vorurteils. Der Rassismus und sein Double*. Hamburg 2000.

UNESCO (Hg.): *Race and Science*. New York ²1969.

Vacher de Lapouge, Georges: *Der Arier und seine Bedeutung für die Gemeinschaft*. Frankfurt am Main 1939 (1899).

Vincent, Bernard: *1492: »Das Jahr der Wunder«. Spanien 1492: die Vertreibung der Juden und Mauren und die Einführung der Grammatik*. Berlin 1992.

Vones, Ludwig: *Die Vertreibung der spanischen Juden 1492. Politische, religiöse und soziale Hintergründe*. In: Henrix, Hans Hermann (Hg.): *1492–1992: 500 Jahre Vertreibung der Juden aus Spanien*. Aachen 1992. S. 13–64.

Wagley, Charles: *An Introduction to Brazil*. New York–London 1971.

Wahrmund, Adolf: *Das Gesetz des Nomadenthums und die heutige Judenherrschaft*. Karlsruhe–Leipzig 1887.

Waters, Mary C.: *Ethnische Identität als Option*. In: Honneth, Axel (Hg.): *Pathologien des Sozialen. Die Aufgaben der Sozialphilosophie*. Frankfurt am Main 1994. S. 205–232.

Weingart, Peter; Kroll, Jürgen; Bayertz, Kurt: *Rasse, Blut und Gene. Geschichte der Eugenik und Rassenhygiene in Deutschland*. Frankfurt am Main 1988.

Weingarten, Michael: *Evolutionäre Erkenntnistheorie und neue Weltbilder*. Frankfurt am Main ²1989.

Weininger, Otto: *Geschlecht und Charakter*. München 1997 (1903).

Weiss, John: *Der lange Weg zum Holocaust. Die Geschichte der Judenfeindschaft in Deutschland und Österreich*. Hamburg 1997.

Wirz, Albert: *Sklaverei und kapitalistisches Weltsystem*. Frankfurt am Main 1984.

Wolff, Robert Paul: *Das Elend des Liberalismus*. Frankfurt am Main 1969.

Zmarzlik, Hans-Günter: *Der Sozialdarwinismus in Deutschland als geschichtliches Problem*. In: *Vierteljahreshefte für Zeitgeschichte*. H. 3. 11. Jg. 1963. S. 246–273.

Zweig, Stefan: *Brasilien, ein Land der Zukunft*. Frankfurt am Main 1981.

Register